高职旅游管理专业系列教材

国家骨干高职院校建设项目成果

甘肃模拟导游

主编　晋艺波

西北工业大学出版社

【内容简介】 本书以学生操作为核心，全书坚持从小范围到大范围，从简单化到复杂化的学习情境设置，搭建理论与实践一体化教学平台，实施以职业能力培养为目标、“教学做”一体化的教学模式，切实提高学生的导游服务能力。全书共设计四个学习情境，将导游所需要的理论、知识、技能、素质拓展融为一体，对学生的职业能力训练进行精心设计，优化教学效果。

本书可作为高等职业教育相关专业的教材，也可供从事旅游方面的专业人员参考学习。

图书在版编目(CIP)数据

甘肃模拟导游 / 晋艺波主编. —西安：西北工业大学出版社，2015.2
ISBN 978-7-5612-4315-2

Ⅰ. ①甘… Ⅱ. ①晋… Ⅲ. ①导游－教材②旅游指南－甘肃省
Ⅳ. ①F590.63②K928.942

中国版本图书馆CIP数据核字(2015)第045544号

出版发行：西北工业大学出版社
通信地址：西安市友谊西路127号 邮编：710072
电 话：(029) 88493844 88491757
网 址：www.nwpup.com
印 刷 者：陕西宝石兰印务有限责任公司
开 本：787 mm×1 092 mm 1/16
印 张：25.5
字 数：482千字
版 次：2015年5月第1版 2015年5月第1次印刷
定 价：45.00元

前言
Preface

高等职业教育的主要任务是培养生产、管理和服务第一线的技能型人才，重在培养学生的职业能力，即学生既要满足社会需求——求得生存，又要满足个性需求——求得发展，所以高等职业教育需要进行课程改革，而基于工作过程系统化理念的课程开发就是一种改革的方向：以过程性知识为主、陈述性知识为辅，以实际应用的经验和策略的习得为主、以适度够用的概念和原理的理解为辅，按照工作过程来序化知识，将陈述性知识与过程性知识整合、理论知识与实践知识整合，以学生为中心，为其创建一个真实互动的情境性学习环境，让学生通过完成工作任务来形成直接经验，进而掌握实际工作中所需要的知识、技能和技巧，以达到培养学生职业能力的目的。

《甘肃模拟导游》是依据甘肃的区域特色，使用工作过程系统化理念的课程开发方法开发的一门专业核心课程，通过与企业合作，依据导游工作的流程选取典型工作任务，融入教育教学要素，确定导游讲解活动为教学的主要载体，以学生操作为核心，设计从小范围到大范围，从简单化到复杂化的学习情境，搭建理论与实践一体化教学平台，实施以职业能力培养为目标、"教学做"一体化的教学模式，以切实提高学生的导游服务能力。本书共设计了四个学习情境，将导游所需要的理论、知识、技能、素质拓展融为一体，对学生的职业能力训练进行精心设计，优化教学效果。

本书具有以下几个特点：

一、以工作过程为对象设计教材

学习情境设计以工作过程为考量因素，模拟不同的导游角色，结合导游的工作流程和学生的学习过程，将每个学习情境划分为五个工作过程：导游服务准备－学生学习准备→导游服务计划－学生学习计划→导游服务实施－学生学习实施→导游服务评价－学生学习评价→导游服务反馈－学生学习反馈，学生通过真实的导游工作过程体验，最终学会导游的工作能力。

二、以学生操作为中心设计教材

学生在教师的引导下，以小组为单位，以学生自己操作为中心完成四个学习情境的工作和学习任务。学生通过任务的明确、角色的分配、责任的明晰、成员的合作、内容的确立、形式的选取、工作的展示等一系列学习活动，逐步培养交流、沟通、分工、协作、团结等专业能力之外的社会能力；通过信息的搜集、筛选、整合、加工、表现，培养学生的逻辑思维能力，不断提高其分析问题、解决问题的能力，提升学生自身的职业能力。

三、以导游服务能力为标准评价学习效果

每一个学习情境都有明确的知识目标、能力目标和素质目标，在此基础上以旅行社对导游服务能力的考核为参考依据，设计考核学生的项目和考核标准，以过程性考核为考核思路，通过教师、学生、组长、企业等不同考核主体考核导游服务过程的内容来全面评价学生的学习效果。这种考试考核方法，目的是提升学生的导游工作能力，提升学生的发展空间。书中把考核内容统一设计成不同的表格，供大家参考。教师也可根据自己的实际情况调整考核内容和分值。

在本书编写过程中，参考和借鉴了诸多专家学者们的相关著作和研究成果，同时也使用了许多网络上的材料，在此表示衷心的感谢。

由于水平有限，时间仓促，教材中难免出现疏漏和不当之处，敬请广大同行专家、学者、师生和旅游界的朋友批评指正。

晋艺波
2014 年 9 月

目录
Contents

学习情境一 景区导游

学习情境二　城市导游

学习情境三　区域导游

学习情境四 出境导游

学习情境一　景区导游

学习情境分析

本学习情境以武威雷台汉墓景区为对象，设定某个旅游团队25人来到雷台汉墓景区参观游览，你作为雷台汉墓景区的景点讲解员负责讲解，根据景点讲解员的服务程序，结合服务对象将景点讲解员的工作流程和学生的学习过程划分为五个工作过程：导游服务（学习）准备→导游服务（学习）计划→导游服务（学习）实施→导游服务（学习）评价→导游服务（学习）反馈，学生通过景点讲解员的工作过程学习，能够作为景点讲解员角色独立完成一次导游讲解服务。

学习目标

知识目标：

能准确地解释景区导游的内涵；

能简单说出景区导游的导游程序与规范；

能解释景点导游礼仪的要求与特点；

能说出景点导游词写作的内容与不同类型的写作要点；

能说出景点讲解服务过程中常见问题与现象；

能阐明不同游客来景区的不同需求；

能叙述景点导游语言技巧 ；

能简单说明景点相关史地文化知识、美学知识和相关政治、经济、社会知识。

能力目标：

能利用媒体、网络等手段获取武威雷台汉墓旅游景点的相关旅游材料；

能根据工作过程的要求，以探讨、交流、案例分析等方式，筛选整合获得的景区景点旅游相关材料；

能根据获得的旅游材料撰写旅游景区景点导游词；能使用标准普通话讲解景点，语言表达清晰、流畅、有节奏感；

能做到仪容仪表大方、仪态优雅、言谈举止得体；

按照接待规范进行自我介绍并致欢迎词；

能针对游客需求介绍景点概况且能就景点内容、游览程序、景区服务项目提供咨询服务；

能正确处理导游服务过程中出现的突发事故；

能与小组成员合作，运用 PPT 演示文稿、POP 海报、角色扮演、情境模拟等学习方法完成景区景点导游讲解服务；

能在完成导游服务后，正确征求游客意见，能按接待规范致欢送词，对游览全程进行总结，妥善处理善后工作。

素质目标：

具备一定的克服困难的能力；

具备较强的语言表达、职业沟通和协调能力；

具备团队合作和协作精神；

具备良好的心理素质、诚信品格和社会责任感，能进行自我客观评价；

具备踏实肯干的工作作风和主动、热情、耐心的服务意识。

工作过程一　导游服务准备

教师工作任务

一、指导学生分组

学生开始城市导游学习情境的学习任务后，须立即成立学习小组，以团队的形式合作完成情境学习。教师指导学生分组需参照以下原则：

（一）班级分组原则

1. 每小组 5 ~ 6 人为宜。

2. 各小组之间男女生人数分配均衡，不同生源地的学生分配均衡。

3. 避免关系密切的学生分配在同一学习小组。

4. 原则上每个学习情境均需进行分组，一个学习情境结束学习小组即解散；一学期内的角色需进行必要的调换。

5. 第一个学习情境学生可自由组合；从第二个学习情境起，按照学生自愿和教师调控相结合的原则进行分组。

6. 分组参考前一学习情境学生个人表现情况、考核结果及个人能力提升目标。

（二）各小组角色分配原则

1. 各学习小组设不同小组角色，除小组组长、小组秘书、小组档案管理员等，可设立具有小组特色的角色。

2. 学生在不同学习情境中应当承担不同的角色。

3. 依据学生的个人能力提升及发展目标确定不同学习情境中学生的小组角色。

4. 教师可根据学生以往情境学习中的表现和学习小组的需要指定部分角色。

二、信息引导

（一）组建学习小组

1. 学习小组的意义

学习小组是小组合作学习的组织基础，是培养、提高学生自主、合作、探究学习能力的基本单位，是构建高效课堂的两条重要支柱（导学案和小组建设）之一，其主要作用有：

(1)有利于培养学生的合作交流能力。

(2)有利于培养学生的团队精神，实现个人学习与集体成绩的统一。

(3)有利于实现一对一帮扶工作的落实。

(4)有利于学生自信心的培养，展示、参与的平台降低了，机会增加了，获得成功的机会也相应地增多了，随着成功体验的不断积累，自信心和学习兴趣会不断增强。

(5)有利于在教学中根据学生个体差异，实现教学中的分层优化。

(6)有利于实现高效管理，学习小组的管理，突破了传统的以班级为建制的管理模式中存在管理弊端。

2. 学习小组的组建

(1)组建原则

学习小组的组建要遵循“同质结对，异质编组，组建平行”的原则。即划编小组要根据学生的性别、学习成绩、心理特征、性格特点、能力倾向以及家庭状况等方面划分小组，保证组与组之间水平相当，以便促进组间的合理竞争。组内成员以异质为主，保证小组成员具有一定的互补性。成员结对以同质为主，保证沟通畅通。

(2)组建标准

原则上每六人划分为一个学习小组。

(3)组建方法

科学、合理地组建学习小组，是确保小组学习效率最大化的保证，是小组合作学习的关键。下面以30人的班级规模组建6人合作学习小组为例,全班可分为5个学习小组。

第一,小组的划分。首先在全班中选出5名综合能力强的学生担任组长。再依据学业成绩和能力水平,将剩余学生分为三部分,会同其他任课教师,根据学生性别、学习成绩、性格特点、能力倾向、心理特征、家庭状况等组建学习小组。新组建的学习小组一般由6人组成,即组长、秘书、组员或小组个性化角色。

第二,选定组长。组长是一组之魂,小组任务能否顺利完成的核心,因此组长的选定对一个学习小组的发展至关重要。一名合格的组长应具备以下条件:①具有较强的组织和协调能力;②具有良好的沟通能力;③具有较强的责任心和集体荣誉感;④具有较强的创新意识、发现问题、提出问题、解决问题的能力;⑤具有较好的自觉自律的品质和自强的精神;⑥具有服务同学的意识。小组组长不一定是组内成员学习最好的,但一定要是各方面能力较强,综合能力最强的。选定这样的一个组长,有利于小组的日常管理与长期发展。

第三,小组的分工。每个学习小组由6人组成,职务分工为组长1名、秘书1名、组员或小组个性角色4名。组长对组内学习统筹负责,另外对其他人员具体负责,秘书协助组长完成组内工作,包括会议、纪律等日常工作。一般组内的学习组织者、考勤、任务分配为组长,讲解者、评委、会议记录员、档案管理员、和发言人由秘书和组员担任,亦可不定期轮换,让组内成员人人有职位、人人有责任、人人有事做,充分调动全体学生的学习积极性。

第四,给小组起一个响亮的、积极向上的、富有新意的、充满正能量的名字。如:必胜、无敌、翱翔、雄鹰、雄起、巅峰联盟、放飞希望、超越自我、永不放弃、奇思妙想、勇于争先、快乐无限、直指第一、天之骄子、龙的传人、嫦娥奔月、梦圆未来、希望之翼、学无止境等等,让组内成员集思广益、共同磋商,但要注意,名字不要太长,一般不超过四字。这样便于凝聚人心,形成小组目标和团队精神。

第五,给小组确立一个目标,作为小组的座右铭,作为组内成员共同奋斗的目标。如:人人都做自信的我、勇敢的我、积极的我;参与就能行、积极就能赢;多学多问多思考,多听多写多动脑;拥有一颗上进的心,才能取得成功;用实力证明自己,用勤奋改变自己;每天前进一小步,日积月累跨大步;荣誉来自努力,进步源于勤奋;有努力才有希望,有付出才有收获等等,并让小组成员牢记目标,经常诵读。通过奋斗目标的确立,激发学生的主动性、积极性,形成合力。

3. 小组的培训

组建好学习小组,仅仅奠定了学习小组的基础,但要想真正开展小组学习,实现小组学习的效率,还必须对小组成员进行全面的培训。具体要求如下:

(1)明确小组组长的作用:

第一,小组组长要团结同学、帮助同学,充分发挥自己的号召力,勇于承担学习小组的学习领袖角色，打造积极向上的小组团队。

第二，小组组长要组织小组内三个层次间或一对一合作学习，确保小组成员实现有效、高效学习，最终实现小组团队的学习目标。

第三，小组组长要认真落实每天的学习情况，争取做到日日清、周周清、月月清，尽量避免小组成员因掉队而形成消极的学习心理。

第四，小组组长要建立起针对小组成员学习态度、学习效果的评价制度，及时总结、督促小组成员不断反思，不断进步。

第五，组织好小组成员的学习，及时收缴作业，及时反馈问题。

(2)学习小组的建设：

教师应在高效学习小组的小组建设、小组长培训上下功夫。要重视学习小组文化建设，利用学习小组组间的良性竞争，促使学生在竞争中提高与发展；要培养好小组组长，组长是学习小组的灵魂，要培养小组组长的组织、协调能力，发挥小组组长在小组学习中的带头作用、领导作用、组织作用和检查督促作用；要创新小组评价机制，把评价主体让给学生，创新小组内部的评价和小组之间的评价，要在合作中借鉴，在借鉴中思考，在思考中提高。

(3)小组组长的培训：

第一，明确小组组长的职责与作用。

第二，定期召开小组组长会议。了解学习小组的发展情况，了解小组成员的实际情况，在充分肯定成绩的基础上指出不足与改进措施，让小组组长感受到老师对自己工作的肯定以及老师的关怀帮助。

第三，帮助小组组长培养各个成员。在某些任务上由某个方面能力较强的学生承担，发挥不同学生的不同能力。这样既能给小组组长减负，又能带动其他同学的学习积极性。

第四，适时地肯定、表扬、激励。让学生充分感受成就感，激发其更加积极地投入到小组的建设与发展之中。

(4)小组组员的培训：

第一，加强学生互助意识的培养，要让优秀学生明白，帮助学习困难的同学掌握知识的过程，也是自己深化知识、提高能力的过程，帮助学习困难的同学不但不会影响自己，反而能提高自己的水平。

第二，给学习困难的同学更多的学习、答题、汇报、展示的机会，对他们的每一点微小的进步，都要给予及时的肯定和赞扬，即使答错了也要肯定他们的精神，一点一点地培养他们的学习积极性和自信心，让他们勇于参加到小组的学习和探讨中来。这需要老师在学习过程中心里时刻记着他们，关注他们。

第三,改革评价方式,在学习的每个环节、学生日常管理的每个环节,都以小组为单位进行评价。既要承认个人的成绩,也要以小组为单位评价优劣和好坏,包括课堂上的表现、班级纪律、学习成绩等方面,让学生明白,个人的表现、成绩是我们追求的目标,但小组团队的成绩也要兼顾,你所属的团队整体优秀了,你也是优秀的,以此强化学生的团队意识。督促学生在小组内开展互助,提高整个小组的水平。可以在班内开展优秀组长的评选,以此激发优等生帮扶学困生的积极性,还可以开展学习小组竞赛活动,营造小组你追我赶的竞争氛围。评选的同时可以给予小组整体额外加分。

有关学生的培训可能还有更好的办法,需要老师们在实践中积极的探索,总之,只有把学习小组建设好了,合作与交流才会真正地发挥作用,学生自主学习、共同提高的目的才能达到。

4. 学习小组的评价

小组评价是对小组合作过程和学生合作表现的监控,是促进合作小组健康发展的重要环节。对小组的评价应包括过程评价、质量评价和综合评价。

第一,过程评价。教师根据学习小组在课堂学习中的学习积极性、参与度、学习纪律以及学习效果,并根据小组长建议,给予及时的评价。过程评价一周一汇总,一月一总结。评价由小组组长进行记录,也可根据学生提议,小组内部评选评价记录员。最后由任课教师负责周汇总、月总结。

第二,质量评价。根据学习情境的任务完成结果及质量进行评价。根据学习情境工作(学习)的结果,如考勤表、导游词、导游讲解、PPT 制作等任务的完成结果和质量以及教师在其他某个特殊任务的完成考核为基本依据完成质量评价。

第三,表彰与奖励。合作学习把“不求人人成功,但求人人进步”作为教学所追求的一种境界,同时也将其作为学习评价的最终目标和尺度。它把个人之间的竞争变为小组之间的竞争,以促进组间的竞争,促进组内成员的合作精神、凝聚力和集体荣誉感,进而促进个人的学习态度、学习参与程度和成绩。

表彰奖励以某个大型任务的完成为周期,主要以给予额外加分,分值可根据任务的难度由教师确定。通过奖励,开发学生的内在潜能,激发学生充分展示自已的才能,积极为小组的学习目标而努力,从而培养学生的合作意识,提高学生的合作技能。

5.团队公约

(1)倾听他人发言

1)听取发言要专心,眼睛注视对方;2)努力听懂别人的发言,边听边思考,记住要点,并考虑他说的话是否符合实际点,有没有道理;3)别人发言时不随便插嘴打断,有不同意见,要耐心听别人说完后再提出来;4)听人发言如有疑问,请对方解释说明时,要用礼貌用语,如“是否请你……”或“你是不是可以……”;5)学会站在对方的立场考虑问题,体会别人的看法和感受。

(2)讨论问题

1)发言围绕讨论中心,不东拉西扯;2)谈看法要有依据,能说清理由;3)语言表达力求清楚明白;4)别人提出疑问时,要耐心解释,态度友好。

(3)互帮互助

1)主动、热情、耐心地帮助同学,对被帮助同学不说讽刺、嘲笑、挖苦一类的话,不伤害同学的自尊心;2)帮助同学时,要向同学说清解决问题的方法;3)学习上遇到困难时,可以向同学请教自己不懂不会的地方,接受帮助后,要表示感谢。

(4)反思与质疑

1)虚心考虑别人的意见,修正和补充自己原来看法中不正确、不完善的地方;2)勇于承认自己的错误,肯定与自己不同甚至相反的正确看法;3)独立思考,敢于提出自己的大胆设想或看法。

(5)自律自控

1)服从组长安排;2)小组讨论时,有序发言,声音要适当,不影响其他小组学习,不讲与学习无关的内容;3)服从组内大多数人的意见,个人意见可保留,但应到课后再跟老师和同学交换意见。

(6)小组讨论的要求

1)小组讨论的规则是:在独立思考后,仍有疑惑需要解决,先是一帮一,两人间的讨论,如还有困难,再扩展为4人或5人间的讨论。如遇到较难的问题记录下来,班级讨论。

2)小组讨论的形式。

①:自由发言式,学生可以在小组中自由发言,同学们你一言我一语地各抒己见。②:轮流发言式,这一方式就是小组成员围绕一个中心问题挨个发言,一人不漏。③:一帮一讨论式,当部分学生在难题面前尽最大努力也不能解决问题的疑惑,而教师又无法加以个别指导的时候就可以采用这种讨论方式。

(7)小组成员的发言

要求每个小组必须在充分准备的基础上才能回答问题,在回答问题的时候,小组的各个成员可以是对该问题的不同角度发表意见,但不能出现两个完全对立的结论。若有些学生在没有经过思考的情况下站起来,只是简单地重复前面同学的观点或者说一些不着边际的话,这样的参与是无效的。要求每人一周内至少主动发言不少于3次(老师点名不算),组长做好记录。

(8)小组合作学习四项规范

坐正立直、秩序井然;高效自学、积极发言;合作探究、质疑问难;团结互助、共同发展。

(9)小组合作学习八种技能

学会倾听、学会记录、学会互学、学会展示、学会思考、学会质疑、学会合作、学会探究。

合作技能“七字诀”:

听取发言要专心,注视对方动脑筋。说明理由要充分,启发大家同思考。

求助别人要心诚,得到帮助表谢意。反思敢于承认错,肯定别人学着做。

自控发言尽量轻,服从集体留个性。帮助同学要主动,诲人不倦情谊浓。

建议之前多思考,分工合作效果好。协调彼此求默契,交往合作争第一。

(二)制定学习目标

目标管理是使员工或学生的学习变被动为主动的一个很好的手段,制定计划目标看似一件简单的事情,每个人都有过制定计划目标的经历,但是如果上升到技术的层面,每个学生必须学习并掌握SMART原则。即:S:计划目标必须是具体的(Specific);M:计划目标必须是可以衡量的(Measurable);A:计划目标必须是可以达到的(Attainable);R:计划目标必须和其他目标具有相关性(Relevant);T:计划目标必须具有明确的截止期限(Time-based)。

无论是制定团队的工作目标还是个人目标都必须符合上述原则。制定计划目标的过程也是自身能力不断增长的过程。

1. SMART原则之S(Specific)——明确性

所谓明确就是要用具体的语言清楚地说明要达成的行为标准。很多团队或个人不成功的重要原因之一就因为计划目标定的模棱两可,或没有将计划目标有效地传达给相关成员。

实施要求:计划目标的设置要有项目、衡量标准、达成措施、完成期限以及资源要求,使考核人能够很清晰地看到部门或科室月计划要做哪些事情,计划完成到什么样的程度。

2. SMART原则之M(Measurable)——可衡量性

衡量性就是指目标应该是明确的,而不是模糊的。应该有一组明确的数据,作为衡量是否达成目标的依据。

实施要求:目标的衡量标准遵循“能量化的量化,不能量化的质化”。使制定人与考核人有一个统一的、标准的、清晰的可度量的标尺,杜绝在目标设置中使用形容词等概念模糊、无法衡量的描述。对于目标的可衡量性应该首先从数量、质量、成本、时间、上级或客户的满意程度等几个方面来进行,如果仍不能进行衡量,其次可考虑将目标细化,细化成分目标后再从以上几个方面衡量,如果仍不能衡量,还可以将完成目标的工作进行流程化,通过流程化使目标可衡量。

3. SMART 原则之 A(Attainable)——可实现性

目标是要可以让执行人实现、达到的,如果上司利用一些行政手段、权利性的影响力一厢情愿地把自己所制定的目标强压给下属,下属典型的反映是一种心理和行为上的抗拒:我可以接受,但是否完成这个目标,有没有最终的把握,这个可不好说。一旦有一天这个目标真完成不了的时候,下属有一百个理由可以推卸责任:你看我早就说了,这个目标肯定完成不了,但你坚持要压给我。

实施要求:计划目标设置要坚持员工参与、上下左右沟通,使拟定的工作目标在组织及个人之间达成一致。既要使工作内容饱满,也要具有可达性。一般来说,可以制定出跳起来"摘桃"的目标,不要制定出跳起来"摘星星"的目标。当然,"摘星星"的目标不是绝对不可以制定,在实施越式发展目标时,这样的计划目标时常还是鼓励的,只是在制定这样目标时需要组织具备相关的条件,或者至少具备可以创造这样条件的资源。

4. SMART 原则之 R(Relevant)——相关性

目标的相关性是指实现此目标与其他目标的关联情况。如果实现了这个目标,但对其他的目标完全不相关,或者相关度很低,那这个目标即使被达到了,意义也不是很大。

5. SMART 原则之 T(Time - based)——时限性

目标特性的时限性就是指目标是有时间限制的。例如,我将在 2014 年 9 月 31 日之前完成某事。9 月 31 日就是一个确定的时间限制。没有时间限制的目标没有办法考核,或带来考核的不公。上下级之间对目标轻重缓急的认识程度不同,上司着急,但下面不知道。到头来领导者可以暴跳如雷,而下属觉得委屈。这种没有明确的时间限定的方式也会带来考核的不公正,伤害工作关系,伤害下属的工作热情。

实施要求:目标设置要具有时间限制,根据工作任务的权重、事情的轻重缓急,拟定出完成目标项目的时间要求,定期检查项目的完成进度,及时掌握项目进展的变化情况,以方便对下属进行及时的工作指导,以及根据工作计划的异常情况变化及时地调整工作计划。

总之,无论是制定团队的学习目标,还是个人的任务目标,都必须符合上述原则,五个原则缺一不可。

(三)景区讲解准备

1. 景点导游员

景点导游员又叫定点导游或讲解员,是指依照《导游人员管理条例》的规定取得导游证,受景点管理部门的委派,专职在风景区、自然保护区、博物馆、纪念馆、名人故居等旅游景点为游客进行导游讲解的工作人员。

2. 景区导游的工作规范

景区导游的服务工作有着自身的规律和规范,导游员应严格遵循。景区导游服务规范可用6个阶段来概括:到景区导游服务中心接受具体导游任务,了解游客的愿望与要求→根据游客的愿望与要求设定游览方案 →在景区门口迎接游客,并请游客确认游览方案→在示意图前对景区进行概括性讲解,交待游览中应注意的事项→引领游客参观游览并讲解,处理游览中发生的各种问题和事故→告别游客,征求游客的意见与建议。

3. 景区导游的工作重点

从景区导游实践来看,景区导游必须解决好三个问题,即"导"什么(what),怎么"导"(how),为什么要这样"导"(why)。导什么主要取决于游览景区的特色,游览的具体对象、游览方案的设计、游览季节及天气等。怎么导则取决于游览对象的兴趣与爱好,导游员自身的知识、技能条件,景区自然与人文环境,社会时尚,等等。为什么要这样导是围绕某个景区接待某个旅游团,对自己初步形成的导游设想采取的一种问责行为。

4. 做好各项准备

(1)计划准备

旅游接待计划是景区(点)按照与旅游者、旅行社等其他单位签订的旅游合同内容做出契约性安排,是导游员了解旅游团基本情况和安排活动项目以及日程的主要依据。通常了解的信息有以下方面:联络人的姓名和联系方式;游客的人数、性别、年龄、职业、民族、宗教信仰等,有无需要特殊照顾的游客;客源地概况及基本的旅游动机;游客有无特殊要求和注意事项;收费问题,有无可减免对象;游客的其他行程安排等。

(2)知识准备

一要了解景区(点)。了解景区景点的名称、建筑特色和建筑风格、历史沿革、民间传说、景区基本概况、背景知识及特色。

二要了解游客。了解游客的来源地、职业、年龄构成、收入层次。可用以下几种方式做好知识准备:第一导游员首先要向书本学(或景区(点)提供的导游词);第二通过参加各种学习培训向老师学;第三向有经验的前辈学;第四向带团来景区(点)参观的全陪、地陪学;第五向游客学;第六从实践中学,不断地检验自己知识运用的技巧。

(3)物质准备

需要准备的材料有旅游接待计划、导游图册或导游资料、质量反馈表、景点导游证、导游讲解工具或器材、名片、电话联系录、记事本等。

(4)形象准备

景点导游员在迎接前要做好仪容、仪表方面的准备。良好的仪表、仪容、举止和礼仪能给游客带来深刻的印象和美好的回忆,这为顺利健康带团创造了有利条件。

(四)引导学生分析导游服务准备资料信息

"凡事预则立,不预则废"。学生做好导游准备工作是完成景区导游服务工作成功的基础,所以教师要引导学生做好相关的服务准备工作,为后续的学习奠定良好的基石。

学生工作任务

一、组建学习小组

学生根据学习小组建立的程序步骤及原则要求,组建学习小组并填写学习小组建立表格。

组建学习小组

序号	内容	要求
1	标题	《甘肃模拟导游》课程学习小组
2	小组信息	小组须在文件中说明以下内容: (1)专业、班级。 (2)小组所有成员姓名、电话号码、QQ号、电子邮件地址。 (3)成员角色分工及分工理由。 (4)教师姓名及联系方式。
3	小组公约	小组制定各自的小组公共合约,以规范小组合作、保证小组以有效合作的方式完成学习任务。小组合约需包含以下内容: 如何确保各项任务按时间要求和日程推进,学习工作符合相关要求; 如何确保小组与教师以及小组成员间信息交流畅通,如何对小组成员给予真实反馈; 如何使小组工作尽可能讲究效率; 如何促使每位小组成员尽可能贡献相等; 小组成员对其他成员特殊情况下的考勤情况是否接受(如缺勤、迟到等); 小组如何处理不同意见; 其他。
4	小组会议	(1)以时间表的方式注明小组每周会议的开始时间、结束时间、会议地点等; (2)说明小组会议组织的以下内容:日程准备的时间和方式;日程表怎样发到小组所有成员手中;会议记录应该涵盖哪些要点;会议之后会议记录完成的时间;会议记录如何传送到其他成员手中;会议记录中不准确的地方如何更正;如何保证会议的有效性等。
5	学习档案	区分文件类别; 不同的文件如何归档、管理; 如何利用公共邮箱或书面文件夹进行档案的管理。
6	个人学习目标	详细分析说明小组每位成员本学习情境的个人学习目标。(可以使用SMART工具进行分析)

请沿此线剪下

请沿此线剪下

请沿此线剪下

学习小组建立

序号	内　　容	要　求
1	标　　题	《甘肃模拟导游》课程学习小组
2	小组信息	
3	小组公约	
4	小组会议	
5	学习档案	
6	个人学习目标	

二、制定学习目标

学习目标规划行动表			
制表人		制定日期	
目标（再次SMART）			
行动开始日期		预计完成时间	
目标达成及行动过程中所会带来的好处			
团队			
个人			
问题	造成原因/需要协助事项	可能的解决方法及所需资源	排列优先秩序
行动计划重点步骤	负责人	预计执行时间	实际完成时间

请沿此线剪下

请沿此线剪下

续　表

<table>
<tr><td colspan="2">注意事项：(自己无法完成的问题)</td></tr>
<tr><td>衡量进展的方法</td><td>追踪频率</td></tr>
<tr><td></td><td></td></tr>
<tr><td></td><td></td></tr>
<tr><td></td><td></td></tr>
<tr><td></td><td></td></tr>
<tr><td></td><td></td></tr>
<tr><td></td><td></td></tr>
<tr><td></td><td></td></tr>
<tr><td></td><td></td></tr>
<tr><td></td><td></td></tr>
<tr><td></td><td></td></tr>
<tr><td></td><td></td></tr>
<tr><td></td><td></td></tr>
<tr><td></td><td></td></tr>
<tr><td></td><td></td></tr>
<tr><td></td><td></td></tr>
<tr><td></td><td></td></tr>
<tr><td></td><td></td></tr>
<tr><td colspan="2">目标确实达成日期：　　　　审核主管签字：　　　　日期：</td></tr>
</table>

请沿此线剪下

三、认知自我及认知游客

（一）认知自我及同学

怎样认识自我

认真思考之后，填充下面句子，以便更好地了解自己的内心世界。

姓名：______________　日期：______________年_______月_______日

1. 我喜欢这样的人：____________________________________。

2. 对我来说，最好发生这样的事情：__________________________。

3. 我憎恨____。

4. ____，我感到孤独。

5. ____我可能伤害了他。

6. 看看现在的生活，我____

____。

请沿此线剪下

7. 我关心____。

8. 我担心____。

9. ____我很幸福。

10. ____我感到不安。

11. 我希望____。

12. 我羡慕____。

13. 对于我来说，最不想发生这样的事情：________________________。

14. 我喜欢自己，因为____

____。

15. 大多数人认为：____。

比一比

与（________）相比较，我们两个的不同之处	与（________）相比较，我们两个的不同之处	与（________）相比较，我们两个的不同之处

请沿此线剪下

续　表

与(________)相比较，我们两个的相同之处	与(________)相比较，我们两个的相同之处	与(________)相比较，我们两个的相同之处

(二)认知游客

不同区域游客个性特征	接待技巧	作为景点讲解员如何对待
东北地区：主要指黑龙江、吉林、辽宁三省。 特征：外向，豪气；讲义气，重朋友；坦诚，直爽，耿直；幽默能侃，不拘泥。	要善于感情投资；要坦诚相待；多使用幽默风趣的语言。	
以北京为代表的华北地区：北京、天津为中心，包括河北、山西等周边地区。 特征：待人真诚，人情味浓；开朗幽默，能言善侃。	北京人对政治一往情深，与北京人交往时，得多让他侃点政治；北京人文化素质较高，多谈些人文地理、历史文化，有空间给他们发挥；购物时最好是到品质较高，或是具有浓郁地方特色产品的场所。	
以上海为代表的华东地区：包括上海、江苏、浙江等地区。 特征：恋家情结深；婉约缠绵，精明细心。	多谈历史人文的东西；对产品资料价格清楚，尽量详细些，耐心地解答他们提出的问题；要尽量安排清淡的食物，适当地加入一些当地特色的菜肴。	

请沿此线剪下　请沿此线剪下　请沿此线剪下

续　表

不同区域游客个性特征	接待技巧	作为景点讲解员如何对待
以广东为代表的华南地区：广东、福建、海南等省区。 特征：时间观念强；金钱观念强；敢为天下先；自我表现意识强，讲面子，重派头，性格开放，容易接受新事物，商品经济意识浓厚，排外性不强；讲究避讳，喜忌心理重。	与广东人打交道很有讲究，送礼要防“忌”，说话要注意，多用6与8，处处图吉利；接待时注意给足他们面子，用车的档次，餐厅的规格宾馆的级别等都应做好相应的安排；广东人讲究吃，组织他们去吃吃宵夜，谈论些生意经和饮食文化。	
西南地区：广西，云南，贵州，四川，重庆等省市区。 特征：淳朴厚道，热情好客，讲究礼貌；能歌善舞；勤俭节约，吃苦耐劳；谨小慎微，不愿冒险。	对待他们要热情友好，不能给他们有被歧视的感觉，若能够多学些他们少数民族歌舞，对他们会更有亲和力。	
西北地区：内蒙古、宁夏、甘肃、新疆、陕西等省区。 特征：粗犷豪放，热情好客，游牧生活，以蒙古族为典型；宗教信仰寄情思，穆斯林，甘肃，宁夏，新疆及清海等西北省区是我国穆斯林最主要的分布区域。	尊重他们的民族习惯和宗教信仰，在餐饮安排方面要严格注意饮食，接待来自这一地区的客户，一定要热情豪放。	
以湖北、湖南等省区为代表的华中地区。 特征：倔强不服输；“刀子嘴，豆腐心”；重友情，肯帮忙；爱面子。	与华中人打交道时，要特别注意别损他们的面子，要充分理解他们说话的习惯，不要误认为是对自己的冒犯；要真诚，热情，友好，即使是短时间的接待，也要做他们的真心朋友。	

请沿此线剪下

四、填写景点调查情况记录

景点调查情况记录

景点名称：________　景点地址：________

景点联系电话：________　传真：________

景点联系人：________　电话：________

挂牌价（成人）：________　（学生）：________

学生团体协议价：________　车程：________

购票优惠情况	
景区内线路	
车辆停留点	
团队集中地	
用餐地点	
餐厅接待量	
用餐标准（成人、儿童）	
餐厅联系人及电话	
区内洗手间情况	
游玩区域	
医院情况位置电话等	
备注	

请沿此线剪下

请沿此线剪下

工作过程二　导游服务计划

教师工作任务

一、确定旅游景区(点)游览方案

(一)线路设计

了解景区(点)布局,设计和选择游览线路。一般景区(点)都已形成了常规性的游览线路,除了这些基本定型的线路之外,还需要有一些非常规线路的游览方案,以备在一些特殊情况下使用。游览前,应向客人提供游览线路的合理建议,由客人自行选择。

(二)游览节奏设计

游览节奏体现在进行速度、停留时间、介绍详略程度等方面,它体现出景点的主次和地位,同时也要考虑客人的体力、兴致及行程的松紧等因素。

(三)讲解方法设计

就一个景区(点)而言,一般均采用分段讲解法进行讲解,针对具体的景点再用突出重点法、触景生情法等。

二、信息引导

景区景点的游览线路是旅游者体验旅游活动的核心,因此游客到达景区后,为使其能更好地体验旅游,就必须要根据不同的因素确定适合不同旅游群体的游览线路,所以教师就需要引导学生针对景区设计合适的游览线路。

学生工作任务

一、根据雷台汉墓景区导游图设计旅游线路

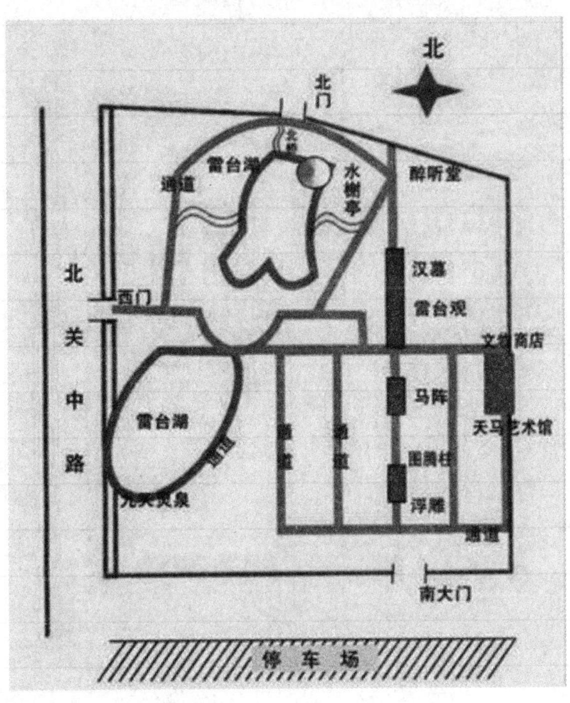

二、确定某个旅游景区，设计游览线路

教师根据学生及区域情况，选择合适的旅游景区，要求学生查找景区导游图，根据导游图画出景区旅游线路图并写出讲解思路。

________旅游景区游览线路及讲解

请沿此线剪下

请沿此线剪下

工作过程三 导游服务实施

教师工作任务

一、导游词创作与讲解注意事项

（一）导游词撰写

导游讲解虽属口头语言，由口语直接表达，但也要以文字化的语言即导游词做基础。导游词包括介绍景区的历史、科学、自然、人文、艺术、技术、品位等丰富的内容。在这样一个大的范围内，导游完全可以根据该景区的特色，寻找一个最准确的切入点，进行艺术而独特的讲解。以导游词的魅力去提升景点的魅力，把具有个性的景点奉献给游客，这种导游词的功能才算真正意义的完美。

1. 景点导游词

针对每个具体旅游景点的讲解内容，一般包括景点的地理位置、游览线路、注意事项、历史沿革、文化特色、名人评价、传说故事等内容。

2. 导游词的结构

导游词包括称呼语、开头、主体、结尾等多个方面。

（1）称呼语

称呼语如“各位朋友”“各位团友”“女士们、先生们”“你们好”等。

（2）开头

开头是有所依托地介绍整体概况。这部分应为“虎头”，言词应富有激情，如行云流水，干净利落，使游客产生浓厚兴趣。还有就是一定要有吸引力，过于平淡或者千篇一律的开头不会引起旅游者的兴趣。

（3）主体

主体是导游辞的重要核心部分，是重点介绍游览的主要内容，状似“猪肚”，应通过导游人员的介绍，由景至情、由情至景、移步换景、融情于景，最终达到情景交融的境界。这部分要做到史料翔实，内容丰富，注重思想品味和文学品味，突出弘扬民族文化和爱国主义主题。

（4）结尾

所谓“豹尾”。前边的导游词可以说是画好的一条龙，或是一尊即将完成的雕像，只缺最后总结的"点睛"之笔。这一部分更尽量使游客产生意犹未尽之情,生发出故地重游的欲望。结尾可概括前面所讲内容;或致欢送辞、致歉词,请游客对导游工作多提宝贵意见或建议;最后道声祝福、再见,或宣布"自由活动,20 分钟后在此地集合",等等。

(二)导游词撰写要求

1. 要有层次感

要求按一定的规律或顺序依次介绍景点概况,达到逻辑清晰、思路敏捷、容易理解的目的。比如一座古建筑,应按照始建时间、历史沿革、坐落位置、地位与品位、宏观布局和具体景点这样一条主线来讲解,才能教给旅游者系统、完整的景点知识,加深对景点的了解。

2. 选好切入点

一个景区可供讲解的内容很多,导游不能见山说山,面面俱到,必须选择讲解重点,即导游词的主题和中心思想。选准了主题,导游词就成功了一半。但要讲好主题,必须有较好的切入点,善于将景区每个景点的特色与主题串联起来,围绕主题展开讲解。

3. 要有方位感

导游讲解不是背导游词,而是必须站在一个特定的位置,引导游客观赏景物,并对景物进行讲解。这样,导游讲解的第一步应该是指明景物的方位,让游客看见。为此,导游词中必须大量使用表示方位的词句。如:"在我们的左前方,有……""请大家注意上面这个……""请大家顺着我的手看过去,是不是可以看见……"在游客看见后,导游才能进行后面的讲解。

4. 讲究口语化

导游词必须由书面语转换成口语的形式。导游要注意两种语言格式上的差别在于:书面语多用长句,口语用短句;书面语多用倒装句,而口语较少在主语前加较长的修饰语。如:"这件距今 3 000 多年的青铜面具是 1986 年 8 月三星堆农民在取土烧砖时发现的,两个祭祀坑中二号坑出土的 50 多件精美青铜面具中最大的一副"这是书面语,不适合导游讲解,必须改为:"这是三星堆出土的 50 多件青铜面具中最大的一副,发现于 1986 年 8 月,当时发现两个坑,它埋葬在二号坑中,距今已有 3 000 多年历史"。句子短小,客人很容易听懂。

5. 要有针对性

导游词不能千篇一律,必须从实际出发,根据不同的游客以及当时的情绪和周围的环境随机而动。比如,同样是游览溶洞,对青少年的讲解肯定与成年人不同,对青少年应重点讲述溶洞有趣的造型,对成年人则要讲它的构造、成因等科学知识。

6. 突出趣味性

要做到以下几个方面:会讲故事;语言生动形象,用词丰富多变;恰当地运用修辞方法;增加幽默风趣的韵味;情感亲切。

7. 要注重品位

导游词必须提高品味,包括思想品位和文学品味。思想品味即能弘扬爱国主义精神。文学品位表现为语言规范,文字准确,结构严谨,层次分明,这是最基本的要求。如果还能引经据典或恰当地运用诗词名句和名人警句,就会使导游词的文学品味更为提高。

(三)导游词的禁忌

1. 忌写成抒情诗或散文,更不能是演讲稿

有些导游词从文字功底或者从优美感来说是很优秀的,但导游讲解的对象是游客,而非文学爱好者。导游词要朴实,恰当应用一些华丽的词语,才能引起游客的共鸣。还要注意口语的表达和运用,不能堆砌辞藻,惯用的"欢迎词""欢送词"要朴实亲切,富含真情实感,切忌矫揉造作。

2. 忌导游词段与段之间没有任何关联

导游词写作要注意承上启下,段与段之间要自然衔接,而不是感觉两段之间找不出任何关联;同时,还要避免某部分内容非常突兀的情况,这是很多导游词经常出现的弊病。比如写武侯祠的导游词,武侯祠的讲解重点很多:三国历史、诸葛亮、刘备、文臣武将等,因此导游词不能只有诸葛亮,其他全都一笔带过。

3. 忌导游词与自己工作时的位置分开

导游是移步工作,因此,写导游词的时候,要注意和自己工作时的位置相吻合。比如导游的一些内容是车上讲的,那么有些习惯用语:"请往大家左手边看""在我们正前方是"等,注意方向不能搞反;如果是在景点游览途中的导游词,常用语是:"请大家随我来""矗立在我们面前的建筑物就是""请大家看这尊塑像"等。

4. 忌导游词太长

要把握导游词的时间,要给时间与游客互动。曾经有调查表明:当持续讲解超过45分钟,人就比较容易产生疲惫感。这也是为什么很多学校的讲课时间设定为45~50分钟的原因。导游讲解也是一样的。

5. 忌导游词的弱智化

导游词的弱智化是指导游词的层次偏低,没有什么科学内容和学术价值。如在很多景区常听到导游问游客:"这座山像什么""这棵树是不是像条龙""熊猫饿了想吃什么"等问题,导游是想引起游客兴趣,激发游客的参与热情,可实际上内容低俗幼稚。

6. 忌导游词的神秘化和迷信化

自然文化的地域差异越大,未知感越强,其神秘色彩就越浓,对游客的吸引力也越

大。导游词创作应该满足客人的好奇心,但不能神秘化、迷信化。对一些自然文化现象,可以讲解民间传说,但要给出科学的解释,不能以神仙点化、佛祖神功等稀奇古怪的内容来故弄玄虚,甚至宣传封建迷信,制造精神垃圾。

7. 忌导游词的雷同化

由于滥用神话和传说现象的普遍存在,游客在完全不同的旅游区常常听到内容大致相似的导游讲解,什么“某某仙女的腰带落到人间,就形成了某条河”“某某湖是某位仙人的马蹄印所致”等,让游客感觉牵强附会、似曾相识,有损导游的讲解形象。

(四)熟悉导游词

讲解的准备过程,是一种学习和记忆的过程,也是人脑综合思维和抽象的过程。准备充分与否,是讲解好坏的首要条件和必要条件。熟悉讲解内容一般有以下三种方式:

1. 背诵式

即将所有的讲解内容大段大段地背诵下来。背诵式的优点在于严谨,很少出错;缺点在于容易出现照本宣科的倾向,而使游客体会不到感情色彩。同时,因讲解的内容多,背诵需要非常好的记忆力。背诵式重要的是要突出重点,不能机械地记忆。讲解中应注意背诵与现场发挥相结合。

2. 概括式

出团前,针对游客的情况将主要内容进行记忆,而将大多数内容在现场发挥。概括式的条件是要有较高的文化素质和理论水平。其优点是重点突出,并留有充分的余地进行现场发挥。缺点是容易出现不全面,特别是对于初参加工作的导游或陪团去新景点时。概括式最重要的是要做到合理分配精力,做到心中有数,正确把握自己的讲解能力和水平。

3. 书写式

即将重点讲解的内容和重点解答的问题用笔写下来,而将例子等记忆在脑中。书写式的优点是可以辅助记忆,缺点是不容易把握穿插例子、幽默语的时机。但书写式仍然不失为参加工作不久的导游采用的好形式之一。

讲解准备是一门学问,也是一门艺术。上述三种方式并非一定之规,有的导游采用多种方式并用,效果亦非常好。究竟采取何种方式,则应根据自己的实际情况而定。

(五)常见的讲解错误

导游在讲解中出现错误现象经常发生。增强对这些常见错误的了解有助于导游顺利完成讲解。常见错误主要有以下几种:

1. 口误

口误是口头与人脑支配不相符而造成的言语错误。口误多发生在个别词上。在一般情况下，由于言语的结构、语境及特定的生活经验等作用，口误出现后，游客仍可理解含义。但在关键性的词上口误，游客则会产生歧义，甚至导致严重的误解。出现口误的主要原因是导游的注意力分散，不慎重。

2. 语法错误

语言是通过规则对有限的单词进行组合，并对各种组合进行扩展而产生无限数量的句子。因此，即使生活中的短句，也必须符合语法要求。出现语法错误有以下几种情况：一是参加工作不久，语言或翻译基础不好；二是延续性差错。例如，某句话他一直这样讲，从未有人给他纠正；三是习惯性差错。例如某句话，很多人都这样讲，他也这样讲，然而这却是错的。经常出现语法错误，导游的形象与业务水平往往容易在游客心理上造成不良印象。

3. 内容错误

内容错误有多种情况：一是概念性错误。人的知识是从实践中学习得来的，毫无疑问，没有进行过实践的学习，也就无法用言语来表述它。由于导游的实践涉及技术领域较少，因而在讲解中发生歧义或错误。二是理解错误。对于多义词的掌握、成语、固定用法的确切含义，对游客某些含蓄的言辞、词语不同时代不同的用法、同样的语句不同民族、文化背景的不同含义等。由于理解上产生歧义而导致出现错误。三是记忆错误。记忆是人们在头脑中积累和保存个体经验的心理过程。记忆的保持最大的变化是遗忘。例如，对某一个单词，导游原本非常熟悉，而讲解中却一时想不起来。对于这种临时性遗忘，如果只根据模糊的记忆去讲解翻译，错误便容易发生。遗忘是正常的心理现象，然而因此发生错误却与人的态度有关。四是偶然性错误。偶然性错误与导游的情绪有关。由于某种意外事情，自己的需要未得到满足以及疲劳等因素。

导游出现言语错误是一种正常现象，虽然与客观有关，但更主要的是导游主观原因。言语错误虽然不能完全杜绝，但经过主观努力，却可以减少。

4. 观念性错误

(1) 不能以导游的讲解取代旅游者自身的游览

旅游是一种审美活动，旅游者听导游员讲解可以欣赏到见不到的东西。但导游人员的讲解不能取代游客的游览、自己独游。驰骋想象，神游在风光名胜之中，有时更能领略悠然自得、陶冶性情之趣。因此，导游员并不是讲得越多越好，有时要娓娓而谈，有时则让旅游者自我陶醉。要使讲解和游览相得益彰。以讲解为主，以旅游者独游为辅，有导有游。导、游搭配，产生更好的效果。

导游人员在景点内进行导游讲解时，也要有张有弛，有缓有急，有松有紧，有取有舍，讲究讲解的节奏。讲解时既不能为了应付差事，或为了赶时间，匆匆忙忙，也不能为了打发时间，故意慢慢腾腾，把人拖得感到无聊。一般情况下，行路时少讲些，讲快些，观赏时多讲些,讲慢些。至于何处该快,何处该慢,要根据游览点的具体环境而定。这就要求导游人员熟悉沿途各景点的情况及其观赏价值,做到有的放矢。

(2)导游讲解不能忽视与旅游者的互动

导游人员在讲解时,应当随时注意游客的反应,并根据游客的反应调整讲解内容和进度,实现导游活动中双方的互动。善于察言观色,注意旅游者的动作、表情和言谈细节以及细微变化,讲旅游者最想听的和最想知道的,是极其重要的一点。

导游工作的复杂性和特殊性要求导游人员不但要有一定的口才,而且要有稳定的注意力,具备合理分配注意力和把注意力迅速从一个客体集中转移到另一个客体上的能力。一个旅游团,有十几名甚至几十名、上百名旅游者,导游员必须把握住每个旅游者,因此,没有高度集中的注意力以及注意的分配能力是做不到的。同时,导游员还要根据导游活动的安排及时转移自己的讲解重心,只有这样才不至于顾此失彼。如果导游员不具备这种转移注意力的能力,往往会影响导游服务的质量。例如,一位导游员在某景点讲解时,他不善于分配注意力,那么往往会把全部的精力都集中于讲解上,只顾自己口若悬河、滔滔不绝,而不注意旅游者的情绪反应,等他讲解完毕,才发现客人早就不耐烦,或根本没去听,这样的讲解效果是可想而知的。

导游员要做到有针对性的讲解,必须注意研究客人的心理,集中精力对客人的需求做出准确的判断,在讲解之前就做到心中有数,有备而讲。

二、景区景点导游讲解

(一)致欢迎词

首次在全体旅游者面前亮相讲话。景点导游员所致欢迎词的内容应该包括:①问候;②代表所在景区(点)向旅游者的到来表示热烈欢迎;③自我介绍;④表明工作态度和希望得到合作的愿望;⑤祝愿游览愉快、顺利。

(二)景点导游讲解

1. 背景介绍

要介绍景点产生的由来和历史沿革,景点与相关历史事件和历史人物的关系。

2. 景点轮廓介绍

景点轮廓介绍大致包含以下内容:

第一,景点用途:就是为何而建,为纪念名人,还是为欣赏风光;为保护文物,还是为教育后代等。

第二,景点特色:就是建筑结构布局有何特点,风光有何奇趣,即欣赏价值如何。

第三,景点地位:就是景点在世界上或在国内、省内、市内处于何地位,是何级文物保护单位。

第四，景点价值：就是历史价值、文物价值、旅游价值、欣赏价值，如能介绍接待状况，游客会有兴趣了解。

第五，名人评论：就是历史名人、国家领导人、世界名人、著名文人，参观后有何评论，采用“名人效应法”，介绍景点受人称颂情况。

一般性的景观，边讲边行进即可。重要景观讲解时，则要求选好景观角度，由外及里，由上到下，细致地加以指点，重要碑文内容可逐字逐句加以说明和解释。景点往往是多种文化的交杂共存，特别是人文景观，更是一种文化的体现，讲解中要注意用文化诠释景点，使游客真正领悟景点的文化内涵，得到美的享受。这就要求导游员要从文化和审美角度讲解主题，详略取舍得当。

（二）景点讲解应注意的问题

1. 要有针对性

要根据游客的文化程度，理解能力，地域（国界）差异等情况不断调整自己，贴近游客，切不可以不变应万变，千篇一律，做费力不讨好的工作。

2. 要亦庄亦谐

除了真实的、历史的、严肃的导游内容外，还应该收集大量的野史稗史、传说故事。野史往往比正史更令人容易记住，更何况中国文化中也包含有野史稗史。但必须把握住下面几个原则：一是不歪曲正史，二是不反动，三是不诲盗诲谣，四是不迷信。在把握以上几条的前提下，不妨大量准备，适当使用。

3. 要劳逸结合

在景点导游的过程中，导游员应保证在计划的时间与费用内，游客能充分地游览、观赏，做到讲解与引导游览相结合，适当集中与分散相结合，劳逸适度，特别关照老弱病残的旅游者。

总之，景点讲解须做好铺垫，告知游客参观路线，在实地讲解中，将游玩和获取知识有机结合，使游客得到身心两方面的愉悦。

（三）景点导游讲解

1. 交待注意事项

（1）在景点示意图前，讲解员应讲明游览线路、所需时间、集合时间、地点等；

（2）讲解员还应向游客讲明游览参观过程中的注意事项（如所游览场所是一个戒烟地方，请各位吸烟者注意等）。

2. 导游讲解

抵达景点后，讲解员的主要工作是带领本团游客沿着游览线路对所见景物进行精彩的导游讲解。讲解的内容要因人而异、繁减适度，包括该景点的历史背景、特色、地位、价值等方面的内容。讲解时，讲解的语言不仅应使游客听得清楚，而且要生动、优美、富有表达力；不仅使游客增长知识，而且得到美的享受。

3. 注意游客的安全

在游览过程中，讲解员应做到讲解与引导游览相结合；适当集中与分散相结合；劳逸适度并应特别关照老弱病残的游客。在讲解时，讲解员也应眼观八方、耳听六路，注意游客的安全，要自时至终与游客在一起活动；在景点的每一次移动都要和全陪、领队密切配合并随时清点人数，防止游客走失和意外事件的发生。

景点旅游是区别于沿途旅游的另外一种旅游方式，如果说后者重在面，那么前者则重在点，是取精华而细览的旅游方式，在景点旅游中，旅游者绝大多数时间是在景点中度过的，景点是文化的具体表现，不同的景点又代表着不同的文化内涵。因此，景点导游就成为导游中最大量、最核心的工作。边游边导，讲深讲透，又讲得游客爱听想听，方显出优秀的导游水平。

（四）致欢送词

欢送词基本内容：①回顾游览活动，感谢合作；②表达友情和惜别之情；③征求意见和建议；④期待重逢；⑤美好祝愿。

范例：

各位游客，景区的游览就到此结束了。在跟大家道别之际，我对大家的合作和配合表示衷心的感谢。你们的耐心和友善，使得我的工作变得更加容易，你们的合作和理解使得我们的游览特别愉快，在此我感谢大家。我们虽然只是短暂的相识，但给我留下的却是最珍贵的回忆，我将永远珍藏与大家共度的美好时光。我期待着能再次见到你们。最后，祝大家旅行愉快，身体健康。谢谢大家！

三、导游讲解技巧

（一）导游口头语言技巧

1. 巧用声音

任何语言都少不了要用抑扬顿挫、起伏多变的声响和语调来表现和传达自己的情感。富有艺术性的导游讲解应更讲究语调的高低强弱，语气的起承转合、自然流畅以及节奏的抑扬顿挫，即讲究语言的音乐性。为了充分发挥语言艺术的作用，要求导游员努力使导游语言的音调和节奏运用得恰到好处，根据讲解对象的具体情况和当时的时空条件灵活运用，以求达到传情、传意的目的。

在导游活动中，书面导游语言要讲究语调变化，口头语言则要善于运用语调变化。语调平平的导游文字读起来缺乏活力，听起来则缺乏生气，味同嚼蜡。导游语言作为一种艺术语言，要求导游员在导游讲解时语调优美、自然、正确又富于变化，从而产生感染力，打动旅游者的心弦，激发他们的游兴。这里所说的“正确”，是指导游员讲解时语音要标准,语调要符合规范用语的习惯;优美自然是指语言流畅、起伏有度,讲话时既不故弄玄虚,也不似和尚念经般平淡无奇。

语音语调要适度优美。语音语调在传情达意方面起着极其重要的作用,导游员要注意正确的语音、语调。其声音高低、音量大小也要适度。导游员的语音、语调不仅要与自己的思想感情、积极的服务态度相符合,而且要与听者的人数、讲话场所相协调。

首先,导游员的声音强弱要适度,不高不低,以借助扩音器使在场的旅游者都听到为限。说话声音太大会使人感到刺耳,而声音太小则给人造成说话没有自信的印象。说话声音高低强弱要看场合,空旷处宜稍大,室内则要稍小点;对全体旅游者讲话声音要稍高,几人促膝讲话则要稍低。

其次,导游员的语调既要正确,又要富于变化,使自己的讲话语调听起来比较悦耳动听、亲切自然。这种语调具有一定的感染力,能打动旅游者的心弦。

导游员语音语调的掌握跟呼吸、运气有着直接的关系。要达到上述语音语调的要求,最重要的是呼吸要得当。要平稳地呼吸,不要大口大声地呼吸,这样可使讲话持续长久。呼吸平稳,就要腹式呼吸,最好是横隔膜呼吸。因此,导游员在训练自己的语音语调时,要有意识地加强呼吸训练,使自己的呼吸不再短促,这样,在利用扩音器讲话时,人们几乎觉察不出讲话时的呼吸声。

2. 控制节奏

节奏讲究的是音调的高低轻重、话气的起承转合和起伏顿挫。导游语言是一种艺术的语言,导游语言的节奏是导游语言艺术性的要求之一,一般是指导游讲解的节奏和音调的节奏。

(1)讲解的节奏

讲解的节奏依听者的具体情况和时空条件而定,要徐疾有致、快慢相宜。音调的高低以及语序的断续停顿节奏恰当,不仅可使旅游者听得清楚明了,且会随情意转,从而收到最佳的导游讲解效果。讲得快让人的思路跟不上,紧迫慢赶;讲得慢让人听了上句等下句,令人心烦。

(2)音调的节奏

导游讲解时,导游员的声音要富有感情色彩,要抑扬顿挫,但不要矫揉造作;音调要适时变化,要有音乐般的节奏感。导游员要时时观察游客的反应和理解力,是否明白和记住等。导游员在讲解中该快则快,该慢则慢,快慢结合,该停就要停,停顿的好,会收到好的效果。

音调除高低要注意外,还要注意抑扬起伏、顿挫适当。声调低了听不见,不高不低平平的,又令人昏昏入睡。因此,音调要有变化,要富有节奏感,千万别像催眠曲一样。

总之,音调和节奏体现着导游语言的艺术性和趣味性,直接影响着旅游者的审美效果,导游员必须予以高度重视。导游讲解时,导游员要努力做到语言流畅、幽默风趣、语气亲切、节奏分明、音调优美、悦耳动听,力求使导游讲解和审美活动浑然一体,有声有色,使客、导之间有思想上的交流和感情上的共鸣。

3. 灵活使用讲解方法

导游人员进行导游讲解时,应当学会使用不同的讲解方法并且融会贯通、交叉运用,弱化导游过程中"导"的痕迹,才能取得良好的讲解效果。下面介绍几种导游工作中常用的讲解手法:

(1)分段讲解法

所谓分段讲解法就是将那些规模较大、内容较丰富的景点,分为前后衔接的若干部分来进行分段讲解。一般来讲,首先在前往景点的途中或景点入口处的示意图前用概述法介绍景点(包括历史、社会背景、面积、欣赏价值等),并介绍主要景观的名称,使游客对将要游览的景物有个初步印象,达到"见树先见林"的目的,使之有"一睹为快"的想法,即通过游前导,将旅游者导入审美对象的意境,然后到现场游览过程中顺次讲解。在讲解这一景区的景物时注意不要过多涉及下一区的景物,但也要讲一点,目的是为了引起游客对游览下一景区的兴趣,并使导游讲解一环扣一环,让景物讲解处处扣人心弦。

用分段讲解法,首先要善于把景区景点进行科学合理的板块划分,并设置相应的主题以利于展开讲解工作;其次要注意段与段之间的过渡,过渡一定要自然,尽可能照应上端的内容并合理自然地引出下端主题。

(2)突出重点法

突出重点法就是在讲解时避免面面俱到,而是重点介绍游览景点的特征及与众不同之处,突出景点价值的导游方法。导游员在讲解时要突出下述四个方面:

一是突出景点中具有代表性的景观。游览规模大的景点,导游员必须作好周密的计划,确定重点景观。这些景观既要有自己的特征,又能概括全貌。在现场,导游员主要讲解这些具有代表性的景观。如在北京故宫中选取太和殿作为重点;在陕西华山选取地势险要的千尺幢和苍龙岭作为重点;在澳门选取葡京大酒店赌场作为重点等。

二是突出景点的特征及与众不同之处。如在陕西乾县乾陵中选取"无字碑"作为重点,在安徽黄山选取黄山奇松作为重点,在湖南土家族风俗民情中选取"哭嫁"习俗作为重点等。

三是突出旅游者感兴趣的内容。旅游者的兴趣爱好各不相同,但从事同一职业的旅游者往往有共同的职业爱好,导游员要了解情况,在游览时应突出讲解旅游团内大多数人感兴趣的内容。投其所好的讲解手法往往能产生良好的导游效果。如在河北山海关中选取孟姜女庙作为重点;在浙江杭州西湖选取断桥作为重点;在云南傣族民俗风情中选取"泼水节"习俗作为重点等。

四是突出"……之最"。在参观某地、某一景点时，导游员可突出介绍"世界(中国、某省、某市、某地)最大(最长、最古老、最高)的××"这样的介绍可突出景点的价值，可给旅游者留下深刻的印象，激发他们的游兴。不过，在做"……之最"介绍时要实事求是，要有根有据，绝不能杜撰。

以上四条标准并不矛盾，在同一个景点可以根据不同的标准同时选取不同的内容作为讲解重点。但要注意，除了重点之外的其他非重要内容讲解时一定要简略，否则无法突出重点。

(3)虚实结合法

虚实结合法就是导游讲解中将典故、传说与景物介绍有机结合，即编织故事情节的导游手法。就是说，导游讲解要故事化，以求产生艺术感染力，努力避免平淡的、枯燥乏味的、就事论事的讲解方法。

虚实结合法中的"实"是指景观的实体、实物、史实、艺术价值等，而"虚"则指与景观有关的民间传说、神话故事、典故、趣闻轶事等。"虚""实"必须有机结合，但以"实"为主，"虚"为"实"服务，以"虚"拱托情节，以"虚"加深"实"的存在，努力将无情的景物变成有情的导游讲解。

虚实结合法在讲解自然景观时运用得相当普遍，是丰富讲解内容、活跃游览气氛、提高欣赏美感的有效方法。许多导游员在讲解普通的山水景观时痛感讲解内容不多，对景物的描绘缺乏生动性，就可以采用虚实结合法，通过讲故事、侃大山等方式来使景观形象、丰满起来。

(4)触景生情法

在旅游者的旅游活动中，获得听觉和视觉刺激仅仅只是最肤浅的旅游感受，也是导游员带领游客进入的最低层次的旅游审美境界。一次成功的导游服务应该能够引导游客从对旅游景观表象的欣赏进入到对其内涵的探究，也即是从"悦耳悦目"的审美境界上升到"悦心悦意"和"悦志悦神"的审美境界之中。这种审美境界的提升不是单纯传递旅游景观自身的信息能够达到的，需要导游员在介绍景观的同时借题发挥，利用所见景物制造意境，适当抒发感慨和议论，从而使游客产生联想，领略到更高层次的美感。这种导游讲解的方法就是触景生情法。触景生情贵在发挥，要自然、正确、切题地发挥。导游员要通过生动形象的讲解，有趣而感人的语言，赋予死的景点以生命，注入情感，引导游客进入审美对象的特定意境，从而使他们获得更多的知识，更多美的享受。

在实践工作中，触景生情法主要有三种运用形式。第一种是在说明景物的时候，绘声绘色地描述历史史实，发表感慨，激起游客反思，心头涌上或喜或悲的情怀。第二种是在描绘景物的时候改换身份，模拟景物中所反映的时代和人物，让游客设身处地去想象当年情况，真切地感受到当时的气氛。第三种是讲解景观时通过引人入胜的层层剖析，发动游客思考，使之参与到对景观的研究和探索中来，增添欣赏的情趣。

(5)问答法

问答法是一种常用的导游手法，就是在导游讲解时导游员向游客提问题或启发他们提问题的导游方法。它不仅可以避免导游员在讲解过程中一统天下的局面，而且还能活跃气氛，使客、导之间产生思想交流，使游客获得参与感或自我成就感的愉快。问答法有多种形式，主要有：

第一，我问客答。最常见的问答交流形式就是导游员向游客提出问题，经过导游员的启发和游客的思索，最后由游客来解答，这就是我问客答的问答交流法。

导游员在提问时必须掌握提问的技巧，根据游客的知识水平和兴趣爱好来提问。导游员所提的问题既要让游客可以想出答案，又不能过于浅显幼稚。提出问题后导游员要适当停顿一下，以眼神、手势等方式诱导游客思考和回答，不论其回答正确与否都不可讪笑，实在得不到回应也不要强迫游客作答，以免游客产生抵触情绪。游客回答后导游员应当给予点评，适当加以鼓励。

第二，自问自答。有时导游员所讲解的景点有一定的深度，需要相当的学识或相关的经验才能理解。这时导游员不妨提出问题后不强求游客做出回答，而是自己来解释所提的问题，这就是自问自答的问答交流法。导游员提出问题，并作适当停留，但并不期待旅游者回答，只是为了吸引他们的注意力，促使他们思考，激起兴趣。然后作简洁明了的回答或生动形象的介绍，以求给游客留下深刻的印象。

第三，客问我答。导游员要善于调动旅游者的积极性，让他们提出问题。游客提出问题证明他们对某一景物产生了兴趣，进入了审美角色。对他们提的问题，即使是幼稚可笑的，导游员也不能笑话他们，更不能显出不耐烦。但是，对旅游者的提问，导游员不要他们问什么就回答什么，而要有选择地回答一些与景点有关的问题，或将部分问题融入导游讲解之中，注意不要让游客的提问冲击正常的讲解，打乱讲解安排。

第四，客问客答。当无法回答游客提出的问题时，导游员可以采用两种方式来处理：其一是坦率承认自己不懂，同时表态将尽力为游客寻求答案；其二是打“擦边球”，将问题转回游客方面，这就是客问客答的问答交流法。

(6)制造悬念法

导游员通过提问，给予启示，巧妙安排，激起游客的兴趣、使其产生悬念的方法称之为制造悬念法。

制造悬念，通俗地讲，就是导游员在讲解时提出令人感兴趣的话题，但故意引而不发,激发起旅游者急于知道答案的欲望。使旅游者产生悬念的方法即称为"制造悬念法",俗称"吊胃口""卖关子"。这是一种"先藏后露、欲扬先抑、引而不发"的手法,一旦"发"(讲)出来,会给游客留下特别深的印象,而且导游员可始终处于主导地位,成为游客的中心。

制造悬念的方法很多,例如问答法、引而不发法、引人入胜法、分段讲解法等都可能激起旅游者对某一景物的兴趣,引起遐想,急于知道结果,从而制造出悬念。

制造悬念是导游讲解的重要手段,在活跃气氛、制造意境、增加旅游者的游兴、提高导游讲解效果方面往往能起重要作用。但是,再好的导游方法都不能滥用,"悬念"不能乱造,以免起反作用。

(7)类比法

所谓类比法,就是以熟喻生,达到类比旁通的导游手法。即以旅游者熟悉的事物与眼前的景物比较,便于他们理解,收到事半功倍的效果。

类比法分为同类相似类比和同类相异类比,不仅可在物与物之间进行比较,还可作时间上的比较:

第一,同类相似类比。

将相似的两物进行比较,便于旅游者理解并使其产生亲切感。例如将北京的王府井比作日本东京的银座、美国纽约的第五大街、法国巴黎的香榭丽舍大街;把上海的城隍庙与日本东京的浅草相比;参观苏州时,可将其称作"东方威尼斯";讲到梁山伯与祝英台的故事时,可称其为中国的罗密欧和朱丽叶等。这种类比便于游客理解并使其产生亲切感。

第二,同类相异类比。

这种类比法可将两种风物比出规模、质量、风格、水平、价值等方面的不同,例如中国长城与英国哈德良长城之比,中国故宫和日本皇宫之比等。使用这种类比法还可比出两种风物在风格上的差异,例如,参观北京故宫时与法国的凡尔赛宫作比较,游览颐和园时与凡尔赛宫花园进行比较。这种东西方宫殿建筑和皇家园林艺术之比,西方游客听了不仅享受到中国宫殿建筑和皇家园林的艺术美,也对东西方文化传统的差异有了进一步的认识。

第三,时间之比。

可将处于同一时期的不同国家的帝王作类比,也可将年号、帝号纪年转换为公元纪年。例如,在讲解唐代长安城的宏大规模时,导游员可将唐长安同东罗马帝国的首都君士坦丁堡相类比,它是君士坦丁堡的7倍;同阿拉伯帝国的首都巴格达相类比,它是巴格达的6倍。

正确、熟练地使用类比法,要求导游员掌握丰富的知识,要对相比较的事物有比较深刻的了解,并针对来自不同国家的旅游者,将他们熟悉的风物与他们所看到的景物相比,切忌作胡乱、生硬的比较,而且使用时要谨慎,不要伤害游客的民族自尊心。

(二)导游态势语言技巧

导游讲解并不是单靠动口就可以圆满完成的,必须用态势语言来辅助导游讲解,如果把站姿、眼神、手势等处理得恰到好处,就会增加讲解的效果和魅力。不注意游客情绪反应,完全凭自己的口才来进行导游讲解,是不会成功的。

1. 导游态势语言的作用

(1)增强表达能力

正因为态势传递信息,因而它也是一种交际的工具。毫无疑问,导游使用态势语言可以提高自己的表达能力。例如,导游一边讲解,一边把手指向所讲解的事物,并不断比划事物的大致轮廓,这不仅使游客得到理性上的认识,而且可以得到感性上的认识。因此,态势语在导游与游客交际中是必不可少的,它既是一种无声的语言言语,也是一种无言语的语言。

(2)使表达富有感情色彩

导游讲解是通过语言启发游客情感的过程。实际上,游客理解和感知导游的语言讲解的情感,最直观和最具感染力的首先是态势语言,其次才是有声语言。因为态势语言会将导游的情感以及与情感相关系的环境、条件等真实地传递给游客。因此,导游讲解时配合适当的态势语言,无疑可以提高其感染力。心理学调查表明,不断变化的物体容易引起人的注意,因此,态势语言还可以吸引游客的注意力,使之集中与指向于导游所讲解的事物上,提高语言表达的效果。

(3)表达自己内心的情感

态势语言在人际交往中不仅可以起到交流信息的作用,而且也是人内心世界情感的真实流露。心理学研究表明,态势语言所显示的意义往往比有声言语多得多,也深刻得多。因为有声语言常常把所要表达的意思的大部分隐藏起来。实际上,导游在与游客言语交际中,往往正是通过各种动作来抒发自己的情感的。同时,经过理性加工后表达出来的语言往往不能真正地表露一个人的真正意向,而人的态势语言却能够把人的情感与欲望暴露无遗。游客也正是通过导游的各种动作来观察他的气质、性格和态度的。

2. 导游态势语言的表达技巧

(1)目光

导游讲解是导游员与游客之间的一种面对面的互动。这种面对面的互动,双方可以进行“视觉交往”,游客往往可以通过调动视觉器官——眼睛,从导游员的一个微笑,一种眼神,一个手势中加强对讲解内答的理解。讲解时,运用目光的方法很多,介绍几种如下:

第一，目光的联结。这是加强导游员与游客关系的重要因素。凡是一直低头或望着毫不相干处，以及翻着眼睛只顾口若悬河的人，是无法与游客产生沟通的。但目光不能老是盯着一个人，更不要老是盯着一个人的眼睛，尤其是异性。否则会使人反感或使人不自在。

第二，目光的移动。导游人员在讲解某一景物时，首先要用目光把游客的目光引过去，然后再及时收回目光，继续投向游客。

第三，目光的分配。目光要注意统摄全部听讲解的游客，即可把视线落点放在最后边的游客的头部，也可不时环顾周围的游客，但切忌只用目光注视面前的一些游客，不然就会冷落后边的游客，使他们产生遗弃感。

第四，眼球的转动。当导游的视线朝向哪方，导游的面孔就应正对着哪方，那种只眼球滴溜溜转动，而头却不随着眼球转动的人是令人生厌的。

第五，讲解与视线的统一。当讲解内容中出现甲、乙两人对话场面时，在说甲的话时，要把视线略微移向一方。在说乙的话时，要把视线略微移向另一方。如此可使听众产生一种逼真和临场感。

(2)表情

表情是指眉、眼、鼻、耳、口及面部肌肉运动所表达的情感，据有关资料载，美国心理学家艾伯特·梅拉比安首先在一系列研究的基础上得出了这么个公式：

信息的总效果 =7% 言词 +38% 语调 +55% 面部表情

由此可见，面部表情在导游讲解中有着十分重要的作用和地位。根据导游的工作特点及服务要求，导游与游客言语交际中应有以下 4 种表情：

第一，热情。热烈的表情在面部有明显的表现，如眉梢、眼角、嘴角。热情不仅可以感染游客，而且还表达着导游的责任感以及代表国家、企业和自己对游客的态度。微笑是人内心世界情感的真实流露，因而微笑是热情的主要表达方式。

第二，真诚。真诚的表情在面部没有明显的表现，然而游客却可以从许多方面感觉到。例如，目光平视，保持着亲密的注视方式；嘴角平或微微向上，表示对游客感兴趣、关切。真诚的表情则要排斥那种突然露出笑容，或笑容收起过快，或久久的一副毫无表情的样子，这些表情往往使人感到不安，或产生敌意。真诚是导游赢得游客信任的主要因素。

第三，庄重。庄重的表情并不等于严肃与拘谨，游客往往通过导游庄重的表情去分析他的修养、受教育的程度。导游庄重的表情一般在刚接团时的社交场合采用。例如，视线停留在对方的前额，口形保持微闭状态，微笑。庄重的表情则要排斥常常喜怒形于色。庄重的表情可以使导游在游客中树立一种良好的形象。

第四，幽默。幽默的言语同时必须伴随以幽默的表情。幽默的表情在面部眉、眼、鼻、口都有丰富的变化,同时可以配合相应的手势、姿态等动作,甚至还可以夸张。需要指出的是,夸张不能过分,过分的夸张就成了作怪相。幽默的表情还往往做出"表里不一"的样子,目的是为了增强幽默的效果。伴随幽默的表情,幽默言语的效果会更理想。

表情与人的心理活动是紧密联系在一起的,因此表情应与心理活动是一致的。但在很多时候,导游的表情与心理活动不相一致。其主要原因:一是导游在心境不好的时候,但出于工作的需要,又不得不做出适合工作的表情;二是在遇到特殊情况时,心里非常着急或者非常高兴,可表面又不得不做出若无其事的样子。这种情况下,导游就必须控制和调节自己的情绪。一般来说,具备一定素质的人,或在特定的环境下"进入角色"的人,都具有这种能力。在导游工作中,有时这样做也是很有必要的。导游的表情与心理活动可以不相一致,但导游的表情与言语表达则必须一致。表情之所以能打动人,是因为配合言语或到高潮,或到低谷,言语交际双方遥相呼应,相互感染。如果导游的表情"情"过其言,没有相应内容做出的表情,会使游客莫名其妙。

(3)姿态

姿态能显示导游员的风度。一般说来,导游人员讲解时,身体要挺胸立腰,端正庄重。所谓"站如松、坐如钟"就是这个姿态。导游人员若在车内讲解,必须站立,面对客人,肩膀可适当倚靠车厢壁,也可用一只手扶着椅背或扶手栏杆。在实地导游时,一般不要边走边讲。在讲解时,应停止行走,面对客人,把全身重心平均放在脚上。上身要稳,要摆出一副安定的姿势。要注意的是,不可摇摇摆摆,焦躁不安,直立不动,或把手插在裤兜里,更不要有怪异的动作,如乱摇头、不停地摆手、舔嘴唇、掐胡子、拧领带等等。

姿态是导游动作言语的重要组成部分。潇洒、自然、落落大方的姿态,不仅传播着热情、真诚、庄重、幽默的信息,而且姿态本身就能够吸引游客。相反,小里小气、拘谨的姿态则会让游客产生反感。良好的姿态是不断学习和锻炼的结果,尤其是站相、坐相等,需要进行长期地锻炼。同时,导游在与游客言语交际中,根据主观与客观的实际情况,把握做出姿态的时机和幅度也十分重要。

第一,根据自己的条件确定姿态。导游应认真分析自己。例如,性格内向的导游不易做幅度较大的动作,这样往往不自然、不真实,给游客以做作的感觉。一般地说,年龄大一些的导游动作应在小范围内,会给人庄重、稳健的印象。年轻导游的动作范围相对可以大些,但不可过分,否则会给人以浮躁、急于表现自己等印象。

第二,根据游客确定姿态。国家和民族不同,对姿态有不同的评价。一般地说,欧美人"动"感强,要求导游动作幅度大些;亚洲人"静"感强,则要求导游动作小些。再例如,年龄大的游客希望导游动作小些,年轻游客则适应动作大的导游。知识结构高的游客希望导游动作小些,知识结构低的游客往往希望导游动作大些。由此可以看出,导游的姿态应根据游客的构成变化而变化,欧美旅行团和亚洲旅行团、老人旅行团和儿童旅行团、科技考察团和普通观光团等,导游应区别对待。

第三,根据讲解内容确定姿态。导游讲解的内容非常广泛,有文化、艺术、历史、民俗、政治、经济等,有时甚至还要给游客上大课。不同的内容,应有不同的姿态。一般地说,活泼性的内容导游的动作应大些,严肃的政治、经济、科技等方面的内容,导游的动作应小些。

第四,根据环境条件确定姿态。姿态与环境、条件和谐,才能取得最佳效果,如果不和谐姿态会起到相反的作用。一般地说,在户外,游客多、场地大时,导游的动作可以多,也应大些;在室内,游客少、场地小时,动作应少,幅度也应小些。如果地方小,游客多,导游在游客眼前走来走去,又不断挥舞手臂,前排的游客肯定受不了。

(4)手势

讲解时的手势,不仅能强调或解释讲解的内容,而且能生动地表达讲解语言所无法表达的内容,使讲解生动形象,为游客看得见、悟得着。导游在工作中的手势言语主要有以下几种:

第一,象形性手势。象形性手势是通过手势把事物的形状摹拟出来。例如,导游在讲解某一种文物时,用手比划着文物的大小、形状等。象形性手势传达着事物形象的信息,它的作用在于说明。因此,对象形性手势的要求是贴近于事物本身,不能夸张。恰如其分地使用象形性手势,可以大大提高言语的容量。象形性手势是导游工作中最基本的动作言语之一。

第二,象征性手势。象征性手势也是一种对事物形状的摹拟,是用手摹拟象形性手势范围包括不了的事物。例如,导游在讲解神话传说中的人物,在讲到他十分高大时,把手高高伸向上方。象征性手势是一种虚拟地摹拟,本身便带有夸张的成分。但夸张并非毫无原则地夸张,否则就是“言”不符实。象征性手势有助于吸引游客的注意力,也有助于提高游客对事物的感性认识。

第三,情绪性手势。情绪性手势是一种人处在激情状态下的手势。例如,导游介绍某一个激烈的场面时,由于受情节的感染,手情不自禁地挥舞着。情绪性手势是心理活动的外露,也传递着导游对某种事物态度的信息。积极的情绪性手势可以感染游客,并可以强烈地吸引游客,而消极的情绪性手势则会对游客产生不良影响,甚至会引起游客的极度反感。

第四,指引性手势。指引性手势一般是用来传递方向、处所等信息的。例如,导游告诉游客,现在可以上车了,车在东边,同时把手指向东方。初到一地,游客的方向概念往往模糊，指引性手势则有助于游客辨别方向。指引性手势是导游工作中最常用的动作言语。

四、信息引导

导游词的创作是导游讲解的基础，学生在模拟景点讲解员进行导游讲解时，首先要完成景点的导游词写作，它也是后续学习任务完成的重要环节，因此教师要引导学生完成一篇景点导游词，并符合相关导游词写作讲解的规则。

请沿此线剪下

请沿此线剪下

请沿此线剪下

学生工作任务

一、欢迎词撰写与讲解

学生撰写一份迎接不同团队的欢迎词，每个学习小组分配角色并进行导游讲解比赛。

欢迎词写作			
学生自评签名(30%)	组长评价签名(30%)	教师评价签名(40%)	得　分

请沿此线剪下　请沿此线剪下　请沿此线剪下

欢迎词创作评分表

评价对象	评价标准	标　准	得　分
欢迎词创作	①问候游客	1	
	②代表旅游景点景区向游客表示欢迎	2	
	③自我介绍	1	
	④表明工作态度和希望得到合作的愿望	2	
	⑤祝愿游览愉快、顺利	2	
	⑥能贴合实际情境写作	2	
	总　得　分		
评价者签名			
时间			

致欢迎词评分表

评价对象	评价标准	标　准	得　分
致欢迎词	①精神面貌好，注重礼节（礼貌用语、行礼、问候）	2	
	②站位、站姿稳健，不转移、不摇摆，不扭转	2	
	③语速适度、音量适中；流畅、自然、语流抑扬顿挫，非朗诵、非抒情、非背诵	2	
	④普通话标准，不念别字，用词正确、恰当、符合语体环境	2	
	⑤情态语言（肢体、面部、眼神、手势）自然、不夸张	2	
	总　得　分		
评价者签名			
时间			

请沿此线剪下

二、景点讲解

景点导游词			
学生自评签名(30%)	组长评价签名(30%)	教师评价签名(40%)	得　分

请沿此线剪下

请沿此线剪下

景点导游词创作评分表

<table>
<tr><th>评价对象</th><th>评价标准</th><th>标 准</th><th>得 分</th></tr>
<tr><td rowspan="6">景点导游词</td><td>(1)语言文字要能够体现导游语言的通俗化、口语化特点,能体现景点的文化内涵,并能从审美的角度引导游客欣赏</td><td>(2分)</td><td></td></tr>
<tr><td>(2)结构严谨、内容准确、角度新颖、重点突出,主次分明</td><td>(2分)</td><td></td></tr>
<tr><td>(3)构思独特,特色鲜明,语言运用得当,并能够巧妙的应用各种语言技巧</td><td>(2分)</td><td></td></tr>
<tr><td>(4)语言形象,自然流畅,贴近游客,有情感,能给人以美感</td><td>(2分)</td><td></td></tr>
<tr><td>(5)写作内容是否包括地理位置、气候特点、历史沿革、人口状况、行政区划、社会经济、文化生活、土特产品、风俗习惯、主要建筑、商场、小区、街道以及独具特色的景物等(市容市貌);
背景介绍、景点用途、景点特色、景点地位、景点价值、名人评论(景点导游词)</td><td>(2分)</td><td></td></tr>
<tr><td colspan="2">总 得 分</td><td></td></tr>
<tr><td>签名</td><td colspan="3"></td></tr>
<tr><td>时间</td><td colspan="3"></td></tr>
</table>

请沿此线剪下

景点导游词讲解评分表

选手姓名:____________　　　　时间:______年____月____日

<table>
<tr><th colspan="2">项　目</th><th>评分要求</th><th>单项分值</th><th>单项计分</th><th>大项计分</th></tr>
<tr><td colspan="2">仪容仪表</td><td>妆容适宜,着装得体,精神饱满,符合服务行业规范要求</td><td>2.0 分</td><td></td><td></td></tr>
<tr><td rowspan="3">导游讲解内容</td><td>讲解内容</td><td>健康、完整、准确,重点突出、紧扣主题、与时俱进</td><td>1.5 分</td><td></td><td rowspan="3"></td></tr>
<tr><td>讲解结构</td><td>结构合理、层次分明、详略得当、逻辑性强</td><td>1.0 分</td><td></td></tr>
<tr><td>文化内涵</td><td>讲解具有很高的文化内涵</td><td>1.5 分</td><td></td></tr>
<tr><td rowspan="3">语言技巧</td><td>讲解技巧</td><td>讲解角度新颖、讲解生动幽默、通俗易懂,富有感染力、亲和力</td><td>1.5 分</td><td></td><td rowspan="3"></td></tr>
<tr><td>语音语调</td><td>普通话标准、语调自然、音量适中、语速把握得当、节奏合理、肢体语言规范</td><td>1.0 分</td><td></td></tr>
<tr><td>表达能力</td><td>口齿清楚、语法正确、表达自然流畅</td><td>1.5 分</td><td></td></tr>
<tr><td colspan="2">时　间</td><td></td><td colspan="2">扣除分数</td><td></td></tr>
<tr><td colspan="2">得　分</td><td colspan="3"></td><td></td></tr>
<tr><td colspan="6">备　注:

评委签名:
年　　月　　日</td></tr>
</table>

注:每位评委评分后必须签名,修改之处也必须签名

请沿此线剪下

请沿此线剪下

景点导游词讲解评分细则

一、时间

5 分钟,4 分 30 秒时计时器提示,到时即停。不够 4 分 45 秒,扣除 8 分,超时 10 秒内扣 4 分,超时 10 秒终止比赛,终止比赛扣除 6 分。

二、仪容仪表,满分 20 分

[好] 16.0 ~ 20.0 分。妆容适宜,着装得体,精神饱满,符合服务行业规范要求。

[中]12.0 ~ 16.0 分。妆容、着装较好,精神比较饱满,符合服务行业规范要求。

[一般]8.0 ~ 12.0 分。妆容、着装一般,基本符合服务行业规范要求。

三、导游讲解内容,满分 40 分

(一)讲解内容,满分 15 分

[好]12.0 ~ 15.0 分。健康、完整、准确,重点突出、紧扣主题、与时俱进。

[中]9.0 ~ 12.0 分。健康、完整、比较准确,重点比较突出、扣主题、与时俱进。

[一般]6.0 ~ 9.0 分。健康,内容基本完整、基本准确,基本扣主题。

(二)讲解结构,满分 10 分

[好]8.0 ~ 10.0 分。结构合理、层次分明、详略得当、逻辑性强。

[中]6.0 ~ 8.0 分。结构比较合理、有层次、详略比较得当、逻辑性强。

[一般]4.0 ~ 6.0 分。结构基本合理、有层次、详略基本得当、逻辑性欠缺。

(三)文化内涵,满分 15 分

[好]12.0 ~ 15.0 分。讲解具有很高的文化内涵。

[中]9.0 ~ 12.0 分。讲解具有较高的文化内涵。

[一般]6.0 ~ 9.0 分。讲解文化内涵一般。

四、语言技巧,满分 40 分

(一)讲解技巧,满分 15 分

[好]12.0 ~ 15.0 分。讲解角度新颖、讲解生动幽默、通俗易懂,富有感染力、亲和力。

[中]9.0 ~ 12.0 分。讲解角度比较新颖、比较生动幽默、通俗易懂,具有较好的感染力和亲和力。

[一般]6.0 ~ 9.0 分。讲解角度一般,缺乏感染力和亲和力。

（二）语音语调，满分 10 分

[好]8.0～10.0 分。普通话标准（英语语音标准）、语调自然、音量适中、语速把握得当、节奏合理、肢体语言规范。

[中]6.0～8.0 分。普通话比较标准（英语语音比较标准）、语调比较自然、音量适中、语速把握比较得当、节奏比较合理、肢体语言比较规范。

[一般]4.0～6.0 分。普通话一般（英语语音一般）、语调基本自然、音量适中、语速把握基本得当、节奏基本合理、肢体语言基本规范。

（三）表达能力，满分 15 分

[好]12.0～15.0 分。口齿清楚、语法正确、表达自然流畅。

[中]9.0～12.0 分。口齿比较清楚、语法正确、表达比较自然流畅。

[一般]6.0～9.0 分。口齿基本清楚、语法基本正确、表达基本流畅。

请沿此线剪下

请沿此线剪下

请沿此线剪下

三、欢送词写作及讲解

讲解员欢送词写作			
学生自评签名(30%)	组长评价签名(30%)	教师评价签名(40%)	得　分

请沿此线剪下

欢送词创作评分表

评价对象	评价标准	标 准	得 分
欢送词创作	①表示惜别,是指欢送词中应含有对分别表示惋惜之情、留恋之意,讲此内容时,面部表情应深沉,不可嬉皮笑脸,要给客人留下"人走茶更热"之感	1	
	②感谢合作,是指感谢在游览中游客给予的支持、合作、帮助、谅解,没有这一切,就难保证旅游的成功	1	
	③回顾总结,是指与游客一起回忆一下游览景点、参加的活动,给游客一种归纳、总结之感,将许多感官的认识上升到理性的认识,帮助游客提高	2	
	④征求意见,是告诉游客,我们知道有不足,经大家帮助,下一次讲解会更好	2	
	⑤期盼重逢,是指要表达对游客的情谊和自己的热情,希望游客再次光临的愿望。导游要提醒客人不要丢下东西,祝愿客人旅途平安	2	
	⑥能贴合实际情境写作,针对景点的特点与特色进行详细重点的描写	2	
	总 得 分		
签名			
时间			

请沿此线剪下

致欢送词评分表

评价对象	评价标准	标 准	得 分
致欢送词	①精神面貌好,注重礼节(礼貌用语、行礼、问候)	2	
	②站位、站姿稳健,不转移、不摇摆,不扭转	2	
	③语速适度、音量适中;流畅、自然、语流抑扬顿挫,非朗诵、非抒情、非背诵	2	
	④普通话标准,不念别字,用词正确、恰当、符合语体环境	2	
	⑤情态语言(肢体、面部、眼神、手势)自然、不夸张	2	
	总 得 分		
签名			
时间			

请沿此线剪下

四、导游口才训练

（一）速读《西行路上左公柳》

这里的“读”指的是朗读，是用嘴去读，而不是用眼去看，顾名思义，“速读”也就是快速的朗读。这种训练方法的目的，是在于通过锻炼使人口齿伶俐，语音准确，吐字清晰。

方法：找来一篇演讲辞或一篇文辞优美的散文。先拿来字典、词典把文章中不认识或弄不懂的字、词查出来，搞清楚，弄明白，然后开始朗读。一般开始朗读的时候速度较慢，逐次加快，一次比一次读得快，最后达到你所能达到的最快速度。

要求：读的过程中不要有停顿，发音要准确，吐字要清晰，要尽量达到发声完整。因为如果你不把每个字音都完整地发出来，那么，如果速度加快以后，就会让人听不清楚你在说些什么，快也就失去了快的意义。我们的快必须建立在吐字清楚、发音干净利落的基础上。我们都听过体育节目的解说专家宋世雄的解说，他的解说就很有“快”的功夫。宋世雄解说的“快”，是快而不乱，每个字，每个音都发得十分清楚、准确，没有含混不清的地方。我们希望达到的快也就是他的那种快，吐字清晰，发音准确，而不是为了快而快。

速读法的优点是不受时间、地点的约束，无论在何时、何地。只要手头有一篇文章就可以练习。而且还不受人员的限制，不需要别人的配合，一个人就可以独立完成。当然你也可以找一位同学听听你的速读练习，让他帮助挑你速读中出现的毛病。比如哪个字发音不够准确，哪个地方吐字还不清晰，等等。这样就更有利于你有目的地进行纠正、学习。你还可以用录音机把你的速读录下来，然后自己听一听，从中找出不足，进行改进。

例：

西行路上左公柳（节选）——徐刚

一过酒泉，西风更烈。

西行路上的荒漠与废墟，更加浓重地扑面而来，更大的戈壁更多的沙漠似乎一直延伸到了祁连山下，大的荒凉震颤着我。

风化的长城，千百年前废弃的村落，那是现实行进得太匆忙呢？还是历史牵挂着它的残片？哦，真的，沙漠让你无法想像当年跋涉者的脚印，戈壁让你无法细读那谜一样的石头的排列。

晃动着金色叶片的小叶杨，宁可自己蓬首垢面，而屹立在风沙中的红柳，那多少被黄沙侵染得黯淡的红色，都留在身后了。天上没有一丝云絮，真正高远的蓝天，戈壁滩上没有一只鸟，大荒凉大寂静。

我们先祖的脚印始于黄河流域，炎黄二帝尝百草种五谷发明耒耜耕耨，直到极一时之盛的汉唐魏晋文化。汉武帝正是在华夏民族的鼎盛时期决心“凿空”西域的，丝绸之

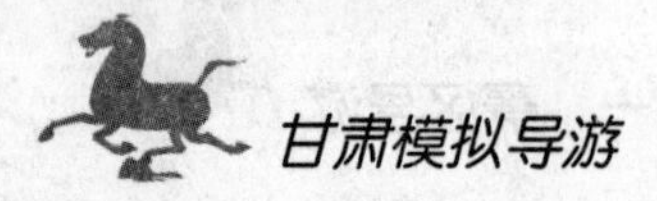

路便应运而生。

丝绸之路的出现，尤其在它的必经之地河西走廊上却留下了无数埋没的、残损的、至今依然壮观的历史、地理、人文的景观，以及重重叠叠的脚印。不妨说，那是人类行进的使命未竟，上苍殷殷的照拂未断。当丝绸之路的相当一部分被沙漠埋没之后，河西走廊尽管历尽战乱、凋敝与风沙的进逼，却不仅至今仍然存在着，且因为三北防护林的崛起，而有了再度辉煌的可能。

在兰州、在酒泉公园，西行路人不断有人告诉我：这是左公柳。

那是苍老的纪念。风雨未及卷走的站立的斑驳。

历时120余年的老杨树老柳树老榆树，粗糙的树皮如同当年西征丁勇的盔甲一样，那横伸枝节的树冠虽然被厚厚的尘沙压着，却有掩不住的苍老的绿色，显示着植物世界生命的强大与韧长。

西行路上，能不教人感慨万千？

当我登上嘉峪关，远眺祁连山雪，西望大漠戈壁时，忽然觉得残片似的历史有了空旷感，今日的荒凉既与历史的也和未来的荒凉连接着，人世间兴兴衰衰多少事，惟有这大漠依旧、戈壁依旧；高大的衰朽了，细小的幸存了；人的创造如此艰难，人的破坏力如此巨大；谁来拯救人类呢？

（二）背诵《海燕》

我们要求的背诵，并不仅仅要求你把某篇演讲辞、散文背下来就算完成了任务，我们要求的背诵，一是要“背”，二还要求“诵”。这种训练的目的有两个：一是培养记忆能力，二是培养口头表达能力。

记忆是练口才必不可少的一种素质。没有好的记忆力，要想培养出口才是不可能的。只有大脑中充分地积累了知识，你才可能张口即出，滔滔不绝。如果你大脑中是一片空白，那么你再伶牙俐齿，也无济无事。记忆与口才一样，它并不是一种天赋的才能，后天的锻炼对它同样起着至关重要的作用，“背”正是对这种能力的培养。

“诵”是对表达能力的一种训练。这里的“诵”也就是我们常说的“朗诵”。它要求在准确把握文章内容的基础上进行声情并茂的表达。

背诵法，不同于我们前面讲的速读法。速读法的着眼点在“快”上，而背诵法的着眼点在“准”上。也就是你背的演讲辞或文章一定要准确，不能有遗漏或错误的地方，而且在吐字、发音上也一定要准确无误。

其方法是：第一步，先选一篇自己喜欢的演讲辞、散文、诗歌；第二步，对选定的材料进行分析、理解，体会作者的思想感情。这是要花点工夫的，需要我们逐句逐段地进行分析，推敲每一个词句，从中感受作者的思想感情，并激发自己的感情；第三步，对所选的演讲辞、散文、诗歌等进行一些艺术处理，比如找出重音、划分停顿等，这些都有利于准确表达内容;第四步,在以上几步工作的基础上进行背诵。在背诵的过程中,也可分步进行。

首先,进行“背”的训练。也就是先将文章背下来。在这个阶段不要求声情并茂。只要能达到熟练记忆就行。并在背的过程中,自己进一步领会作品的格调、节奏,为准确把握作品打下更坚实的基础。第二,是在背熟文章的基础上进行大声朗诵。将你背熟的演讲辞、散文、诗歌等大声地背诵出来,并随时注意发声的正确与否,而且要带有一定的感情。第三,是这个训练的最后一步,用饱满的情感,准确的语言、语调进行背诵。

这里的要求是准确无误地记忆文章,准确地表达作品的思想感情。比如,我们要背诵高尔基的《海燕》,我们首先就应明白,这是篇散文诗。它是在预报革命的风暴即将来临,讴歌的是海燕——无产阶级战士的形象。整篇散文诗都是热烈激亢的,表达了革命者不可遏止的憎爱分明。那么我们在朗诵《海燕》时就要抓住这个基调。当然仅仅抓住作品的基调还是不够的。我们还要对作品进行一些技巧上的处理,比如划分段落、确定重音、停顿,等等。平平淡淡,没有波澜,没有起伏,一调到底的朗诵是不会成功的。有些人在背诵《海燕》时把握了它激昂奋进的基调,却没有注意朗诵技巧,开口就定在最高的音上,结果到了表达感情的最高点时,就只能是声嘶竭力。我们说这也是把握欠准确的缘故。如果对作者的思想感情发展的脉络有了准确的把握,那么就不会犯类似的错误了。

这个训练最好能有老师的指导,特别是在朗诵技巧上给些指导。如果没有这个条件,也可以找同学帮助,请同学听自己背诵,然后指出不足,使我们在改进时有所依据,这对练口才很有好处。

(三)讲故事

同学们或许都听过故事,但是不是都讲过故事呢?讲故事看起来很容易,要真讲起来就不那么容易了,常言说:“看花容易,绣花难”!听别人讲故事绘声绘色,很吸引人,有些朋友听起故事来甚至都可以忘了吃饭、睡觉,可是自己一讲起来,仿佛就不是那么回事了,干干巴巴,毫无吸引力。因此,讲故事也是一种才能,并不是人人都可以把故事讲好的。学习讲故事是练口才的一种好方法。

讲故事,可以训练人的多种能力。因为故事里面既有独白,又有人物对话,还有描述性的语言、叙述性的语言,所以讲故事可以训练人的多种口语能力。

1. 分析故事中的人物

故事的情节性是十分强的,而且故事的主题大都是通过人物的语言、行动表现出来的,所以我们在讲故事以前就要先研究人物的性格特征,以及人物之间的关系。比如,我们要讲《皇帝的新衣》这个童话故事,那么你就要分析其中的几个人物,以及他们的性格,然后把国王的愚蠢无知,骗子的狡诈阴险,大臣的阿谀奉承、不分是非,乃至小孩的天真无邪都用语言表现出来,这是一项十分艰巨的工作。

2. 掌握故事的语言特点

故事的语言不同于其他文学形式的语言，其最大的特点是口语性强、个性化强。所以当我们拿到一个材料的时候，不要马上就开始练习讲，而要先把材料改造一下，改成适合我们讲的故事。这个工作你可以请老师或爸爸、妈妈帮你做。

3. 反复练讲

对材料做了以上的分析、加工以后，我们就可以开始练讲。通过反复练讲达到对内容的熟悉。最后能使自己的感情与故事中人物的感情相隔合，做到惟妙惟肖地表现人物性格，语言生动形象。

另外，边练讲，还要边注意设计自己的表情、动作。看看你讲故事时的表情、动作是不是与你讲的内容相一致。

其要求是：①发音要准确、清楚。平舌音、翘舌音、四声都要清楚。最好能用普通话讲。②不要照本宣读。讲故事是不允许手里拿着故事书照着念的，那样就成了念故事了。讲故事要用自己的语言去讲，那样才能生动形象。

（四）练声

练声也就是练声音，练嗓子。在生活中，我们都喜欢听那些饱满圆润、悦耳动听的声音，而不愿听干瘪无力、沙哑干涩的声音。所以锻炼出一副好嗓子，练就一腔悦耳动听的声音，是我们必做的工作。

练声的方法是：第一步，练气。俗话说练声先练气，气息是人体发声的动力，就像汽车上的发动机一样，它是发声的基础。气息的大小对发声有着直接的关系。气不足，声音无力，用力过猛，又有损声带。所以我们练声，首先要学会用气。

吸气：吸气要深，小腹收缩，整个胸部要撑开，尽量把更多的气吸进去。我们可以体会一下，你闻到一股香味时的吸气法。注意吸气时不要提肩。

呼气：呼气时要慢慢地进行。要让气慢慢地呼出。因为我们在演讲、朗诵、论辩时，有时需要较长的气息，那么只有呼气慢而长，才能达到这个目的。呼气时可以把两齿基本合上。留一条小缝让气息慢慢地通过。

学习吸气与呼气的基本方法，你可以每天到室外、到公园去做这种练习，做深呼吸，天长日久定会见效。

第二步，练声。我们知道人类语言的声源是在声带上，也就是我们的声音是通过气流振动声带而发出来的。

在练发声以前先要做一些准备工作。先放松声带，用一些轻缓的气流振动它，让声带有点准备，发一些轻慢的声音，千万不要张口就大喊大叫，那只能对声带起破坏作用。这就像我们在做激烈运动之前，要做些准备动作一样，否则就容易使肌肉拉伤。

声带活动开了，我们还要在口腔上做一些准备活动。我们知道口腔是人的一个重要的共鸣器，声音的洪亮、圆润与否与口腔有着直接的联系，所以不要小看了口腔的作用。

口腔活动可以按以下方法进行：

第一，进行张闭口的练习，活动嚼肌，也就是面皮。这样等到练声时嚼肌运动起来就轻松自如了。

第二，挺软腭。这个方法可以用学鸭子叫“gāgā”声来体会。

人体还有一个重要的共鸣器，就是鼻腔。有人在发音时，只会在喉咙上使劲，根本就没有上胸腔、鼻腔这两个共鸣器、所以声音单薄，音色较差。练习用鼻腔的共鸣方法是，学习牛叫。但我们一定要注意，在平日说话时，如果只用鼻腔共鸣，那么也可能造成鼻音太重的结果。

我们还要注意，练声时，千万不要在早晨刚睡醒时就到室外去练习，那样会使声带受到损害。特别是室外与室内温差较大时，更不要张口就喊，那样，冷空气进入口腔后，会刺激声带。

第三，练习吐字。吐字似乎离发声远了些，其实二者是息息相关的。只有发音准确无误，清晰、圆润，吐字也才能“字正腔圆”。

我们在小学时，都学习过拼音，都知道每个字都是由一个音节组成的，而一个音节我们又可以把它分成字头、字腹、字尾三部分，这三部分从语音结构来分，大体上可以说是，字头就是我们说的声母，字腹就是我们说的韵母，字尾就是韵尾。

吐字发声时一定要咬住字头。有一句话叫“咬字千斤重，听者自动容”说的就是这个意思。所以我们在发音时，一定要紧紧咬住字头，这时嘴唇一定要有力，把发音的力量放在字头上，利用字头带响字腹与字尾。

字腹的发音一定要饱满、充实，口形要正确。发出的声音应该是立着的；而不是横着的，应该是圆的，而不是扁的。但是，如果处理的不好，就容易使发出的声音扁、塌、不圆润。

字尾，主要是归音。归音一定要到家，要完整。也就是不要念“半截子”字，要把音发完整。当然字尾也要能收住，不能把音拖得过长。

如果我们能按照以上的练习要求去做，那么你的吐字一定圆润、响亮，你的声音也就会变得悦耳动听了。

这里应多做一些这样的练习：

(1)深吸一口气。数数，看能数多少。

(2)跑 20 米左右，然后朗读一段课文，尽量避免喘气声。

(3)按字正腔圆的要求读下列成语：

英雄好汉　兵强马壮　争先恐后　光明磊落　深谋远虑

果实累累　五彩缤纷　心明眼亮　海市蜃楼　优柔寡断

源远流长　山清水秀

第四，读练口令

(1)八面标兵奔北坡，炮兵并排北坡炮；

炮兵怕把标兵碰，标兵怕碰炮兵炮。

(2)哥挎瓜筐过宽沟，赶快过沟看怪狗；

光看怪狗瓜筐扣，瓜滚筐空怪看狗。

(3)洪小波和白小果，

拿着箩筐收萝卜。

洪小波收了一筐白萝卜，

白小果收了一筐红萝卜。

不知是洪小波收的白萝卜多，

还是白小果收的红萝卜多。

工作过程四　导游服务评价

教师工作任务

一、指导学生完成导游服务实施检查评价

教师在检查过程中按照学生表现及填写内容客观认真检查评价。

(1)自评：学生对本学习情境的整个实施过程进行评价。

(2)互评：一是以组长为主体检查其他成员的整个实施过程的状况进行评价与建议，二是以小组为单位，分别对其他组做的工作结果进行评价和建议。

(3)教师评价：教师对学生汇报及成结果进行评价，指出每个小组及其成员的优点，并提出改进建议。

(4)依据不同评价标准对不同任务进行客观公正评价，并填写相关评价表。

(5)指导学生整理所有资料，将相应资料归档。

二、教师引导评价

在评价学生成果的过程，教室要引导学生自我客观地评价，从不同的角度，对学生所进行的工作任务进行全面的评价，使学生最终能真正认识自己，为后续的学习工作奠定基础。

学生工作任务

一、征询游客意见，填写讲解服务评价表

学生请其他学生填写旅游团（游客）讲解服务评价表，从中获得其他学生对自己在讲解服务过程中的意见和建议，从优点中找到优势，进一步巩固，从缺点中看到不足，在后续学习中加强训练，提升自身实力。

序号	服务特性	验收标准	标准	得分
1	仪容仪表整洁、适当修饰、大方得体	1. 着装正式； 2. 正确佩戴工作牌或导游证； 3. 头发清洁，发型不能怪异； 4. 保持手部清洁，讲解时忌指甲修饰不当； 5. 化淡妆，适时补妆，不得在公共场合化妆或补妆，不得佩戴过多饰物； 6. 穿裙子时，袜口不得露出裙口，不得选择鲜艳带有网格或有明显花纹的丝袜	1	
2	坚持站立服务，主动热情接待游客，耐心回答游客询问	1. 站姿：挺胸、收腹，双腿基本并拢，双手在体前交叉或自然下垂，不得依靠门窗，墙柱； 2. 不得戴耳机、发信息、打电话、长时间接听电话、读书、看报、闲聊等做其他与工作无关事项； 3. 每人站立时间30分钟，不得擅自离岗，请假离岗坚持站立服务，主动热情接待或站岗结束必须有交接，等下一人到岗后方可离开； 4. 主动询问"您好，请问是否需要导游讲解""请问您有几位""导游费用收取标准是这样的……"； 5. 及时回答客人询问，使用普通话，音量、音速适中，及时通知售票员备用导游人数情况	1	
3	报价公平不欺客	1. 报价符合规定的收费标准，和游客人数相当； 2. 指引游客购买相应导游票，票价与人数相符	1	
4	游览线路完整	游览线路引导准确无误，规定的景点无遗露，按线路图指示引导宾客游览，游览时间不得低于25分钟	2	

续　表

序号	服务特性	验收标准	标准	得分
5	讲解语言、行为规范，和蔼可亲，保持与游客良好的沟通交流	1. 致讲解欢迎词； 2. 边走边讲，使用普通话，音速音量适中，带有感情色彩，速度不宜过快，可适当做些手势，动作讲解语言、行为规范，和蔼可不宜过大且不影响宾客视线，目光兼顾全场，随时回答客人提出问题； 3. 引领姿势：五指自然并拢，平臂成90度左右，手指方向，节奏随客人的节奏而定，“请往这边走”“请跟我来”“请看这边”； 4. 说话时，眼睛注视宾客，面带微笑，点头示意； 5. 导游结束时，请求游客填写《讲解服务意见》，致结束语“今天我的讲解就到此结束，请您提出宝贵意见，感谢大家游览××，欢迎各位再次光临。”送别客人时挥手致意	3	
6	讲解全面	景点知识全面，讲解内容繁简适当，重点内容无遗漏，安全提示到位	2	
7	讲解服务意见			

请沿此线剪下
请沿此线剪下
请沿此线剪下

二、导游服务实施过程其他评价资料

（一）过程性评价资料

1. 组长考勤

在情境学习过程中，要求将考勤作为一项严格的过程性考核内容，因为连续性的考勤可以判断学生的学习态度、学习兴趣等情况。考勤工作由教师和小组组长完成。

学生考勤统计表

学习领域				学习情境			
班　　级				组　　名			
考勤时间	组员姓名及考勤统计						
考勤符号：到划“√”；旷课划“×”；迟到划“O”；请假划“Δ”。							

请沿此线剪下
请沿此线剪下
请沿此线剪下

2. 学习小组内部导游讲解比赛推荐人选选拔情况及理由

在情境学习过程中，学生会以导游讲解比赛活动为载体进行模拟导游工作，测试学生，进而提升学生的讲解能力，职业能力，在进行学习小组间导游讲解比赛前，由各个学习小组推荐人选，依据讲解评分标准进行评价选拔。

学习领域	甘肃模拟导游	学习情境	
班　　级		组　　名	
组长签字		被推选者签字	
姓　　名	得分(10 分)	备　　注	
推荐人选及理由			
评选者签字：		年　　月　　日	

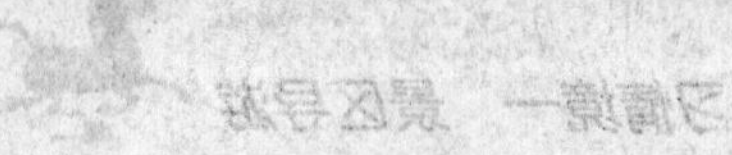

3. 学习小组间导游讲解比赛分数统计表

学习小组间的比赛作为考核方式，目的一是提升学生讲解能力，二是有竞争有进步，三是可以作为学习情境考核时的额外加分项依据（一般比赛第一名会给小组额外加分）。学习小组间的比赛评委由每个小组从本组推选一名担任，以增加公平性。

学习小组间导游讲解比赛评分表									
比赛项目：									
组名（姓名）	评委1	评委2	评委3	评委4	评委5	评委6	评委7	得分	名次
评　委 签　字 （需要标注）									
年　　月　　日									

请沿此线剪下

请沿此线剪下

请沿此线剪下　请沿此线剪下　请沿此线剪下

4. 学习小组团队评价

在实际工作中，企业对员工的沟通合作能力相当重视，因此在学习情境学习过程中，必须将小组内的团队气氛、成员角色任务完成情况、成员参与的积极性等作为评价学习小组的考核因素，以此来考量学习小组团队协作能力。

学习小组成员项目工作互评表

班级：__________学习情境：______组名：________填表人：________评价时间：__________

评价内容	组员姓名						
1. 小组考勤状况。准时到课，准时参加学习小组活动，不迟到、不早退、不无故缺勤（若有，写明次数）							
2. 小组成员的角色扮演。正确认识和履行在学习小组中的角色任务							
3. 小组责任的分配。自觉遵守小组文件的约定，遵守团队纪律							
4. 小组成员的参与性。有团队合作意识，积极参与团队项目工作；能经常提出建设性意见和建议，主动承担小组工作任务，努力推进小组工作进程							
5. 成员的相互尊重性。尊重其他团队成员，会用恰当方式解决团队矛盾或合作问题							
6. 成员目标完成度与贡献度。能正确分析、制订个人能力发展目标和计划，个人能力提升比较明显；能根据团队成员、教师等反馈意见改进或推进学习任务							
7. 交互的质量。用正确方式与团队成员、教师以及其他人沟通，交流有效果							
总评成绩（以等级制形式即优、良、中、差计分）							

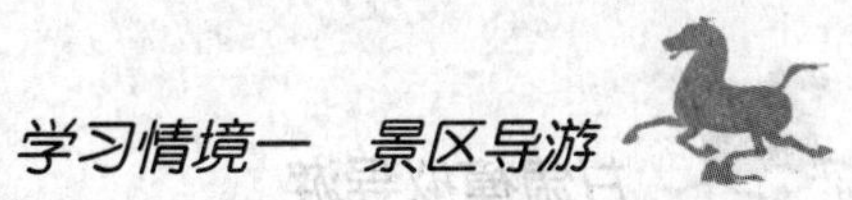

请沿此线剪下

学习小组成员项目工作互评评价标准

评价标准	优	良	中	差
1. 小组考勤状况	准时到课，准时参加学习小组活动，不迟到、不早退、无请假	准时到课，准时参加学习小组活动，迟到次数不超过3人次、不早退、无请假	准时到课，准时参加学习小组活动，迟到次数不超过5次、不早退、请假不超过3人次	准时到课，准时参加学习小组活动，迟到次数不超过5次、不早退、请假不超过3人次，旷课不超过2人次
2. 小组成员的角色扮演	每个小组成员都有自己明确的角色；小组成员有效地行使自己的角色	每个小组成员都被分配了特定的角色；但是角色定义不明确或者说小组成员没有坚持行使自己的角色	小组成员被分配了一定的角色，但是他们没有坚持行使自己的角色	小组成员之间并没有进行角色分配
3. 小组责任的分配	任务被平均分配给小组的每一个成员	任务被小组的绝大部分成员分担	任务仅被小组中的1/2成员分担	小组任务仅由小组中的某一个人承担
4. 小组成员参与性	所有学生都积极地参与小组活动	至少3/4的学生参与小组活动	至少一半的学生参与小组活动	仅有1~2个人参与小组活动
5. 成员的相互尊重性	尊重其他团队成员，出现矛盾能用恰当方式解决矛盾或合作问题，使其发生在萌芽状态	尊重其他团队成员，出现矛盾能用恰当方式解决矛盾或合作问题，矛盾次数不超过2次，且最终小组内部合理解决	尊重其他团队成员，出现矛盾能用恰当方式解决矛盾或合作问题，矛盾次数不超过4次，且最终小组内部合理解决	尊重其他团队成员，出现矛盾能用恰当方式解决矛盾或合作问题，矛盾次数不超过5次，且最终由其他人员评判解决
6. 成员目标完成度与贡献度	能正确分析、制订个人能力发展目标和计划，个人能力提升明显；能根据团队成员、教师和企业反馈意见改进学习，效果明显	能正确分析、制订个人能力发展目标和计划，个人能力提升比较明显；能根据团队成员、教师和企业反馈意见改进学习，效果较明显	能比较正确分析、制订个人能力发展目标和计划，个人能力有提升；能根据团队成员、教师和企业反馈意见改进学习，效果良好	能比较正确分析、制订个人能力发展目标和计划，个人能力无明显提升；能根据团队成员、教师和企业反馈意见改进学习，有效果

请沿此线剪下

请沿此线剪下

续　表

评价标准	优	良	中	差
7. 交互的质量	小组成员显示出了极好的倾听能力和领导能力，小组成员通过讨论的方式共享他人的观点和想法	小组成员显示出了娴熟的交互能力，他们能够围绕任务中心进行生动的讨论	小组成员显示出了一定的交互能力；他们能认真的倾听他人的观点；显示出了一定的讨论和选择能力	小组成员之间很少进行交互；他们仅进行简短的会谈；部分学生对于交互不感兴趣、分心

5. 景点PPT制作及评价标准

学生在学习情境的学习过程中在景点讲解、饭店介绍等环节要求制作讲解PPT并进行评价,作为学生额外加分项目,目的是为了提升学生计算机的操作能力,以期达到提高学生的工作能力的目标。

PPT制作评分表

<table>
<tr><th>评价对象</th><th>评价标准</th><th>标准</th><th>得分</th></tr>
<tr><td rowspan="5">PPT
幻灯片</td><td>主题突出、内容完整,作品内容能够清晰、准确地表达所介绍之物的精要</td><td>3分</td><td></td></tr>
<tr><td>作品中使用了文本、图片、表格、图表、图形、动画、音频、视频等表现工具;作品中可使用超链接或动作功能(但不是必选项,不使用不扣分)。整部作品的播放流畅,运行稳定、无故障</td><td>3分</td><td></td></tr>
<tr><td>整体布局风格(包括模版设计、版式安排、色彩搭配等)立意新颖,构思独特,设计巧妙,具有想像力和表现力</td><td>3分</td><td></td></tr>
<tr><td>作品中色彩搭配合理协调,表现风格引人入胜;文字清晰,字体设计恰当</td><td>1分</td><td></td></tr>
<tr><td colspan="2">总得分</td><td></td></tr>
<tr><td>签名</td><td colspan="3"></td></tr>
<tr><td>时间</td><td colspan="3"></td></tr>
</table>

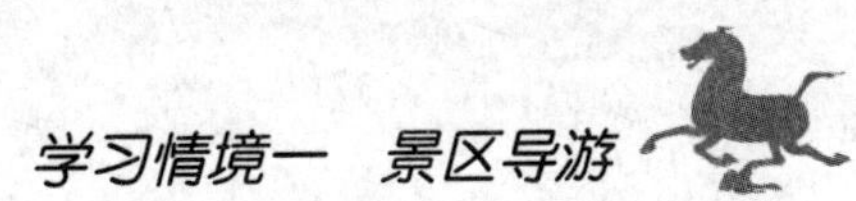

请沿此线剪下

请沿此线剪下

请沿此线剪下

6. 学生小组会议记录表

学生在整个学习过程中，由于团队工作的需要，个人能力的差异，个人经验看问题角度的区别，要求学生在针对某个重要问题时以开会的方式讨论解决，原则上会议由组长组织，也可以由组员提议，提议者组织，开会讨论解决问题时需要填写会议记录，同时作为学生过程性考核的资料，促使学生能正确地进行会议记录。

学习小组会议记录表

学习情境：＿＿＿＿＿＿＿＿ 班级：＿＿＿＿＿＿＿＿＿＿＿＿ 组名：＿＿＿＿＿＿＿＿＿＿＿＿

会议时间		会议次数	第　　次
会议地点			
参加人员			
缺席人员及原因			
会议主题			
讨论过程 及 会议主要内容			
未解决的问题			
会议小结			
会议记录人：			

7. 额外加分项目统计

学习情境结束后，由组长负责统计本学习小组的额外加分项目，额外加分项目的统计标准之一是小组某个人承担的任务在某次活动中具有唯一性，也就是说其他人均为参与者，其目的是为了提高学生的参与兴趣，以区分不同学习能力的学生，达到多做工作多得成绩的目的。

学习情境加分项目统计

学习领域		学习情境		
组　　名		组长签名		
组员签名				
姓　　名	加分项目	加分标准	实际加分	备　　注

请沿此线剪下
请沿此线剪下

工作过程五　导游服务反馈

教师工作任务

送走游客，并不意味着导游工作的结束，还要做好总结工作。这不仅是提高导游服务效率和导游服务质量的必要手段，而且还可以帮助导游人员提高写作水平，填补导游人员只动口，不动手的缺憾。

一、填写接待总结

完成接待任务后，要认真、按时写好接待总结，事实求是地汇报接待情况。内容包括接待游客的人数、抵离时间，重点游客的反映，游客对景区景观及建设情况的感受和建议，对接待工作的反应等。

二、查漏补缺

在总结工作中，应及时找出工作中的不足或存在的问题，比如在游客游览过程中，对有的游客提问的问题没有清楚准确地进行解答，此时就必须进行查漏补缺，根据这些问题进行有针对性地补课，请教有经验的同行，以提高今后的导游水平。

三、总结提高

对游客提出的意见和建议涉及景点导游员的，应认真检查，吸取教训，不断改进，以提高自己的导游水平和服务质量，涉及其他接待部门的应及时反馈到所在单位，以便改进工作，这样可以使今后的景点讲解接待工作进一步规范化，以提高景区景点的导游接待工作的整体水平，进而成为一位高素质、高技能的景点讲解员。

请沿此线剪下

学生工作任务

一、填写接待总结

接待时间		人　　数	
讲解接待过程			
讲解优点			
讲解缺点			
经验与教训			
努力方向与采取措施			
讲解员：		年　　月　　日	

请沿此线剪下

请沿此线剪下

请沿此线剪下

二、自我查漏补缺

根据讲解服务评价表查漏补缺，找到自身存在的问题并进行完善。

存在问题	解决方法
仪容仪表	
主动接客	
报价公平	
游览线路	
讲解服务	
未提及的知识	
其他	

请沿此线剪下

请沿此线剪下

请沿此线剪下

三、景区突发事件处理

旅游景区突发事件处理记录单

突发事件	突发火灾	时　间	
处　理 步　骤			
处　理 结　果			
组　长 意　见			
经办人		日　期	
突发事件	突发泥石流	时　间	
处　理 步　骤			
处　理 结　果			
组　长 意　见			

请沿此线剪下

请沿此线剪下

续　表

经办人		日　期	
突发事件	突发食物中毒	时　间	
处　理 步　骤			
处　理 结　果			
组　长 意　见			
经办人		日　期	
突发事件	景区客流高峰	时　间	
处　理 步　骤			
处　理 结　果			
组　长 意　见			
经办人		日　期	

请沿此线剪下

景区导游学习情境成绩评价单

学习领域		学习情境	
班　级		组　名	
姓　名		学　号	
组长签字		教师签字	

序号	项目		标准	学生自评(30%)	组长评价(30%)	教师评价(40%)	得分
1	导游服务过程评价	学习小组建立	3				
2		制订学习目标	4				
3		自己与游客认知	3				
4		景点情况调查	2				
5		景区线路设计	4				
6		欢迎词写作	4				
7		欢迎词讲解	5				
8		景点导游词写作	6				
9		景点导游词讲解	10				
10		欢送词写作	4				
11		欢送词讲解	5				
12		口才练习	8				
13		征求游客意见与建议表	3				
14		景区接待总结	2				
15		接待查漏补缺	2				
16		景区突发事件处理	3				
17		教学反馈评价	3				
18		课外习题作业	6				
19	日常活动评价	团队合作	8				
20		学生考勤	+4	全勤(情境全勤增加4分)			
21			-4	旷课(每次扣除4分)			
22			-1	迟到(每次扣除1分)			
23			-1	请假(3次之内不扣，4次每次扣1分)			

请沿此线剪下

请沿此线剪下

续　表

24	教师角度需要增加评分项目			
25	建议其他学生活动评价(额外加分项):组长(每个情境+4分);讲解者(每次+4分);评委(每次+2分);PPT制作(每次合计+2分);计分算分(+2分);录像(+2分);其他酌情			
26				
27				
28				
29				
总分				

思考与练习

1. 来武威的旅游者有什么特点?
2. 不同职业、不同年龄、不同社会阶层旅游者的需求会有什么不同?
3. 雷台景区划分的区域有哪些?
4. 雷台景区讲解路线怎么安排?
5. 你会对哪个景点进行重点讲解,为什么?
6. 你会从哪些地方搜寻你所需要的材料?
7. 讲解之前你会需要做哪些准备?
8. 讲解词会有哪些部分组成?
9. 讲解需要注意哪些事项?
10. 武威还有哪些4A景区?
11. 如果有游客要去文庙或者其他武威旅游景点,你会怎么讲解?
12. 游客在景区旅游容易发生哪些突发事件,你应该怎么处理?

参考文献

[1]陈唐敏.景区导游实务[M].北京:旅游教育出版社,2013:22-94.

[2]何志范.景区导游与旅游文化(英汉对照).2版[M].上海:上海交通大学出版社,2012:21-79.

[3]陆霞,郭海胜.景区导游[M].北京:北京大学出版社,2011:35-89.

[4]周国忠,牟丹.景区导游[M].天津:南开大学出版社,2008:45-79.

[5]刘长英.旅游景区服务与管理[M].北京:清华大学出版社,2014:39-72.

[6]张芳蕊,陈洪宏.旅游景区服务与管理[M].北京:清华大学出版社,2014:45-95.

[7]姜若愚.旅游景区服务与管理.3版[M].大连:东北财经大学出版社,2011:37-96.

[8]周晓梅.旅游景区服务与管理[M].天津:天津大学出版社,2011:51-94.

[9]叶娅丽.导游业务[M].上海:上海交通大学出版社,2014:23-45.

[10]把多勋,高亚芳,赵玉琴.导游业务[M].兰州:甘肃人民美术出版社,2007:56-81.

[11]晋艺波.基于工作过程系统化模拟导游课程评价研究[J].高等职业教育(天津职业大学学报),2014(2)72-75.

请沿此线剪下

请沿此线剪下

请沿此线剪下

附件

教学反馈单

<table>
<tr><td>学习领域</td><td colspan="5">甘肃模拟导游</td></tr>
<tr><td>学习情境</td><td colspan="3">景区导游</td><td>学　时</td><td>24</td></tr>
<tr><td>序　号</td><td>调查内容</td><td>是</td><td>否</td><td colspan="2">理由陈述</td></tr>
<tr><td>1</td><td>您是能说出欢迎词包括的内容</td><td></td><td></td><td colspan="2"></td></tr>
<tr><td>2</td><td>您能说出雷台景区分为几个区域</td><td></td><td></td><td colspan="2"></td></tr>
<tr><td>3</td><td>您能否说出雷台古井的秘密</td><td></td><td></td><td colspan="2"></td></tr>
<tr><td>4</td><td>您能否说出雷台汉墓的四大谜</td><td></td><td></td><td colspan="2"></td></tr>
<tr><td>5</td><td>您能否说出雷台讲解线路</td><td></td><td></td><td colspan="2"></td></tr>
<tr><td>6</td><td>您是否对自己有了一个新认识</td><td></td><td></td><td colspan="2"></td></tr>
<tr><td>7</td><td>您是否发挥了自己的能力</td><td></td><td></td><td colspan="2"></td></tr>
<tr><td>8</td><td>您的能力是否有所提高</td><td></td><td></td><td colspan="2"></td></tr>
<tr><td>9</td><td>您对自已哪些方面满意</td><td colspan="4"></td></tr>
<tr><td>10</td><td>您对自已哪些方面不满意</td><td colspan="4"></td></tr>
<tr><td>11</td><td>今后您希望自己从哪些方面提高</td><td colspan="4"></td></tr>
<tr><td>12</td><td>您希望教师从哪些方面进一步改善</td><td colspan="4"></td></tr>
<tr><td>13</td><td>您对小组合作的意见和建议有哪些</td><td colspan="4"></td></tr>
<tr><td>调查信息</td><td>被调查人</td><td></td><td>时间</td><td colspan="2"></td></tr>
</table>

学习情境二　城市导游

学习情境分析

本学习情境以兰州城市为对象，设定来到兰州城市的16人团队一日游旅游计划，你作为兰州（城市）天马旅行社地陪负责接待这个团队，根据地陪导游服务的程序，结合服务对象，将地陪导游的工作流程和学生的学习过程划分为五个工作过程：导游服务（学习）准备→导游服务（学习）计划→导游服务（学习）实施→导游服务（学习）评价→导游服务（学习）反馈，学生通过对地陪的工作过程学习，能够作为地陪角色独立完成一次导游服务。

学习目标

知识目标：

能准确地解释地陪内涵与特点；

能简单说出地陪导游程序；

能简要说出地陪的服务方法和服务标准；

能说出城市导游词写作的内容要点；

能列出地陪服务过程中事故处理的方法；

能阐明城市火车站到不同饭店的行进路线。

能力目标：

能利用媒体、网络等手段获取兰州旅游景点的相关旅游材料；

能根据工作过程的要求，以探讨、交流、案例分析等方式，筛选整合获得的城市旅游相关材料；

能按照接待规范进行自我介绍并致欢迎词，能根据获得的旅游材料撰写旅游景区景点导游词；会使用标准普通话，语言表达清晰、流畅、有节奏感的完成导游讲解服务；

能针对游客需求介绍每个景点概况且能就景点相关内容提供咨询服务；

能正确处理导游服务过程中出现的突发事故，如游客的个别要求 、越轨言行、物品遗失事件、游客患病等安全事故；

能与小组成员合作，运用 PPT 演示文稿、POP 海报、角色扮演、情境模拟等学习方法完成兰州城市地陪一日游导游服务；

能在完成导游服务后，进行导游工作小结，处理善后工作。

素质目标：

具备仪容仪表大方、仪态优雅、言谈举止得体的能力；

具备一定的克服困难的能力；

具备较强的语言表达、职业沟通和协调能力；

具备团队合作和协作精神；

具备良好的心理素质、诚信品格和社会责任感，能进行自我客观评价；

具备踏实肯干的工作作风和主动、热情、耐心的服务意识。

工作过程一　导游服务准备

教师工作任务

一、指导学生分组

学生开始城市导游学习情境的学习任务后，须立即成立学习小组，以团队的形式合作完成情境学习。教师指导学生分组需参照以下原则：

（一）班级分组原则

(1)每小组 5 ~6 人为宜。

(2)各小组之间男女生人数分配均衡，不同生源地的学生分配均衡。

(3)避免关系密切的学生分配在同一学习小组。

(4)原则上每个学习情境均需进行分组，一个学习情境结束学习小组即解散；一学期内的角色需进行必要的调换。

(5)第一个学习情境学生可自由组合；从第二个学习情境起，按照学生自愿和教师调控相结合的原则进行分组。

(6)分组参考前一学习情境学生个人过程表现情况、考核结果及个人能力提升目标。

（二）各小组角色分配原则

(1)各学习小组设不同小组角色，除小组组长、小组秘书、小组档案管理员等，可设立具有小组特色的角色。

(2)学生在不同学习情境中应当承担不同的角色。

(3)依据学生的个人能力提升及发展目标确定不同学习情境中学生的小组角色。

(4)教师可根据学生以往情境学习中的表现和学习小组的需要指定部分角色。

二、信息引导

(一)分析接待计划

《标准》要求:"地陪在旅游团抵达之前,应认真阅读接待计划和有关资料,详细、准确地了解旅游团(者)的服务项目和要求,重要事宜要做记录"。

地陪在接受任务后,通过阅读分析,应弄清、掌握旅游团的以下情况:

1. 旅游团的基本信息

(1)组团社名称(计划签发单位)、联络人姓名、电话号码、客源地组团社名称、团号、旅游团的结算方式、旅游团的等级(如豪华团、标准团、经济团等)和全陪姓名。

(2)旅游团的团名、代号、电脑序号、人数(含儿童)、用车、住房、餐标(是否含酒水)等情况。

(3)在食、住、行、游等方面是否有特殊要求,是否有特殊要求的游客(如残疾游客,高龄游客)

2. 旅游团员的基本情况

客源地、全陪姓名、游客姓名、性别、职业、年龄(有无老人和儿童)、宗教信仰、少数民族。

3. 全程旅游路线,海外旅游团的入出境地点

4. 所乘交通工具情况

抵离本地时所乘飞机(火车、轮船)的班次、时间和机场(车站、码头)的名称。

5. 掌握交通票据的情况

(1)该团去下一站的交通票据是否已按计划订妥,有无变更及更改后的情况;有无返程票,机场建设费的付费方式(是游客自付还是全陪或本社垫付)。

(2)接海外团应了解该团机票有无国内段;要弄清机票的票种是 OK 票还是 OPEN 票。

(3)OK 票,即已订妥日期、航班和机座的机票。持 OK 票的旅客若在该联程或回程站停留 72 小时以上,国内机票需在联程或回程航班起飞前两天中午 12 小时以前,国际机票需在 72 小时前办理座位再证实手续,否则原座位不予保留。

(4)OPEN 票,是不定期机票,旅客乘机前需持机票和有效证件(护照、身份证等)去航空公司办理订座手续。订妥座位后才能乘机,此种客票无优先权、无折扣优惠。

6. 掌握特殊要求和注意事项

(1)该团是否要求有关方面负责人出面迎送、会见、宴请等礼遇。

(2)该团有无要办理通行证地区(三峡坝区)的参观游览项目,如有则要及时办理相关手续。

(二)落实接待事宜

《标准》要求:"地陪在旅游团抵达的前一天,应与有关部门或人员落实、检查旅游团的交通、食宿、行李运输等事宜"。

1. 落实旅游车辆

(1)与为该团提供交通服务的车队或汽车公司联系,问清、核实司机师傅的姓名、车号、联系电话。

(2)接大型旅游团时,车上应贴编号或醒目的标记。

(3)确定与司机的接头地点并告知活动日程和具体时间。

2. 落实住房

(1)地陪应熟悉该团所住饭店的名称、位置、概况、服务设施和服务项目,如:距市中心的距离、附近有何购物娱乐场所、交通状况等。

(2)向饭店销售部或总服务台核实该团游客所住房间的数目、级别、用房时间是否与旅游接待计划相符合和房费内是否含早餐等。

(3)向饭店提供该团抵店时间。

3. 落实用餐

地陪应提前与各有关餐厅联系,确认该团日程表上安排的每一次用餐的情况,其中包括:日期、团号、用餐人数、餐饮标准、特殊要求等。

4. 落实行李运送

各旅行社是否配备行李车是根据旅游团的人数多少而定,地陪应了解本社的具体规定。如该团是配有行李车的旅游团,地陪应了解落实为该团提供行李服务的车辆和人员,提前与之联络,使其了解该团抵达的时间、地点、住哪一家饭店。

5. 了解不熟悉景点的情况

对新的旅游景点或不熟悉的参观游览点,地陪应事先了解其概况:开放时间、最佳游览路线、厕所位置等,以便游览活动顺利进行。

6. 与全陪联系

地陪应和全陪提前约定接团的时间和地点,防止漏接或空接事故的发生。

(三)准备导游服务相关物品

《标准》要求:"上团前,地陪应做好必要的物质准备,带好接待计划,导游证、胸卡、导游旗、接站牌、结算凭证等物品"。

1. 领取必要的票证和表格

地陪在做准备工作时，一项十分重要的工作就是按照该旅游团中游客的人数和活动日程表中活动安排的实际需要，到本社有关人员处领取门票结算单和旅游团餐饮结算单等结算凭证及与该团有关的表格（如游客意见反馈表等）。地陪一定要注意：在填写各种结算凭证时，具体数目一定要与该团的实到人数相符，人数、金额要用中文大写。

2. 备齐上团必备的证件和物品

（1）导游人员上团必须佩带导游胸牌、携带导游资格证、计划书等三证齐全，举本社导游旗。地陪在上团前一定要提前准备好以上证件和物品。

（2）地陪上团前还应配齐记事本、名片、接站牌，有时还应准备旅行车标志。

（四）储备知识与打造职业形象

根据旅游团的计划和旅游团的性质和特点准备相应知识。如：带专业旅游团所需的专业知识，新开放的游览点或特殊游览点的知识等，对当前的热门话题、国内外重大新闻、游客可能感兴趣的话题等都应做好相应的知识准备。

导游人员自身美不是个人行为，在宣传旅游目的地、传播中华文明方面起着重要作用，也有助于在游客心目中树立导游人员的良好形象。因此，地陪在上团前要做好仪容、仪表方面（即服饰、发型和化妆等）的准备。尤其是炎炎夏日，更要打扮得体。

（1）导游人员的着装要符合导游人员的身份，要方便导游服务工作。

（2）衣着要整洁、整齐、大方、自然，佩戴首饰要适度，不浓妆艳抹。否则，游客会认为“导游只顾自己，哪有精力照顾我们”。

（五）心理准备

导游人员在接团前的心理准备主要有两个方面：

1. 准备面临艰苦复杂的工作

在做准备工作时，导游人员不仅要考虑到正规的程序要求提供给游客热情的服务，还要有充分的思想准备考虑对特殊游客如何提供服务，以及在接待工作中发生问题和事故时如何去面对、去处理。

2. 准备承受抱怨和投诉

由于导游人员接待对象的复杂性，有时可能遇到下述情况：导游人员已尽其所能热情周到地为旅游团服务，但还会有一些游客挑剔、抱怨、指责导游人员的工作，甚至提出投诉。对于这种情况，导游人员也要有足够的心理准备，冷静、沉着地面对。只有对导游工作有着执着的爱，才会无怨无悔地为游客服务。

（六）准备相关部门人员联络信息

1. 备齐并随身携带与有关接待社各个部门、行李员、车队、餐厅、饭店、剧场、商店、机场、车站等单位联系、问讯的电话号码。

2. 地陪上团前要检查自己的手机、呼机是否好用，电力是否充足，以保证与旅行社之间的联络畅通。

（七）引导学生分析导游服务准备资料信息

学生的工作任务需要教师引导完成，可以帮助学生树立独立完成学习任务的观念和信心。

学生工作任务

一、组建学习小组

学生根据学习小组建立的程序步骤及原则要求,组建学习小组并填写下表。

学习小组建立要求

序号	内容	要求
1	标题	《甘肃模拟导游》课程学习小组
2	小组信息	小组须在文件中说明以下内容: 1. 专业、班级。 2. 小组所有成员姓名、电话号码、QQ 号、电子邮件地址。 3. 成员角色分工及分工理由。 4. 教师姓名及联系方式
3	小组公约	小组制定各自的小组公共合约,以规范小组合作、保证小组以有效合作的方式完成学习任务。小组合约需包含以下内容: 1. 如何确保各项任务按时间要求和日程推进,学习工作符合相关要求; 2. 如何确保小组与教师以及小组成员间信息交流畅通,如何对小组成员给予真实反馈; 3. 如何使小组工作尽可能讲究效率; 4. 如何促使每位小组成员尽可能贡献相等; 5. 小组成员对其他成员特殊情况下的考勤情况是否接受(如缺勤、迟到等); 6. 小组如何处理不同意见; 7. 其他
4	小组会议	1. 以时间表的方式注明小组每周会议的开始时间、结束时间、会议地点等; 2. 说明小组会议组织的以下内容:日程准备的时间和方式,日程表怎样发到小组所有成员手中,会议记录应该涵盖那些要点,会议之后会议记录完成的时间,会议记录如何传送到其他成员手中,会议记录中不准确的地方如何更正,如何保证会议的有效性等
5	学习档案	1. 区分文件类别; 2. 不同的文件如何归档、管理; 3. 如何利用公共邮箱或书面文件夹进行档案的管理
6	个人学习目标	详细分析说明小组每位成员本学习情境的个人学习目标。(可以使用 SMART 工具进行分析)

一、组建学习小组

请沿此线剪下

组建学习小组

序号	内　容	要　求
1	标题	《甘肃模拟导游》课程学习小组
2	小组信息	
3	小组公约	
4	小组会议	
5	学习档案	
6	个人学习目标	

请沿此线剪下

请沿此线剪下

二、研究接待计划

接待计划是旅游团进行导游服务的契约书，因此导游能够明确分析旅游团的接待计划书，就可以为后续的导游服务奠定良好的基础，要求学生以下表为例分析旅游团队信息

请沿此线剪下

旅行社接待计划书

<table>
<tr><td>国别：中国</td><td>旅游时间：
2014/4/15—2014/4/22</td><td colspan="2">团队标注</td><td colspan="2">豪华团</td><td>团体全包价</td></tr>
<tr><td rowspan="3">组团社：
杭州东湖旅行社</td><td rowspan="3">旅游团名称：杭州东湖旅行社
代号：HZDH－20140415－1
联系人：周见深
联系电话/传真：13812345678/
0571－86863939</td><td rowspan="3">全陪
姓名：
吴书和</td><td colspan="4">团队人数：16 人</td></tr>
<tr><td>男：</td><td>女：</td><td>大人</td><td>12 岁以下小孩</td></tr>
<tr><td>8 人</td><td>8 人</td><td>14 人</td><td>2 人</td></tr>
<tr><td>甘肃地方
接待社</td><td colspan="6">兰州：甘肃兰州天马旅行社　代号：LZTM－20140416－2
联系人(计调)：李佳霖　联系电话：0931－41412626
联系人(地陪)：张若玥　联系电话：13936362525</td></tr>
</table>

<table>
<tr><td colspan="6">行程安排</td></tr>
<tr><td>旅游线路</td><td colspan="5">杭州→兰州→张掖→敦煌</td></tr>
<tr><td>城市</td><td>抵离时间</td><td>入住饭店</td><td>用餐</td><td>活动内容</td><td>备注</td></tr>
<tr><td>杭州</td><td>第一天 2014/4/15 T112 091:45 杭州火车站出发</td><td>宿火车</td><td>自理</td><td>/</td><td></td></tr>
<tr><td>兰州</td><td>第二天 2014/4/16 中午 121:42 抵达兰州火车站</td><td>宿兰州饭店</td><td>一午一晚</td><td>兰州黄河风情线、吐鲁沟国家森林公园</td><td>兰州风味餐费自理</td></tr>
<tr><td>张掖</td><td>第三天 2014/4/17T9205 次早 071:40 午 121:32 抵张掖</td><td>宿火车</td><td>早午晚</td><td>大佛寺、雅丹地貌群</td><td></td></tr>
<tr><td>嘉峪关</td><td>第四天 T9203 次晚 201:45 晚 221:55 抵嘉峪关</td><td>敦煌
瑞商饭店</td><td>早午</td><td>嘉峪关城楼</td><td></td></tr>
<tr><td>敦煌</td><td>第五天 嘉峪关车至敦煌
敦煌至兰州至杭州</td><td>宿火车</td><td>早午晚</td><td>鸣沙山、月牙泉、莫高窟</td><td>一晚自理</td></tr>
</table>

请沿此线剪下

游客信息

序号	客人姓名	国籍	年龄	性别	职业	游客关系	备注
1	聂建红	中国	45	男	教师		
2	贺　晟	中国	30	男	旅游专家		
3	刘玉伟	中国	33	女	历史学院教师		
4	周　涛	中国	39	女	历史学院教师		
5	冀艳蕾	中国	22	女	历史学院教师		
6	马晋喜	中国	41	男	历史学院教师		
7	武斌卫	中国	35	女	历史学院教师	母亲 女儿	大床
8	何　庆	中国	10	女	学生		
9	侯小红	中国	34	男	工程师		
10	阎文瑞	中国	62	男	工人		素食者
11	韩海崴	中国	38	男	工人		
12	刘海丽	中国	27	女	教师		
13	张红燕	中国	31	女	教师		
14	刘宇峰	中国	51	女	教师		素食者
15	宋　宁	中国	31	男	教师	父亲 儿子	大床
16	宋爱科	中国	9	男	学生		

请沿此线剪下

学生接待计划分析结果填写

分析项目	分析结果
组团社的名称	
组团代号	
联络人的姓名	
联络方式	
国籍	
语种	
全陪姓名	
收费标准与方式	
地接社的名称	
地接代号	
联络人的姓名	
联络方式	
人数	
男女比例	
大人与小孩人数与比例	
年龄结构	
职业情况	
文化层次	
宗教信仰	
特别要求	
交通车(机)次时间	
其他	

请沿此线剪下

请沿此线剪下

请沿此线剪下

三、分析填写接待事宜

接待事宜落实结果

落实项目	落实结果	备　注
接待车辆（车型、车号、司机等）及联系方式与结果		
住宿情况（住房数量、级别是否包括餐饮）		
行李安排与运输		

请沿此线剪下

请沿此线剪下

四、导游物品核查

导游带团行前确认表

________旅行社________团行前确认表

（请填写或打"√"确认）

<table>
<tr><td>物品准备</td><td>导游旗 □
导游证 □
工作服 □
客人名单表 □
行程表 □
本社社名及团号纸（车头纸） □
出团日志 □
旅行团接待情况调查表 □
客人意见表 □
地接电话：________________
景点相关旅游图、文字资料 □</td></tr>
<tr><td>确认项目</td><td>航班（车次）：________________
起飞（开车）时间：________________
降落（停车）时间：________________
机票客人姓名核对 □
是否需要借款 □
是否已与客人联系 □
是否联系好旅游车辆 □
是否制作好接站牌 □</td></tr>
</table>

导游签名：________________　　时间：________年______月______日

附：接站牌模板：

<table>
<tr><td>接：　　　　旅行社旅游团
代号：
全陪：</td></tr>
<tr><td>兰州天马旅行社</td></tr>
</table>

工作过程二　导游服务计划

教师工作任务

一、日程安排与核定

核对、商定日程是旅游团抵达后的重要程序。地陪在接到旅游团后，应尽快与领队、全陪进行这项工作。

（一）核对、商定日程的必要性

地陪必须认识到，游客提前支付了一笔费用参加旅游团，也就是购买了旅行社产品，作为消费者有权审查产品是否合格。日程安排是旅行社产品的一个重要部分，因此他们有权审核该团的活动计划和具体安排，也有权提出修改意见。导游人员与游客商定日程，既是对游客的尊重，也是一种礼遇。领队希望得到他国导游人员的尊重和协助，商定日程并宣布活动日程是领队的职权。某些专业旅游团除参观游览活动外，还有其他特定的任务（如参观工厂、学校、幼儿园、居委会等），因此商定日程显得更为重要。

（二）核对商定日程的原则

核对商定日程时，必须遵循的原则是：宾客至上、服务至上的原则，主随客便的原则，合理而可能的原则，平等协商的原则。日程安排既要符合大多数旅游者的意愿，又不宜对已定的日程安排较大的变动，因为变动过大，可能会涉及其他部门的工作安排。

（三）核对商定日程的时间、地点

在旅游团抵达后，地陪应抓紧时间尽早进行核对、商定日程的工作，这是与领队、全陪合作的开始，并使本团游客心中有数。如果团队抵达后是直接去游览点的，核对商定团队行程的时间、地点一般可选择在机场或行车途中；如果团队是先前往饭店的，一般可选择在饭店入住手续安排好后的一个时间，地点宜在公共场所，如饭店大厅等。

（四）核对商定日程时，可能出现的几种情况及处理措施

1. 提出小的修改意见或增加新的游览项目

（1）及时向旅行社有关部门反映，对“合理又可能”满足的项目，应尽力予以安排；

（2）需要加收费用的项目，地陪要事先向领队或游客讲明，按有关规定收取费用；

（3）对确有困难而无法满足的要求，地陪要详细解释、耐心说服。

2. 提出的要求与原日程不符且又涉及接待规格

(1)一般应予婉言拒绝,并说明我方不便单方面不执行合同;

(2)如确有特殊理由,并且由领队提出时,地陪必须请示旅行社有关部门,视情况而定。

3. 领队(或全陪)手中的旅行计划与地陪的接待计划有部分出入

(1)要及时报告旅行社,查明原因,分清责任;

(2)若是接待方的责任,地陪应实事求是地说明情况,并向领队和全体游客赔礼道歉。

二、信息引导

教师引导学生根据旅游团队的要求及全陪领队的意见,制定和核定旅游团队活动日程计划书。

学生工作任务

制定旅游团兰州旅游活动日程计划书

制定活动日程时要做到五结合：结合游客在本地逗留时间情况、结合游客接待计划中要求游览景点的情况、结合游客到达与离开时段的情况、结合团队中游客特征情况，结合本地当前交通等情况，做到“因人、因时、因情、因景”制定适合旅游团的旅游活动日程计划书。

下面，以前表中的杭州旅游团队的活动日程安排为例，作为兰州地接社的地陪，针对在兰州的旅游活动安排，详细的制定一份活动安排计划书。

简要分析：游客中午 12:42 抵达兰州火车站——下榻兰州饭店——活动地点吐鲁沟国家森林公园、黄河风情线——晚餐兰州风味（费用自理）。

第二天：早 7:40 乘坐 T9205 次火车前往张掖，安排一次早餐。

针对以上分析，可对照制定活动日程的要求、原则进行分析，每个学生可以发表自己的观点，在分析与发表意见过程中，启发学生的思考与理解，制定完成一份活动计划书。

杭州旅游团兰州旅游活动日程计划书

<table>
<tr><td>旅行社名称</td><td colspan="4">（盖章）</td><td>电话</td><td colspan="2"></td></tr>
<tr><td>团　号</td><td colspan="2"></td><td>游客类别</td><td>□国际 □国内</td><td>游客人数</td><td colspan="2"></td></tr>
<tr><td>导游姓名</td><td></td><td>专兼职</td><td></td><td>导游证号</td><td colspan="3"></td></tr>
<tr><td>目的地</td><td colspan="3"></td><td>团队性质</td><td colspan="3">□地接 □出游</td></tr>
<tr><td>任务时间</td><td colspan="5">年　月　日至　年　月　日</td><td colspan="2">天　夜</td></tr>
<tr><td rowspan="4">乘坐交通情况</td><td>抵　达</td><td colspan="6">交通工具：　航（车、船）次：　月　日　时</td></tr>
<tr><td>离　开</td><td colspan="6">交通工具：　航（车、船）次：　月　日　时</td></tr>
<tr><td>接送站</td><td colspan="6">接：车型　座数　司机　送：车型　座数　司机</td></tr>
<tr><td>城市间</td><td colspan="6"></td></tr>
<tr><td>项　目</td><td colspan="4">活动安排</td><td colspan="3">时间安排（详细）</td></tr>
<tr><td>住宿饭店</td><td colspan="4"></td><td colspan="3"></td></tr>
<tr><td>游览景点</td><td colspan="4"></td><td colspan="3"></td></tr>
</table>

续　表

进餐地点			
购物地点			
其他安排			
计调部 负责人	（签名）	计调部 电　话	
完成任务 情况及 有关说明	团费包含: 团费不包含: 备注:（包括①购物次数、时间;②交通安排,用多少座车） 特别说明: 1. 如遇人力不可抗拒的因素（如下雨雪天、台风、地震、塞车,等等）而使行程改变或时间改变或景点减少,本社负责没有产生的门票,退还门票款,由此产生的费用自理,本社不承担由此造成的损失及责任; 2. 如遇到不可抗拒的因素、当地导游有权更改行程顺序和时间,但景点不减少; 3. 若出现单男单女,且团中无同性团友拼住,则加床或补房差; 特别提示: 其他说明:如因交通管制、交通事故以及航班晚点等原因导致行程变更,我社不承担由此造成的损失和责任。		

工作过程三　导游服务实施

教师工作任务

一、导游服务实施程序

（一）导游迎接服务

《标准》要求："在接站过程中，地陪服务应使旅游团（者）在接站地点得到及时、热情、友好的接待，了解在当地参观游览活动的概况"。

接站是指地陪去机场、车站、码头迎接旅游团。接站服务在地陪服务程序中致关重要，因为这是地陪和游客的第一次直接接触。游客每到一地总有一种新的期待，接站服务是地陪的首次亮相，要给游客留下热情、干练的第一印象。这一阶段的工作直接影响着以后接待工作的质量。

1. 迎接准备

接团当天，地陪应提前到达旅行社，全面检查准备工作的落实情况：

(1)落实旅游团所乘交通工具抵达的准确时间

接团当天，地陪应在出发前三小时向机场（车站、码头）问讯处问清飞机（火车、轮船）到达的准确时间（一般情况下应在飞机抵达前的 2 小时，火车、轮船预定到达时间前 1 小时向问讯处询问）；做到三核实：计划时间、时刻表时间、问讯时间。

(2)与司机商定出发时间

得知该团所乘的交通工具到达的准确时间以后，地陪应与旅游车司机联系，与其商定出发时间，确保提前半小时抵达接站地点。

(3)与司机商定停车位置

赴接站地点途中，地陪应向司机介绍该团的日程安排。如导游需要使用音响设备讲解，地陪应事先调试音量，以免发生噪音。到达机场（车站、码头）后应与司机商定旅游车停放位置。

(4)再次核实该团所乘交通工具抵达的准确时间

地陪提前半小时抵达接站地点后，要马上到问讯处再次核实旅游团所乘飞机（火车、轮船）抵达的准确时间。

(5)与行李员联系

地陪应在旅游团出站前与行李员取得联系,告知其该团行李送往的地点。

(6)迎候旅游团

旅游团所乘交通工具抵达后,地陪应在旅游团出站前,持本社导游旗或接站牌站立在出站口醒目的位置热情迎接旅游团。接站牌上应写清团名、团号、领队或全陪姓名;接小型旅游团或无领队、无全陪的旅游团时,要写上游客的姓名、单位或客源地。地陪也可以从交团社的社旗或游客的人数及其他标志如所戴的旅游帽、所携带的旅行包或上前委婉询问,去主动认找旅游团。

2. 认找旅游团

(1)与旅游车驾驶员联系

①接团前根据旅游接待要求,事先与旅游车队或旅游车驾驶员联系,确定到达接站地点的时间,核对旅游行程;②与旅游车驾驶员联系,商定接团出发时间;③如计划行程与车队拿到的计划行程有出入,尽快与旅行社联系进行调整。

(2)电话核实团队抵达时间

①掌握航班、火车等查询电话号码及使用情况;②根据旅游接待计划提供的时刻,接团前通过电话再次核实团队抵达时刻;③如出现旅游团队抵达时间无法确定时,应及时通知相关接待单位和部门;④当无法从电话获悉具体团队抵达时间时,应按照旅游接待计划标明时刻按时抵达接待地点。

(3)出发、前往接待地点

①到约定地点与旅游车一同前往接站地点(或自行前往);②带齐接团所需所有物品出发;③根据当地交通状况,提前出发,留出富裕时间,防止因路途中的意外影响旅游团队的接站;④提前半小时抵达接站地点。

(4)再次确认团队抵达航班(车次)和地点

①熟悉机场、车站游客信息的查阅方法;②抵达接站地点后,迅速查阅航班(车次)抵达显示信息。了解接待团队的准备抵达时间;③熟悉团队出站的地点。如是火车团,特殊情况需要到站台上接站,要事先购买站台票,在相应站台等候接站。

(5)等候团队的出现

①找到正确的团队出口;②确定飞机(或火车)到港后,手举旅行社旗帜或标识站在出站口迎接旅游团队;③提前到达出口处等候。

(6)积极认找团队

①注意旅游信息提示,随时掌握航班或火车到站信息;②当有旅客出站时,尽量站在出口醒目的地方,让出站的游客能够尽快地看到你;③注意团队动向,从人数、统一的标识、领队打的旗子等方面认找团队;④感觉到遇见的可能是自己接待的团队时,主动与走

在最前面的全陪打招呼。

(7)主动与全陪或领队接洽

①当团队出站时,首先从领队所持旅行社旗帜上区分团队;②感觉到遇见的可能是自己要接待的团队时,应尽量往前站,让对方也尽快看到你,通过眼神进行交流;③主动与领队沟通和打招呼。

(8)核实相关事项

①核实乘坐的交通工具;②核实组团旅行社和接待旅行社名称;③核实全陪姓名、联系方式;④核实团队人数,最好核对几名团队成员姓名;⑤与旅行社行李交接,此时全陪、地陪、领队和行李员必须同时在场清点行李。

(9)开车前再次清点工作

①再次清点人数;②开车前提醒旅游者再次检查各自行李物品是否到位;③提醒游客检查各自的贵重物品和和重要证件。

(二)欢迎词的撰写

在导游员的导游服务工作开始前,首先必须向游客致欢迎词。一般说来,无论是领队、全陪、地陪还是定点讲解员,在工作开始前与游客都是陌生人。在从陌生人到伴游朋友的过程中,导游员必须想方设法让游客从认知和情感上都理解自己和接受自己,才能顺利地开展导游工作。欢迎词是指导游员在迎接游客到来时的致辞,它是沟通导游员与游客的第一座桥梁,它体现了导游员的知识水平、风度气质和服务态度等,是赢得良好印象的关键所在,甚至会左右游客对导游讲解服务的最终评价。因此,欢迎词的写作是导游员写作书面导游语言的一个重点内容。

1. 欢迎词的基本要素

欢迎词的作用主要是让游客了解导游员,体会到导游员的欢迎之情。能够达到这一效果的方式和内容有很多,但在各种条件限制之下,导游员只能选择其中最恰当的内容来表达。这些内容就是欢迎词的基本要素。欢迎词的基本要素主要包括五个部分:欢迎光临、自我介绍、介绍工作伙伴、表达服务意愿和祝福。

一是欢迎光临。在欢迎词的开头部分,导游员必须问候客人,并对游客的光临表示欢迎。在欢迎游客时要注意对游客的称呼。一般来说,“各位朋友(团友)”这样的称呼是内宾游客们比较乐于接受的,而来自欧美和东南亚地区的游客们普遍比较喜欢导游员称呼他们为“女士们、先生们”,对于来自东亚地区的游客则可以用“先生、小姐们”的称呼。导游员是接受旅行社的委派来接待旅游者的,因此导游员必须以旅行社代表的身份来欢迎游客。在欢迎词中,导游员必须说明聘用自己的旅行社名称,代表旅行社表示热烈的欢迎。

二是自我介绍。自我介绍是欢迎词的重点内容之一,也是导游员可以在欢迎词中充

分发挥主观能动性的一个部分。导游员要根据自己的姓名含义、性格特征和游客背景，合理地设计对自己的介绍内容。自我介绍通常要向游客说明自己的姓名、身份和单位。一篇优秀的欢迎词即使做不到让游客津津乐道，至少要能够使客人记住如何称呼导游员，因此在自我介绍中还必须告诉游客如何称呼自己，如："我的名字叫××，大家可以叫我小×""我姓×，大家可以叫我小×""我的名字叫××，各位就叫我×导吧"。从实际工作来看，导游员的自我介绍有四种方法：自谦式、调侃式、自识式和直白式。

(1)自谦式自我介绍

用谦虚的语言和语气介绍自己。如"我叫×××，上个月刚刚从旅游学院毕业，导游经验不足，请各位多多关照。"这种自我介绍方式体现了谦虚的传统美德，但要看服务对象，对东方人可以用，而对西方人用不太合适，西方人会认为你不自信或虚伪。

(2)调侃式自我介绍

调侃式是指导游员用幽默或自我嘲讽的语言介绍自己。如"我是旅行社的导游员，万分荣幸能够为各位导游，只是我的长相有点不太符合合格导游的标准。因为有人说过，导游是一个国家的脸面。大家看我这张脸，能够代表我们美丽的国家吗"这种调侃不等于低级趣味的搞笑，其中包含着自律、自慰和自勉，于诙谐幽默的自我揶揄中又流露出自信，既让游客开怀，又让游客放心。

(3)自识式自我介绍

在介绍自己名字含义的同时也介绍了自己的某项特长。如"我姓李，名歌，李是木子李，歌是歌曲的歌。大家一听我的名字就知道，我是一个爱唱歌的人，从小就喜欢唱歌，所以我的父母给我取名李歌。等有空时我会给大家唱几首的。"

(4)直白式

直白式就是直截了当地介绍自己。如"我是旅行社的导游员，我的名字叫李平，很高兴能为大家服务，如果大家有什么要求请提出来，不要客气。"

有一些导游还喜欢在介绍自己的姓名时也介绍自己的带团风格和注意事项。还有的导游以分发名片的方式代替自我介绍，这些同样都是可取的自我介绍的方法。

三是介绍工作伙伴。介绍了自己后，欢迎词中必须紧接着介绍自己的工作伙伴。通常需要向游客介绍的工作伙伴有全陪(或地陪)、司机和旅行社领导。在不同情况下，欢迎词中对这些工作伙伴的介绍有固定的次序：

①海外来华团首站地的全陪介绍次序：组团旅行社领导——请领导致辞——首站地地陪——请地陪致欢迎词；②海外来华团首站地的地陪介绍次序：全陪——司机——地接旅行社领导——请领导致辞；③非首站地的地陪介绍次序：司机——地接旅行社领导——请领导致辞。

四是表达服务意愿。导游员在欢迎词中要向游客表明自己的工作态度，也就是表达服务意愿。这也是欢迎词的一个重要内容,能够让游客感受到导游员的热情。欢迎词的这一部分主要包括三个内容:非常乐意为游客导游、保证努力工作和希望游客合作。在这一部分中,导游员不妨先给游客打打“预防针”。许多旅游地由于基础设施较为落后,其中难免会出现一些不足之处。导游员在欢迎词中先给游客提个醒,可以避免游客产生太大的失望情绪。

五是祝福。在欢迎词的最后,导游员应该预祝游客们此次旅游顺利、愉快。

以上这五个方面就是欢迎词的基本要素,但并不是所有的欢迎词内容仅限于此。欢迎词的内容应该根据游客国籍、团体、时间、地点、成员身份的不同而有所区别,切忌千篇一律。导游员可以在以上五个基本要素的基础之上作进一步的发挥。如果能够在欢迎词中加上一些中国好客的谚语和格言,比如“有朋自远方来,不亦乐乎”“有缘千里来相会”“百世修得同船渡”等,将会为欢迎词增色不少。总而言之,欢迎词既要使客人感受到导游员真挚的情感,又要符合自己的身份,起到迅速融洽客导之间关系的作用。

2. 欢迎词的主要类型

致欢迎辞的形式是不拘一格的,没有固定的模式。从语言艺术的角度,欢迎词可以分为五种主要类型:规范式、聊天式、调侃式、抒情式和安慰式。

(1)规范式

规范式欢迎词,是中规中矩、浅显直白,既没有华丽的词汇修饰,也没有风趣的幽默表现的欢迎词。这种方式只适用于旅游团规格较高、身份特殊的游客。对大多数游客不太合适用,显得单调、枯燥,甚至会使游客产生反感,起不到好的作用。

示例:

尊敬的各位领导,辛苦了!

首先我代表××旅行社欢迎各位领导来到我国的塞北名城——大同。我是咱们这个团这次大同之行的导游员,我叫李燕,大家叫我“小李”或“小燕子”都可以。为我们开车的师傅叫刘刚,已经有十几年驾驶旅游车的经历,技术十分娴熟。我和刘师傅非常愿意为大家提供满意的服务。在未来的几天里,各位领导如果有需要我们办的事情,请尽管提出来,我们将会竭尽所能。我们衷心希望各位领导在大同玩得开心、愉快。

(2)聊天式

聊天式欢迎词,是感情真挚,亲切自然,声音高低适中,语气快慢恰当,像拉家常一样的娓娓道来的闲谈式欢迎词。这种方式切人自然,游客易于接受,在不知不觉中导游与游客已经像老朋友一样的熟悉了,尤其适用于以休闲消遣为主要目的的游客。

示例:

来自北京的朋友,大家好!

我先了解一下,咱们都是一个单位的吗?(回答:是)噢,这就好,那么大家互相都认识了,(答:是)好,我们也来认识一下,我姓赵,叫赵强,是×旅行社派出的这次专门接待大家的导游。再了解一下,我们这个旅行团里有没有领导,(这位是我们的科长)噢,科长,请问贵姓?(姓陈)噢,陈科长!这次你就是老大,可以好好享受一下当老大的乐趣。这几天,大家无论有什么事,都得听老大的,知道吧!不过老大也得听我的!开玩笑,我只是为大家尽力服务而已。其实这车上真正的老大还是我们这位司机师傅!他掌管着我们全团人的方向呀!我们这位老大姓刘,开了十几年的旅游车,在我们省旅游的圈子里可谓德高望重,很有威信的!有我们刘师傅,大家尽管放心,保证让大家玩得开心,愉快!

(3)调侃式

这类欢迎词是风趣幽默,亦庄亦谐,玩笑无伤大雅,自嘲不失小节,言者妙语连珠,听者心领神会的调侃式欢迎词。这种形式的欢迎词,可以使旅游生活气氛活跃融洽,使游客感到轻松愉悦,情绪高昂,能有效地消除游客的陌生感及紧张感,但不适用身份较高、自持骄矜的游客。

示例(面对大学教师团):

各位老师,大家好!

说实话,我现在面对大家有点紧张。其实平时也不是这样,这次主要是因为面对着这么多的大学教授,心里有点发虚。接待这个团,我们××旅行社曾经先后安排了几个导游,但他们都不敢来,怕讲不好让各位笑话。于是我就来了,这并不是说我是最好的,只不过我是胆子最大的。也算是"蜀中无大将,廖化做先锋"。但有一点,请各位老师放心,我会努力的。我会珍惜这次向各位老师、专家学习的极好机会,在工作中不断充实自己。您呢,也就把我的导游讲解当作是检查学生的功课,请多做指导。

(4)抒情式

这种欢迎词是语言凝练、感情饱满,既有哲理的启示,又有激情的感染,引用名言警句自如,使用修辞方式得当的抒情式欢迎词。这类欢迎词能够激发游客的兴趣,烘托现场的气氛,使游客尽快产生游览的欲望与冲动。这种方式不适用于文化水平较低的游客。

示例:

各位游客:

欢迎您到山西来!山西这片土地,似乎很少有人用美丽和富饶来描述它,但在这里您却可以嗅到中华大地五千年的芬芳。穿越山西南北,粗犷的黄土高坡向我们展示出一幅尘封的历史画卷。太行山的傲岸、吕梁山的纯朴、恒山和五台山的豪放以及中条山的坦荡,一样是梦寐的地方,一样给您满眼的绿和满腹的情。这是一个充满浓郁乡情的地方,这是一个包含历史沧桑的地方,独特的文化气息将令您度过一个远离喧嚣和烦躁的阳光假期。

(5)安慰式

这种方式,是在游客情绪低落、游兴锐减的情况下,有针对性地使用的欢迎词,目的是使游客尽快地消除心中不快,变消极为积极,为今后的导游行程奠定良好基础。

示例:

各位团友,大家好!

咦,怎么没有回应呀!以往向大家问好,大家都有回答,这次怎么把我掉在地上了?我想,各位还是为这次飞机晚点在恼火吧!事情已经过去,我们就不要再去想它了,我们不是已经平安地到达了吗?大家再看一下面对你们的这张笑脸多么灿烂,应该高兴呀!我们中国有句老话,叫"好事多磨"嘛,还有一句话"天要下雨,娘要嫁人"只能顺其自然,谁也管不了!大家这次正好赶上"晴间多云偶阵雨"的天气了。好了,我们不去管它了,在这几天的游览中,由我来给大家做导游,我会尽量做到最好。行程上今天应游览的两个景点,我会安排给大家补上的。刚才和领队商量了,明天吃过早饭后,早点出发,先抓紧时间把这两个景点游完,再去下一站,怎么样?不过,我们的司机师傅要辛苦一些了。师傅说了,只要大家满意,他辛苦一些也愿意,给师傅鼓掌!

4. 城市概况与市容介绍

在欢迎词介绍之后,如果时间足够,还可以给游客介绍旅游城市的城市概况和市容市貌,城市概况介绍内容有:旅游目的地的地理位置、气候特点、历史沿革、人口状况、行政区划、社会经济、文化生活、土特产品、风俗习惯等,市容市貌介绍内容主要包括:主要建筑、商场、小区、街道以及独具特色的景物等。

5. 下榻饭店介绍

在旅游车快到下榻的饭店时,地陪应向游客介绍该团所住饭店的基本情况:饭店的名称、位置、距机场(车站、码头)的距离、星级、规模、主要设施和设备及其使用方法、到达下榻饭店所需路程和时间、特色、入住手续及注意事项(如赠品和非赠品的区别)。

(三)抵达饭店后的服务

《标准》要求:"地陪服务应使游客抵达饭店后尽快办理好入住手续,进住房间,取到行李。及时了解饭店的基本情况和住店注意事项,熟悉当天或第二天的活动安排。"

1. 协助办理住宿手续

协助领队和全陪办理入住登记手续,请领队分发住房卡并掌握领队、全陪和团员的房间号,并将与自己联系的办法如房间号(若地陪住在饭店)、电话号码等告知全陪和领队,以便有事时尽快联系。

2. 介绍饭店设施

进入饭店后,地陪应向全团介绍饭店内的外币兑换处、中西餐厅、娱乐场所、商品部、公共洗手间等设施的位置，并讲清住店注意事项，向游客指明电梯和楼梯的位置。

3. 带领旅游团用好第一餐

游客进入房间之前，地陪要向游客介绍饭店内的就餐形式、地点、时间及餐饮的有关规定。游客到餐厅用第一餐时，地陪必须带他们去餐厅，帮助他们找到桌次，要将领队和全陪介绍给餐厅领班、主管等有关人员，告知旅游团的特殊要求（如用餐标准、游客口味、忌食等），向游客介绍有关餐饮规定，祝愿游客胃口好。

4. 宣布当日或次日活动安排

游客进入房间之前，地陪应向全团宣布有关当天或第二天活动的安排、集合的时间、地点。如该团中有提前入住的游客，必须通知他们次日的出发时间及活动安排，讲清集合时间、地点并请游客记住车牌号码。

5. 照顾行李进房

地陪应等待本团行李送达饭店，负责核对行李，督促饭店行李员及时将行李送至游客的房间。

6. 确定叫早时间

地陪在结束当天活动离开饭店之前，应与领队商定第二天的叫早时间，并请领队通知全团，地陪则应通知饭店总服务台或楼层服务台。

7. 协助处理游客入住后的各类问题

地陪进入房间后，地陪应在本团游客居住区内停留一段时间，处理临时发生的问题，如：打不开房门、房间不符合标准、房间卫生差、设施不全或损坏、卫生设备无法使用、行李错投等。有时还可能出现游客调换房间等要求，地陪要协助饭店有关部门处理此类问题。

（四）市容景点讲解

1. 沿途导游讲解

(1)途中首站讲解

导游带团过程中多数情况下途中首站讲解是市容市貌讲解，导游人员应向游客介绍本地马路名称的演变和起名原则、方位及特点、街道两旁标志性建筑、新旧居住的变化、商业街布局、大型商店、闹市区、树木绿化及街景、本地习俗、语言、餐饮习惯、特产、名牌产品、旅游纪念物、本地趣闻逸事、城市新发展的前景，当然也可以谈本地与先进地区的不足。总之紧扣沿途景观，引出不同话题，将游客去不了的地方做出说明，使游客始终有一种求知的满足感和兴奋感。主要内容如下：

①简要介绍本地市容市貌、沿途景观和城市概况，包括自然环境中的地理位置、气候、面积海拔、生态和社会环境中的人口、民族、经济、文化、风俗、特产等；②简要介绍在本地旅游的行程安排；③简要介绍在本地旅游的住宿、餐饮及安全卫生方面的注意事项。

(2)前往景区的长、短程沿途讲解

①长程沿途讲解

长程沿途中,地陪应伺机向旅游者介绍沿途的风土人情、自然景观,回答旅游者提出的问题,加深旅游者对旅游目的地的了解。

长途旅行由于路途较长,可做一些参与性的唱歌、讲故事、猜谜语、抢答问题、做游戏等娱乐活动。无论用什么方法活跃气氛,都要注意选择时机、对象和方式,还要注意劳逸结合,适当休息。

在沿途导游服务中经常会出现这种情况:上车后,导游员将当日的活动安排做简短的说明后,率先为游客表演节目,然后再请游客表演,遗憾的是,导游员的歌声换来的只是稀稀拉拉的掌声,而游客对独自表演节目热情不高,任凭导游员"热情似火",游客是"我自岿然不动"。原因是没有选择好时机和对象。旅游一般多是游客起早赶车,待旅游车开动以后,大部分游客还要稍稍休息一会儿,这段时间应保持车内安静,如导游员又唱又跳不但起不到活跃气氛的作用,还会招到游客的反感。待到游客醒了,开始吃小食品、喝饮料、聊天或自娱自乐,有的游客对周围的景物发生了兴趣时,这时导游员要抓住时机进行导游讲解,采用提问等形式让游客参与。通过游客参与,导游员就会发现哪些游客比较热情开朗,哪些游客善于表现。这时导游员再为大家表演,会有不同的反响,通过游客的掌声可以判断出游客对你的表演的接受程度,同时也可以准确找出能够表演节目的游客。如有几个游客通过表演给大家带来了欢乐,其他游客也会争先恐后地表演。

奖惩表演也是活跃气氛的有效方法,通过做游戏、读报竞猜、猜谜语等方式活跃气氛,猜对了可以点别人表演节目,猜错了罚他表演节目。团队合唱也很受欢迎,唱大多数团员会唱的歌,但时间不要过长。

②短程沿途讲解

地陪应伺机向旅游者介绍沿途的风土人情、自然景观等。抵达景点前,地陪应向旅游者介绍景点的简要情况,尤其是景点的历史价值和特色。抵达景点时,地陪应告知在景点停留的时间以及参观游览结束后集合的时间、地点;地陪还应向游客讲明游览过程中的有关注意事项。

③返程沿途讲解

返程途中,地陪可向旅游者就游览后的景点,尤其是景点的历史价值和特色再做一些回顾和简单总结,回答旅游者提出的问题,并一道做些探讨和交流。

导游人员进行途中讲解时,应注意以下几点:一是翔实而准确的指点说明,做到娴熟于胸;二是要有提前指引,如要提示客人:"在你们左前方会看见什么",而绝不应该说:"刚过去的是什么";三是选取内容要确定,不可刚讲左又讲右,弄得游客左盼右顾,莫衷一是;四是本地景致的缺陷要"点到为止",不可过分夸张,往往需要作一点掩饰;五是沿途导游不可太虚，不要侃故事；六是“线”的导游一定要结合“面”的导游内容。如经过某大学时，则把“面”中有关文化内容延伸出来，讲到正经过的某高星级宾馆，可以联系介绍本地旅游业的综合情况。

总之，沿途导游既要做到介绍全面，还应做到有详有略。精彩处详，缺憾处略，以线带面，这样的导游讲解就是成功的。

示例：

各位游客：

现在离开酒店，正式拉开我们游程的序幕。今天我们首先游览武侯词。从下榻的酒店一出门，映入我们眼帘的首先是锦江。锦江的这个“锦”，早在汉朝年间就已享誉中国，并通过“丝绸之路”，走向了世界。成都是丝绸锦缎的王国，其生产场地最早就建在这条河流的两岸，因而，这条河自古就叫“濯锦江”，简称“锦江”。三国时期，支撑蜀国对魏国用兵的军资大半靠蜀国的锦缎。由于锦缎生产对财政的重要支撑，诸葛亮当时专门派驻军队，参与锦缎生产的监管和保护。现在我们正跨江而过。这座桥，原名“赵公桥”，据说是三国时期蜀国大将赵云修建的。事实并非如此。此桥的最早修建人性赵不假，但这位赵公是宋朝年间成都的一位太守。由于名望不够，后来误传为赵云了。但这类移花接木的杜撰与史实相去甚远，成都这个有文化品位的城市不应讹传此类无稽之谈，于是恢复了宋朝赵公的说法。但在三国时期，此处确实是一处大码头。三国纷争最激烈的时候，刘备在遭到火烧连营的重创之后，魏国趁机兴兵，试图一举灭蜀，在这个关键当口，诸葛亮决意修好与吴国的联盟关系。于是派大臣费祎出使东吴，费祎就是在这儿上的船。诸葛亮挽手相送，直至岸边，语重心长告诫他说，万里之行始于此。意思是，肩上重担千斤重，你从走出去的第一步就得牢牢记住。这儿，也是能将内陆之大帆船放逐到长江惊涛骇浪之中的一个大码头。孔明在这儿目送过漂行万里的大船。后来有桥了，于是，这座桥就沾孔明的光，叫“万里桥”。杜甫在成都居留的时候，也巧用了这“万里”二宁，说“窗含西岭千秋雪，门泊东吴万里船”，讲的就是这个所在。

一路行驶，汽车七弯八拐。我们就到了武侯祠横街。今天我们要参观的第一站是武侯祠，说到这个武侯词横街，大家就知道武侯祠距我们不远了。这是一条为纪念诸葛亮而取名的街道，它与马上要到达的武侯祠大街正好构成一个横叉。诸葛亮是中国鼎鼎大名的军事家，所以，他的生前先主刘备和后主刘禅为表彰他的军功，先后封掸为“忠武侯”和“武乡侯”，后人为表示对孔明的敬重，都尊称他为武侯。孔明最后一次出祁山，累死在前线，当时老百姓就在这巷道之间为他建庙立碑，俨然一个武侯道场。日久天长，就有了武侯祠，有了跟武侯相关的街巷。

前面马上就要到武侯祠了。我们在武侯祠参观的时间为两小时，现在是早上9点，也就是说11点请大家准时在我们下车的停车场集合。我们的车牌号码是川A12345。

大家带好贵重物品随我下车。参观途中请注意安全。

（四）导游送站服务

《标准》要求："旅游团（者）结束本地参观游览活动后，地陪服务应使游客顺利、安全离站，遗留问题得到及时妥善的处理。"

送站服务是导游工作的尾声，地陪应善始善终，对接待过程中曾发生的不愉快的事情，应尽量做好弥补工作；要想方设法把自己的服务工作推向高潮，使整个旅游过程在游客心目中留下深刻印象。

1. 送站前的业务准备

（1）核实、确认离站交通票据

旅游团离开本地的前一天，地陪应核实旅游团离开的机（车、船）票，要核对团名、代号、人数、去向、航班（车次、船次）、起飞（开车、启航）时间（做到计划时间、时刻表时间、票面时间、问询时间四核实）、在哪个机场（车站、码头）启程等事项。如果航班（车次、船次）和时间有变更，应当问清内勤是否已通知下一站，以免造成下一站漏接。

若系乘飞机离境的旅游团，地陪应提醒或协助领队提前72小时确认机票。

（2）商定出行李时间

如团队有大件行李托运，地陪应在该团离开本地前一天与全陪或领队商量好出行李时间，并通知游客及饭店行李房，同时要向游客讲清托运行李的具体规定和注意事项，提醒游客不要将护照或身份证及贵重物品放在托运行李内，托运的行李必须包装完善、锁扣完好、捆扎牢固，并能承受一定的压力；禁止托运的物品等。出行李时，地陪应与全陪、领队、行李员一起清点，最后在饭店行李交接单上签字。

（3）商定出发时间

一般由地陪与司机商定出发时间（因司机比较了解路况），但为了安排得合理和尊重起见，还应及时与领队、全陪商议，确定后应及时通知游客。

如该团乘早班机（火车或轮船），出发的时间很早，地陪应与领队、全陪商定叫早和用早餐的时间，并通知游客；如果该团需要将早餐时间提前（早于餐厅的正常服务时间），地陪应通知餐厅订餐处提前安排。

（4）协助饭店结清与游客有关的帐目

地陪应及时提醒、督促游客尽早与饭店结清与其有关的各种帐目（如洗衣费、长途电话费、房间酒水饮料费等）；若游客损坏了客房设备，地陪应协助饭店妥善处理赔偿事宜。同时，地陪应及时通知饭店有关部门旅游团的离店时间，提醒其及时与游客结清帐目。

（5）及时归还证件

一般情况下，地陪不应保管旅游团的旅行证件，用完后应立即归还游客或领队。在离站前一天，地陪要检查自己的物品，看是否保留有游客的证件、票据等，若有应立即归还，当面点清。

2. 离店服务

(1)集中交运行李

旅游团离开饭店前，地陪要按事先商定好的时间与饭店行李员办好行李交接手续。具体做法是：先将本团游客要托运的行李收齐、集中，然后地陪与领队、全陪共同清点行李的件数（其中包括全陪托运的行李）；最后与饭店行李员办好行李签字交接手续。

(2)办退房手续

在团队将离开所下榻的饭店时，地陪要到总服务台办理退房手续。收齐房间的钥匙、交到总服务台，核对用房情况，无误后按规定结帐签字。无特殊情况，应在中午12:00以前退房。

同时，要提醒游客带好个人物品及旅游证件，询问游客是否已与饭店结清帐目。

(3)集合上车

所有离店手续办好后，照顾游客上车入座。然后地陪要仔细清点人数。全体到齐后，要再一次请游客清点一下随身携带物品，并询问是否将证件随身携带；此时，地陪最需强调的是提醒游客勿将物品忘在饭店里。如无遗漏则请司机开车离开饭店赴机场（车站、码头）。

（五）送站途中的讲解服务

如果说转移途中讲解是地陪首次亮相的话，那么，送站的讲解是地陪的最后一次“表演”。同演戏一样，这最后一次的“表演”应是一场压轴戏。通过这最后的讲解，地陪要让游客对自己所在的地区或城市产生一种留恋之情，加深游客不虚此行的感受。

在去机场（车站、码头）的途中，地陪应对旅游团在本地的行程包括食、住、行、游、购、娱等各方面做一个概要的回顾，目的是加深游客对这次旅游经历的体验。讲解方式可用归纳式、提问式两种，讲解内容则可视途中距离远近而定。

（六）工作末期的讲解服务——致欢送词

行程即将结束，作为游客，内心是比较激动的，存在着归心似箭或想到下一站旅游的心情。此时导游员和游客也都比较忙碌。但是，导游员要做到忙而不出现任何差错和问题，这是很重要的。此时，致欢送辞是不可忽视的一个工作环节，这也是导游活动的收尾工作。“结句如撞钟”，好的欢送词能给客人留下不尽的余味、难忘的印象。

1. 致欢送辞

欢送辞的内容应包括：

(1)回顾旅游活动过程，感谢大家对工作的支持和配合；

(2)对旅游服务中的不足之处表示歉意。

(3)诚恳征求旅游者对接待工作的意见和建议；

(4)表达友谊和惜别之情;

(5)表达美好的祝愿。

致完欢送词后,地陪可将《旅游服务质量意见反馈表》发给游客,请其填写,如需寄出,应先向游客讲明邮资已付;如需导游员带回,则应在游客填写完毕后如数收回、妥善保留。

2. 欢送辞示例

欢送词范例(一)

各位游客:

时间过得真快,一眨眼的工夫,我们这两天的厦门之旅已接近尾声。这几天,我们游览了精巧玲珑、风光秀美的鼓浪屿,登上日光岩欣赏了厦门全貌,参观了厦门的"绿色玉带"和"山水长廊"——环岛路,还参观了集美、海沧大桥,品尝了由各类海鲜烹制的美味佳肴……一路上留下了我们太多的欢声笑语,总的说来,我们这次厦门之旅取得了圆满成功。(大致回顾旅游活动)

这首先要感谢各位,正是你们的宽容和随和,使我们的旅途充满了欢乐,也使我的工作变得轻松;我还要感谢我们的全陪小姐,没有她的支持和配合,我们的行程不会如此圆满和顺利;我也要感谢我的同事,司机何师傅,正是他,保证了我们行程的安全和准时。(对领队、全陪、旅游者及司机的合作表示谢意)由于我能力有限,这两天的活动安排还存在令大家不太满意的地方。在此。我向各位表示歉意,请大家多多谅解。(对旅游服务中的不足之处表示歉意)

大家对我们的工作有什么意见和建议,请及时地给我提出来,便于我今后能够更好地为大家服务。(诚恳征求旅游者对接待工作的意见和建议)

两天的时间说起来并不长,但两天的同吃、同住、同游、同乐,使我们这个大家庭充满了友谊和理解,在这即将与大家分别的一刻,我心里真有点舍不得,但天下没有不散的筵席,尽管心里不愿意,但我还是不得不和大家说再见了,茫茫人海中,但愿我们能再次相逢,重温友谊的温暖和惬意。(表达友谊和惜别之情)

最后,我祝大家身体健康、工作顺利、心想事成!(表达美好的祝愿)

欢送词范例(二)

各位游客:

俗话说:天下没有不散之筵席。时光飞逝,大家的湖湘之旅即将划上一个完满的句号,待会各位就要乘飞机离开本地飞往××了。在过去的几天里,我们一起共度了许多美好时光,同时也结下了深厚的友谊。在此,请允许我谨代表××旅行社再次感谢各位选择并配合我们的服务。同时,我个人对大家在本地旅游期间给予的支持表示由衷的感谢!

如果在我的服务过程中有什么不足之处,还请大家多多包涵。

另外,这里有一些邮资已付的评议单,麻烦各位认真填写后顺便在登机前投入邮筒:我们希望您能带走满意,同时也留下宝贵的建议,能为你们服务我感到非常高兴。

但愿将来还能有机会与大家再度喜相逢。最后,祝大家归途愉快!谢谢!

欢送词范例(三)

尊敬的各位嘉宾:

我们已经结束了雍和宫的参观,现在就准备去首都机场了,请大家细查一下自己的随身物品是否齐了。……好,我们现在已驶上高速公路,再过20分钟,我就必须说那句我最不想说的话:“朋友们,再见了!”不过中国有句俗话,叫做:“送君千里,终有一别。”这也好,分别就是再见的开始。

下一站你们将飞往郑州,中州大地的历史更加久远,故事、人物更加神采生辉。我们导游爱讲这么一句话:若看百年历史会上海,若看千年历史来北京,若看五千年历史您上中原。

在这里我衷心祝愿刚刚跟我一起回眸了北京千年历史的朋友们,再继续走进五千年的昨天,华夏故迹耀眼夺目的风采定会使您的旅行更加精彩。那么好,就让我们一起唱起《龙的传人》为本次北京之行画上圆满的句号吧。

3. 提前到达机场(车站、码头)

地陪带旅游团到达机场(车站、码头)必须留出充裕的时间。具体要求是:出境航班提前2小时;国内航班提前90分钟;乘火车提前1小时。

旅游车到达机场(车站、码头),地陪要提醒游客带齐随身的行李物品,照顾游客下车。待全团游客下车后,地陪要再检查一下车内有无遗漏的物品。

(七)办理离站手续

1. 送国内航班

(1)提前90分钟到达机场后,带领游客走进机场大厅;

(2)购买机场建设费;

(3)行李检查;

(4)收取游客身份证集中办理换登记牌及行李托运手续;

(5)将机票、登记牌、身份证、行李牌清点后交给全陪(或领队),由后者发给每位游客;

(6)送别;

(7)游客全部进入隔离区后方可离开。

2. 送火车、轮船

(1)提前抵达车站、码头,使游客有足够的时间上火车、轮船(地陪必须帮助全陪或

领队划舱位),应提前30分钟将游客送上车厢或轮船落座;

(2)带领游客找到车厢或客舱;

(3)将交通票据或卧具牌、行李票据交给全陪(或领队);

(4)送别;

(5)车、船启动后方可离开。

送走旅游团后,地陪应与旅游车司机结帐,在用车单据上签字,并保留好单据。

二、信息引导

导游服务的实施过程是导游的工作重点,关系到旅游者对导游的感官的认知、对导游工作的评价,如果导游在整个过程中能够认真履行职责,出现问题的几率就少,反之,则会使旅游者出现怨气进而会引起投诉等行为,会影响导游的工作质量,所以必须要认真完成,教师在此过程中要引导学生完成导游迎接、欢迎词撰写与讲解,景点词撰写与讲解、欢送词撰写与讲解等一系列活动,促使学生认识到导游的工作内容与流程。

请沿此线剪下

请沿此线剪下

请沿此线剪下

学生工作任务

一、填写地陪出团通知单

制单：	电传：
导游：	手机：

地陪导游出团通知单

（如因字迹不清，内容不详，请及时回复核实）

TO：________________导游员

现公司有一团，团号为________________，人数______人，抵本地旅游线路为________________游览______天，特委派你来接待该团，团队性质（□散客拼团 □独立团队 □可散拼团队 □港澳台游客 □其他语种游客），请认真阅读导游出团通知书，遵循公司的规章制度，注意行为规范，维护公司的信誉，做个合格的优秀导游员。

<table>
<tr><td colspan="4">送接团方式：由________乘________航班飞抵武汉或乘________车次抵达武汉
接团：________月________日________时在出口处举“______”旗或举游客姓名________接团
送团：________月________日________时将游客提前一小时送抵________，送机时请协办登机手续/送车时送到指定候车厅</td></tr>
<tr><td>接团提示</td><td>□请在机场1号航站楼出口处候客
□请在机场2号航站楼出口处候客
□请在兰州火车站出口处举旗候客
□请在兰州火车站东出口处举旗候客
□请在________________</td><td>送团提示</td><td>□将游客送到中川机场1号航站楼国内出发厅大屏幕下
□将游客送到中川机场候机厅办理登机手续
□将游客送到兰州火车站指定车次候车大厅
□将游客送到________________</td></tr>
<tr><td colspan="2">酒店
酒店名称________入住日期________
电话____________联系人________
所处位置________________
早餐方式（□桌餐 □自助餐 □不含餐）
餐标：________元
付款方式（□前台现付 □挂账）</td><td colspan="2">其他
____月____日入住位于________________
________酒店共______天总机________
联系人________________
手机________________
付款方式（□前台现付 □挂账）</td></tr>
</table>

续　表

公司签单餐厅 ______联系______特色______ ______联系______特色______ ______联系______特色______	公司指定商场 __________联系__________ __________联系__________ __________联系__________
公司签单景点(在团队售票处签单) ①__________②__________ ③__________④__________ ⑤其他__________	特别提示 ①接团时仔细核对行程、人数、标准、景点、接站车次/航班、组团社名,并提前30分钟到达指定地点 ②送团时必须核实返程车票/机票的班次、时间,并提前一小时将游客送到指定地方。代收余款必须提前收齐,如有变动听从公司安排,切莫擅自变更。散客团必须提前分组,便于分票分房。 ③行程内景点、酒店、游船、商店必须提前联系,以免措手不及产生后患并自备团款应急 ④介绍游客参加合同未约定的消费项目时,必须取得游客的书面签字同意,不得到非公司定点商店购物;凡涉及游泳、爬山等高危险项目的活动,必须坚决杜绝;突发事故要及时报警保留证据。 ⑤导游讲解要语速适中,吐字清晰,带团期间不得饮酒、赌博、言语不文明及做出有损公司形象的行为 ⑥领取任务后不得随意停团、刁难客人,更不应个人情绪带到工作中,如因个人利益而影响团队质量,或因个人原因造成团款、机、车、船票遗失,所引起的投诉与纠纷,造成的损失自行承担。 ⑦导游必须2次至桌前询问用餐情况,如菜量不足应通知餐厅进行补救措施,确保客人满意,不得擅自退餐写餐标费用证明 ⑧提前告知游客下榻的酒店名称、导游手机,并提醒游客入住前检查房间物品是否完好,通知前台叫早并安排好次日的早餐,协调好司机的行车路线。擅自离团或私自转团所造成的损失由导游承担,公司有权追求其法律责任
本团司机 姓名______手机______ 车型______牌照号______ 正座__________ 车内设施 □液晶电视 □车载电视 □完好话筒 □空调□其他______ 车队电话______联系人______ 付款方式 □送团时现付 □挂账 □其他 其他__________	
导游声明 本人已详细阅读以上提示和内容,同意并遵守导游带团法则,维护公司信誉,如因接待服务质量而引起游客不满造成投诉,愿接受公司处理,本人无须作任何解释。特此声明! 导游签字__________ 日期__________	

请沿此线剪下

请沿此线剪下

请沿此线剪下

二、填写旅行社地接导游接待通知书

旅行社地接导游接待通知书

TO：＿＿＿＿＿＿＿＿导游员：特委派你接待团号为＿＿＿＿＿＿＿＿＿＿＿＿团队，旅游线路＿＿＿＿＿＿＿＿＿＿＿＿＿＿＿＿＿＿＿＿，游览＿＿＿天，人数＿＿＿人，（其中离退休老人＿＿＿人，占床儿童＿＿＿人，不占床儿童＿＿＿人，婴儿＿＿＿人），客源地＿＿＿＿＿＿＿，组团社＿＿＿＿＿＿＿＿＿＿，团队性质（□散拼□团队□港澳游客□语种游客），领队＿＿＿＿，手机＿＿＿＿＿＿＿＿，请于＿＿＿＿月＿＿＿日在＿＿＿＿举＿＿＿＿旗（或客人的名字）接团。请仔细阅读派团单，并提前与司机及领队联系，一经签字，导游将承担由于自身过失造成的团队责任。

（一）主要游览行程、景点：（公司应急电话：＿＿＿＿＿，手机＿＿＿＿＿＿＿，）

天数	主要景点	支付	现金	挂账
1		午		
		晚		
		宿		
2		早		
		午		
		晚		
		宿		
3		早		
		午		
		晚		
		宿		
4		早		
		午		
		晚		
		宿		

请沿此线剪下

请沿此线剪下

请沿此线剪下

（二）费用说明：（请仔细填写以下内容，并在“□”内打“√”）

①酒店	＿＿元/间/晚×＿＿间×＿＿晚＝＿＿元电话：＿＿ ＿＿元/间/晚×＿＿间×＿＿晚＝＿＿元电话：＿＿ ＿＿元/间/晚×＿＿间×＿＿晚＝＿＿元电话：＿＿ ＿＿元/间/晚×＿＿间×＿＿晚＝＿＿元电话：＿＿ ＿＿元/间/晚×＿＿间×＿＿晚＝＿＿元电话：＿＿	付款方式： □挂账　□现付
②车辆	正座＿＿，车型＿＿，手机＿＿ 设施：□空调□话筒□车载电视	付款方式： □挂账　□现付
	司机＿＿，车牌号＿＿ 手机＿＿租车费＿＿元/辆 合计＿＿元	所属车队：＿＿ 结算方式： □挂账　□现付
③门票	＿＿门票：＿＿元/人×＿＿人＝＿＿元 ＿＿门票：＿＿元/人×＿＿人＝＿＿元 ＿＿门票：＿＿元/人×＿＿人＝＿＿元 ＿＿门票：＿＿元/人×＿＿人＝＿＿元 门票合计：＿＿元/团	
④用餐	早餐：＿＿元/人×＿＿人， 正餐：＿＿元/人×＿＿人， 合计：＿＿元	
合计支出	团队支出，即①＋②＋③＋④＝＿＿元 （其中：现金＿＿元，签单＿＿元，共＿＿张） 购物返还＿＿元，冲账＿＿元 借支（大写）＿＿，¥＿＿元 借款人＿＿（凭签单、发票报账） 审核＿＿经理＿＿	
备注	应收团款＿＿元，（已收现金＿＿元，支票＿＿元 汇款＿＿元，余款＿＿元） 本团费用支出＿＿元（已含签单未结金额），保险＿＿元 袋/帽＿＿元，本团毛利＿＿元	

（三）签单餐厅/商场/景点参考

签单餐厅参考		签单商场参考	
①餐厅________	电话________	①商场________	电话________
②餐厅________	电话________	②商场________	电话________
③餐厅________	电话________	③商场________	电话________
④餐厅________	电话________	④商场________	电话________
⑤餐厅________	电话________	⑤商场________	电话________

公司签单景点参考:①________②________③________④________

（四）接团特别提示

(1)接团时仔细核对行程、人数、标准、景点、接站车次/航班、组团社名、并提前30分钟到达指定地点。

(2)送团时必须核实返程车票/机票的班次、时间,并提前1小时将游客送到指定地点。如代收余款必须提前收齐,如有变动听从公司安排切莫擅自变更;散客团必须提前分组,便于分票、分房。

(3)行程内景点/酒店/游船/商店必须提前联系,以免措手不及,产生后患,建议自务团款应急。

(4)介绍游客参加合同未经定的消费项目时,必须取得游客的书面同意签字,不得到非公司定点商店购物;凡涉及游泳爬山等高危险项目的活动,必须坚决杜绝;突发事故要及时报警保留证据。

(5)导游讲解要语速适中,吐字清晰,带团期间,不得饮酒、赌博、言语不文明及做出有损公司形象的行为。

(6)领取任务后不得随意停团、刁难游客,更不应将个人情绪带入工作中,如因个人利益而影响团队质量,或因个人原因造成团款、机、车票遗失,所引起的投诉与纠纷,造成的损失自行承担。

(7)导游必须2次桌前询问用餐情况,如菜量不足,应通知餐厅采取补取补救措施,团队中如有少数民族游客可以建议食用司陪餐或让餐厅安排清真菜以确保客人满意。不得擅自退餐、写餐标费用证明。

(8)提前告之游客下榻的酒店名称、导游手机号,并提示游客入住前检查房间内物品是否齐全、完好,通知前台叫早并安排好次日的早餐,协调好司机的行车路线。擅自离团或私自转团所造成的损失由导游承担,公司有权追究其法律责任。

（五）导游声明

本人已详细阅读以上提示和内容,收到游客返程机票________张/火车票________

张，并协助公司代收团队余款＿＿＿＿＿＿＿元，同意并遵守导游带团法则，维护公司信誉，如因接待服务质量而引起游客不满造成投诉，愿接受公司处理，本人无须做任何解释。特此声明！

导游签字：＿＿＿＿＿＿＿＿　　　　　　　　＿＿＿＿年＿＿＿月＿＿＿日

三、制作接站牌

要求按照接站牌的模式制作一份接杭州东湖旅行社的接站牌，使用大纸板制作，为后续情境学习准备工具材料。

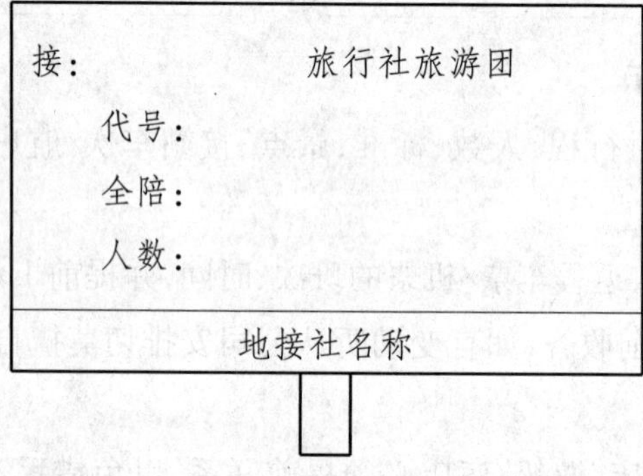

四、认找旅游团

由一个学习小组扮演地陪角色，其他小组分别扮演几组不同团号的游客，团队资料由受测学生随机抽取；受测学生通过旅游者的民族特征、衣着、组团社徽记等分析、判断并上前委婉询问，主动认找；问清团队的团号、组团社名称、领队及全陪或客人的姓名。每个学习小组依次轮流认找旅游团。

请沿此线剪下

五、填写旅行社订车计划单

____________旅行社订车计划单

现将我公司已落实的用车计划传真给您，望尽快确认回传，谢谢！

团号		人　　数		客源地	
导游		导游证号		手　机	

用车时间：______月______日接团至______月______日送团

接团：______月______日______时在______接航班/车次______

送团：______月______日______时在______送航班/车次______

天数	主要游览行程、景点	车价（元/天）
1		
2		
3		
4		

包车价：______元（其中，接团______元，送团______元，正常游览______元/天）

车型：______车牌：__________司机：__________手机：__________

请沿此线剪下

请沿此线剪下

请沿此线剪下　请沿此线剪下　请沿此线剪下

六、欢迎词撰写与讲解

学生撰写一份迎接不同团队的欢迎词，每个学习小组分配角色并进行导游讲解比赛。

欢迎词写作			
学生自评签名(30%)	组长评价签名(30%)	教师评价签名(40%)	得　分

请沿此线剪下

请沿此线剪下

请沿此线剪下

欢迎词创作评分表

评价对象	评价标准	标　准	得　分
欢迎词创作	①代表接待旅行社问好	1	
	②介绍自己	2	
	③介绍司机及驾驶技术	1	
	④表示竭诚为大家服务的态度和诚挚愿望	2	
	⑤预祝旅游愉快顺利	2	
	⑥能贴合实际情境写作	2	
	总　得　分		
评价者签名			
时间			

致欢迎词评分表

评价对象	评价标准	标　准	得　分
致欢迎词	①精神面貌好，注重礼节（礼貌用语、行礼、问候）	2	
	②站位、站姿稳健，不转移、不摇摆，不扭转	2	
	③语速适度、音量适中；流畅、自然、语流抑扬顿挫，非朗诵、非抒情、非背诵	2	
	④普通话标准，不念别字，用词正确、恰当、符合语体环境	2	
	⑤情态语言（肢体、面部、眼神、手势）自然、不夸张	2	
	总　得　分		
评价者签名			
时间			

请沿此线剪下

七、饭店介绍与宣布活动日程安排

饭店介绍词			
学生自评签名(30%)	组长评价签名(30%)	教师评价签名(40%)	得　分

请沿此线剪下

请沿此线剪下

请沿此线剪下

饭店介绍词创作评分表

评价对象	评价标准	标　准	得　分
饭店介绍词	①饭店名称、星级、规模	2	
	②设施设备条件娱乐设施	2	
	③饭店位置交通状况	2	
	④饭店周围的商业	2	
	⑤饭店的特色	2	
	总　得　分		
签名			
时间			

请沿此线剪下

饭店介绍与宣布活动日程安排评分表

评价对象	评价标准	标　准	得　分
饭店介绍与宣布活动日程	①精神面貌好，注重礼节（礼貌用语、行礼、问候）	2	
	②站位、站姿稳健，不转移、不摇摆，不扭转	2	
	③语速适度、音量适中；流畅、自然、语流抑扬顿挫，非朗诵、非抒情、非背诵	2	
	④普通话标准，不念别字，用词正确、恰当、符合语体环境	2	
	⑤情态语言（肢体、面部、眼神、手势）自然、不夸张	2	
	总　得　分		
签名			
时间			

请沿此线剪下

请沿此线剪下

八、市容景点讲解

市容景点导游词			
学生自评签名(30%)	组长评价签名(30%)	教师评价签名(40%)	得　分

请沿此线剪下

请沿此线剪下

请沿此线剪下

市容景点导游词创作评分表

评价对象	评价标准	标　准	得　分
市容景点导游词	(1)语言文字要能够体现导游语言的通俗化、口语化特点,能体现景点的文化内涵,并能从审美的角度引导游客欣赏	(2分)	
	(2)结构严谨、内容准确、角度新颖、重点突出,主次分明	(2分)	
	(3)构思独特,特色鲜明,语言运用得当,并能够巧妙地应用各种语言技巧	(2分)	
	(4)语言形象,自然流畅,贴近游客,有情感,能给人以美感	(2分)	
	(5)写作内容是否包括地理位置、气候特点、历史沿革、人口状况、行政区划、社会经济、文化生活、土特产品、风俗习惯、主要建筑、商场、小区、街道以及独具特色的景物等(市容市貌); 背景介绍、景点用途、景点特色、景点地位、景点价值、名人评论(景点导游词)	(2分)	
	总　得　分		
签名			
时间			

市容景点导游词讲解评分表

选手姓名：______________　　　　时间：________年____月____日

<table>
<tr><th colspan="2">项目</th><th>评分要求</th><th>单项分值</th><th>单项计分</th><th>大项计分</th></tr>
<tr><td colspan="2">仪容仪表</td><td>妆容适宜，着装得体，精神饱满，符合服务行业规范要求</td><td>2.0分</td><td></td><td></td></tr>
<tr><td rowspan="3">导游讲解内容</td><td>讲解内容</td><td>健康、完整、准确，重点突出、紧扣主题、与时俱进</td><td>1.5分</td><td></td><td rowspan="3"></td></tr>
<tr><td>讲解结构</td><td>结构合理、层次分明、详略得当、逻辑性强。</td><td>1.0分</td><td></td></tr>
<tr><td>文化内涵</td><td>讲解具有很高的文化内涵</td><td>1.5分</td><td></td></tr>
<tr><td rowspan="3">语言技巧</td><td>讲解技巧</td><td>讲解角度新颖、讲解生动幽默、通俗易懂，富有感染力、亲和力</td><td>1.5分</td><td></td><td rowspan="3"></td></tr>
<tr><td>语音语调</td><td>普通话标准、语调自然、音量适中、语速把握得当、节奏合理、肢体语言规范</td><td>1.0分</td><td></td></tr>
<tr><td>表达能力</td><td>口齿清楚、语法正确、表达自然流畅</td><td>1.5分</td><td></td></tr>
<tr><td colspan="2">时　间</td><td></td><td colspan="2">扣除分数</td><td></td></tr>
<tr><td colspan="2">得　分</td><td></td><td colspan="3"></td></tr>
<tr><td colspan="6">备注：

评委签名：
年　　月　　日</td></tr>
</table>

注：每位评委评分后必须签名，修改之处也必须签名

请沿此线剪下

景点导游词讲解评分细则

一、时间

5 分钟,4 分 30 秒时计时器提示,到时即停。不够 4 分 45 秒,扣除 8 分,超时 10 秒内扣 4 分,超时 10 秒终止比赛,终止比赛扣除 6 分。

二、仪容仪表,满分 20 分

[好] 16.0 ~20.0 分。妆容适宜,着装得体,精神饱满,符合服务行业规范要求。

[中]12.0 ~16.0 分。妆容、着装较好,精神比较饱满,符合服务行业规范要求。

[一般]8.0 ~12.0 分。妆容、着装一般,基本符合服务行业规范要求。

三、导游讲解内容,满分 40 分

(一)讲解内容,满分 15 分

[好]12.0 ~15.0 分。健康、完整、准确,重点突出、紧扣主题、与时俱进。

[中]9.0 ~12.0 分。健康、完整、比较准确,重点比较突出、扣主题、与时俱进。

[一般]6.0 ~9.0 分。健康,内容基本完整、基本准确,基本扣主题。

(二)讲解结构,满分 10 分

[好]8.0 ~10.0 分。结构合理、层次分明、详略得当、逻辑性强。

[中]6.0 ~8.0 分。结构比较合理、有层次、详略比较得当、逻辑性强。

[一般]4.0 ~6.0 分。结构基本合理、有层次、详略基本得当、逻辑性欠缺。

(三)文化内涵,满分 15 分

[好]12.0 ~15.0 分。讲解具有很高的文化内涵。

[中]9.0 ~12.0 分。讲解具有较高的文化内涵。

[一般]6.0 ~9.0 分。讲解文化内涵一般。

四、语言技巧,满分 40 分

(一)讲解技巧,满分 15 分

[好]12.0 ~ 15.0 分。讲解角度新颖、讲解生动幽默、通俗易懂,富有感染力、亲和力。

[中]9.0 ~12.0 分。讲解角度比较新颖、比较生动幽默、通俗易懂,具有较好的感染力和亲和力。

[一般]6.0 ~9.0 分 讲解角度一般,缺乏感染力和亲和力。

（二）语音语调，满分 10 分

[好]8.0～10.0 分。普通话标准(英语语音标准)、语调自然、音量适中、语速把握得当、节奏合理、肢体语言规范。

[中]6.0～8.0 分。普通话比较标准(英语语音比较标准)、语调比较自然、音量适中、语速把握比较得当、节奏比较合理、肢体语言比较规范。

[一般]4.0～6.0 分。普通话一般(英语语音一般)、语调基本自然、音量适中、语速把握基本得当、节奏基本合理、肢体语言基本规范。

（三）表达能力，满分 15 分

[好]12.0～15.0 分。口齿清楚、语法正确、表达自然流畅。

[中]9.0～12.0 分。口齿比较清楚、语法正确、表达比较自然流畅。

[一般]6.0～9.0 分。口齿基本清楚、语法基本正确、表达基本流畅。

九、填写旅游行程变更确认书与协议书

旅游行程变更确认书

（用于因不可抗力、意外事件变更整体团队行程）

甲方：________________（全体游客委托代表）

乙方：________________（旅行社）

甲方自愿报名参加了由________________旅行社组织，旅行社负责接待的________________旅行团，并于______年_____月_____日与__________旅行社签订了合同编号为的《____________旅游组团合同》。现因下列原因，甲方受本旅行团全体游客委托签订该旅游行程变更确认书。

（一）行程变更情形

根据《____________旅游组团合同》约定的旅游行程，_____年____月____日第____项行程安排为________。甲方在此确认，该项行程因以下原因无法正常执行：

1. 发生____________，该不可抗力可能危及旅游者人身、财产安全导致行程无法正常履行。乙方经与甲方及其所代表的全体游客协商后，不得不将上述行程变更为__________（注：不可抗力，是指不能预见、不能避免并不能克服的客观情况，包括因自然原因和社会原因引起的。如自然灾害、罢工、重大传染性疾病、政府行为等）。

2. 发生____________，该意外事件非因旅行社责任所造成，且已导致行程无法正常履行。乙方经与甲方及其所代表的全体游客协商后，不得不将上述行程变更为____________。（注：意外事件，是指因当事人故意和过失以外的偶然因素发生的事故。如非旅行社责任导致的交通堵塞、列车航班晚点等）。

（二）行程变更后果

1. 因行程变更而未发生的旅游费用退回甲方及甲方所代表的全体游客，退还______元/人，共计______元，退还时间和方式为____________；

2. 因行程变更增加的旅游费用为______元/人，共计______元，经甲乙双方友好协商，承担方式为________________。

3. 上述不可抗力或意外事件发生后，甲乙双方均应积极采取补救措施，避免损失扩大。

4. 甲方对乙方采取的变更措施、变更后果及诚挚态度表示接受，双方互不追究责任。

（三）其他补充事项：________________________________

（四）以上确认书自甲方及甲方所代表全体游客、乙方授权代表签字盖章之日起生效，确认书双方各持一份，均具有同等法律效力。

甲方：____________　　　　乙方：____________

全体游客签名:________ 授权代表:________

____年____月____日 ____年____月____日

旅游行程变更协议书

(用于游客因个人原因主动提出变更本人行程)

甲方:________________(游客)

乙方:________________(旅行社)

甲方自愿报名参加了由________旅行社组织,________旅行社负责接待的________旅行团,并于____年____月____日与________旅行社签订了合同编号为____的《____旅游组团合同》。现甲乙双方经平等友好协商,就旅游行程变更一事达成协议如下:

(一)行程变更情形

1. 甲方自愿提出,将《________旅游组团合同》约定的旅游行程中____年____月____日第____项行程变更为________,乙方同意甲方该请求。

2. 甲方自愿提出,在《____旅游组团合同》约定的旅游行程不变的基础上,在____年____月____日的行程中增加________,乙方同意甲方该请求。

(二)行程变更后果

1. 因第一条所述之行程变更共增加旅游费用____元,具体情况为:________。该费用由甲方承担。具体支付方式为:________。

2. 因第一条所述之行程变更共减少旅游费用____元,具体情况为:________。该费用由乙方退还甲方。具体支付方式为:________。

3. 因第一条所述之行程变更给乙方造成损失____元,具体情况为:________。该损失由甲方向乙方支付。具体支付方式为:________。

(三)甲方在此确认:本协议约定之变更并非由乙方主动提出或乙方诱导甲方提出,对变更内容及相关费用也已确认无误。

(四)其他补充事项:________________

(五)以上协议自甲方及乙方授权代表签字盖章之日起生效,协议正本两份,双方各持一份,均具有同等法律效力。

甲方:________ 乙方:________

授权代表:________

____年____月____日 ____年____月____日

十、离店送行服务

按照旅游活动日程表填写离店送行相关信息。

核对确认项目	核对确认内容	核对确认人员	核对确认方式
离店时间			
行李转运时间			
叫早早餐出发时间			
饭店退房结算手续			
交通票据核对			
到达交通站时间			

请沿此线剪下

请沿此线剪下

请沿此线剪下

请沿此线剪下

请沿此线剪下

请沿此线剪下

十一、欢送词写作及讲解

地陪欢送词写作			
学生自评签名(30%)	组长评价签名(30%)	教师评价签名(40%)	得　分

请沿此线剪下
请沿此线剪下
请沿此线剪下

欢送词创作评分表

评价对象	评价标准	标　准	得　分
欢送词创作	①表示惜别,是指欢送词中应含有对分别表示惋惜之情、留恋之意,讲此内容时,面部表情应深沉,不可嬉皮笑脸,要给客人留下"人走茶更热"之感	1	
	②感谢合作,是指感谢在旅游中游客给予的支持、合作、帮助、谅解,没有这一切,就难保证旅游的成功	1	
	③回顾总结,是指与游客一起回忆一下这段时间所游览的项目、参加的活动,给游客一种归纳、总结之感,将许多感官的认识上升到理性的认识,帮助游客提高	2	
	④征求意见,是告诉游客,我们知有不足,经大家帮助,下一次接待会更好	2	
	⑤期盼重逢,是指要表达对游客的情谊和自己的热情,希望游客成为回头客。导游要提醒客人不要丢下东西,祝愿客人旅途平安	2	
	⑥能贴合实际情境写作,针对景点的特点与特色进行详细重点的描写	2	
	总　得　分		
签名			
时间			

致欢送词评分表

评价对象	评价标准	标　准	得　分
致欢送词	①精神面貌好,注重礼节(礼貌用语、行礼、问候)	2	
	②站位、站姿稳健,不转移、不摇摆,不扭转	2	
	③语速适度、音量适中;流畅、自然、语流抑扬顿挫,非朗诵、非抒情、非背诵	2	
	④普通话标准,不念别字,用词正确、恰当、符合语体环境	2	
	⑤情态语言(肢体、面部、眼神、手势)自然、不夸张	2	
	总　得　分		
签名			
时间			

工作过程四　导游服务评价

教师工作任务

一、指导学生完成导游服务实施检查评价

教师在检查过程中按照学生表现及填写内容客观认真检查评价。

(1)自评:学生对本学习情境的整个实施过程进行评价。

(2)互评:一是以组长为主体检查其他成员的整个实施过程的状况进行评价与建议,二是以小组为单位,分别对其他组做的工作结果进行评价和建议。

(3)教师评价:教师对学生汇报及结果进行评价,指出每个小组极其成员的优点,并提出改进建议。

(4)依据不同评价标准对不同任务进行客观公正评价,并填写相关评价表。

(5)指导学生整理所有资料,将相应资料归档。

二、评价引导

在评价学生成果的过程中,教师要引导学生自我客观的评价,从不同的角度,对学生所进行的工作任务进行全面的评价,使学生最终能真正认识自己,为以后的学习工作奠定基础。

学生工作任务

一、征询游客意见，填写游客意见表

学生请其他学生填写旅游团（游客）意见征询表，从中获得其他学生对自己在整个学习情境过程的表现的意见和建议，从优点中找到优势，进一步巩固，从缺点中看到不足，在后续学习中加强训练，提升自身实力。

游客意见征询表

导游：

旅行社名称		人数		团号	
游览线路		全陪及手机			

服务质量情况	满意	基本满意	不满意
住宿（导游检查入住环境是否清洁、设备完好、是否引领游客入住）			
用餐（导游检查用餐环境是否整洁并根据客人要求及时调整饭菜品种口味）			
用车（导游检查车内是否舒适卫生并协助客人上车）			
购物娱乐安排（价格是否公平，特色、信誉好并不强迫消费）			
导游服务规范与态度	**满意**	**基本满意**	**不满意**
1. 提前10分钟抵达集合地点，上团后主动作自我介绍、致欢迎词宣布日程及注意事项			
2. 举止得体仪态端正，语言亲切，态度友好			
3. 关心游客并悉心照顾，及时妥善解决旅途中遇到的问题			
4. 早上能提前10分钟在宾馆前台接待客人收集房卡并告知用餐地点			
5. 每次发车前仔细清点人数并及时提醒注意人身和物品安全			
6. 合理安排游览线路、时间、内容，行程时间地点交待清楚			
7. 用餐时导游至少3次巡视客人用餐情况，并作相应的调整			
8. 服务细心周到、尽职尽责、热情大方、服务项目的预定不漏订、错订			
9. 耐心照顾好每一位游客，不厚此薄彼			

请沿此线剪下

续　表

景　区　介　绍　及　讲　解	满意	基本满意	不满意
10. 旅行中导游是否跟随客人游览,并时刻清点人数照顾年老体弱者			
11. 能在充实轻松愉快中使游览开始和结束本次旅行			
12. 旅游结束表达美好祝愿并对行程中不尽人意之处致歉,欢迎再次光临			
13. 景区介绍详细,包括沿途风光自然民俗民风土特产等			
14. 景点介绍认真,在传统的介绍中能溶入现代元素,贴近现实,栩栩如生			
15. 景点介绍生动,融知识性与趣味性于一体			
16. 景点介绍口齿清晰,声情并茂,精神饱满,语言准确			
意见和建议: 全陪签名:　　　　　　电话:			
备注:1. 为了加强对旅游服务质量的监督管理特制此表; 2. 出发前将此表发至游客手中,行程结束时收回; 3. 游客对服务质量情况在相应栏目中打“√”; 4. 请您认真填写,本社将十分重视您的反馈信息。			

请沿此线剪下

二、导游服务实施过程其他评价资料

（一）过程性评价资料

1. 组长考勤

在情境学习过程中，要求将考勤作为一项严格的过程性考核内容，因为连续性的考勤可以判断学生的学习态度、学习兴趣等情况。考勤工作由教师和小组组长完成。

学生考勤统计表

学习领域				学习情境			
班　　级				组　　名			
考勤时间	组员姓名及考勤统计						
考勤符号：到划“√”；旷课划“×”；迟到划“O”；请假划“Δ”。							

请沿此线剪下

请沿此线剪下

2. 学习小组内部导游讲解比赛推荐人选选拔情况及理由

在情境学习过程中，学生会以导游讲解比赛活动为载体进行模拟导游工作，测试学生，进而提升学生的讲解能力、职业能力，在进行学习小组间导游讲解比赛前，由各个学习小组推荐人选，依据讲解评分标准进行评价选拔。

学习领域	甘肃模拟导游	学习情境	
班　　级		组　　名	
组长签字		被推选者签字	
姓　　名	得分(10分)	备　　注	
推荐人选及理由			
评选者签字：		年　月　日	

请沿此线剪下

3. 学习小组间导游讲解比赛分数统计表

学习小组间的比赛作为考核方式，目的一是提升学生讲解能力，二是有竞争有进步，三是可以作为学习情境考核时的额外加分项依据（一般比赛第一名会给小组额外加分）。学习小组间的比赛评委由每个小组从本组推选一名担任，以增加公平性。

学习小组间导游讲解比赛评分表									
比赛项目：									
组名（姓名）	评委1	评委2	评委3	评委4	评委5	评委6	评委7	得分	名次
评委签字（需要标注）									
年　月　日									

请沿此线剪下

请沿此线剪下

4. 学习小组团队评价

在实际工作中,企业对员工的沟通合作能力相当重视,因此在学习情境学习过程中,必须将小组内的团队气氛、成员角色任务完成情况、成员参与的积极性等作为评价学习小组的考核因素,以此来考量学习小组团队协作能力。

学习小组成员项目工作互评表

班级:__________ 学习情境:______ 组名:________ 填表人:________ 评价时间:__________

评价内容	组员姓名						
1. 小组考勤状况。准时到课,准时参加学习小组活动,不迟到、不早退、不无故缺勤(若有,写明次数)							
2. 小组成员的角色扮演。正确认识和履行在学习小组中的角色任务							
3. 小组责任的分配。自觉遵守小组文件的约定,遵守团队纪律							
4. 小组成员的参与性。有团队合作意识,积极参与团队项目工作;能经常提出建设性意见和建议,主动承担小组工作任务,努力推进小组工作进程							
5. 成员的相互尊重性。尊重其他团队成员,会用恰当方式解决团队矛盾或合作问题							
6. 成员目标完成度与贡献度。能正确分析、制定个人能力发展目标和计划,个人能力提升比较明显;能根据团队成员、教师等反馈意见改进或推进学习任务							
7. 交互的质量。用正确方式与团队成员、教师以及其他人沟通,交流有效果							
总评成绩(以等级制形式即优、良、中、差计分)							

学习小组成员项目工作互评评价标准

评价标准	优	良	中	差
1. 小组考勤状况	准时到课，准时参加学习小组活动，不迟到、不早退、无请假	准时到课，准时参加学习小组活动，迟到次数不超过3人次、不早退、无请假	准时到课，准时参加学习小组活动，迟到次数不超过5次、不早退、请假不超过3人次	准时到课，准时参加学习小组活动，迟到次数不超过5次、不早退、请假不超过3人次，旷课不超过2人次
2. 小组成员的角色扮演	每个小组成员都有自己明确的角色；小组成员有效地行使自己的角色	每个小组成员都被分配了特定的角色；但是角色定义不明确或者说小组成员没有坚持行使自己的角色	小组成员被分配了一定的角色，但是他们没有坚持行使自己的角色	小组成员之间并没有进行角色分配
3. 小组责任的分配	任务被平均分配给小组的每一个成员	任务被小组的绝大部分成员分担	任务仅被小组中的1/2成员分担	小组任务仅由小组中的某一个人承担
4. 小组成员参与性	所有学生都积极地参与小组活动	至少3/4的学生参与小组活动	至少一半的学生参与小组活动	仅有1~2个人参与小组活动
5. 成员的相互尊重性	尊重其他团队成员，出现矛盾能用恰当方式解决矛盾或合作问题，使其发生在萌芽状态	尊重其他团队成员，出现矛盾能用恰当方式解决矛盾或合作问题，矛盾次数不超过2次，且最终小组内部合理解决	尊重其他团队成员，出现矛盾能用恰当方式解决矛盾或合作问题，矛盾次数不超过4次，且最终小组内部合理解决	尊重其他团队成员，出现矛盾能用恰当方式解决矛盾或合作问题，矛盾次数不超过5次，且最终由其他人员评判解决
6. 成员目标完成度与贡献度	能正确分析、制定个人能力发展目标和计划，个人能力提升明显；能根据团队成员、教师和企业反馈意见改进学习，效果明显	能正确分析、制定个人能力发展目标和计划，个人能力提升比较明显；能根据团队成员、教师和企业反馈意见改进学习，效果较明显	能比较正确分析、制定个人能力发展目标和计划，个人能力有提升；能根据团队成员、教师和企业反馈意见改进学习，效果良好	能比较正确分析、制定个人能力发展目标和计划，个人能力无明显提升；能根据团队成员、教师和企业反馈意见改进学习，有效果

续　表

评价标准	优	良	中	差
7. 交互的质量	小组成员显示出了极好的倾听能力和领导能力,小组成员通过讨论的方式共享他人的观点和想法	小组成员显示出了娴熟的交互能力,他们能够围绕任务中心进行生动的讨论	小组成员显示出了一定的交互能力;他们能认真地倾听他人的观点;显示出了一定的讨论和选择能力	小组成员之间很少进行交互;他们仅进行简短的会谈;部分学生对于交互不感兴趣、分心

5. 景点 PPT 制作及评价标准

学生在学习情境的学习过程中在景点讲解、饭店介绍等环节要求制作讲解 PPT 并进行评价，作为学生额外加分项目，目的是为了提升学生计算机的操作能力，以期达到提高学生的工作能力的目标。

PPT 制作评分表

评价对象	评价标准	标　准	得　分
PPT 幻灯片	主题突出、内容完整；作品内容能够清晰、准确地表达所介绍之物的精要	3 分	
	作品中使用了文本、图片、表格、图形、动画、音频、视频等表现工具；作品中可使用超链接或动作功能（但不是必选项，不使用不扣分）。整部作品的播放流畅，运行稳定、无故障	3 分	
	整体布局风格（包括模版设计、版式安排、色彩搭配等）立意新颖，构思独特，设计巧妙，具有想像力和表现力	3 分	
	作品中色彩搭配合理协调，表现风格引人入胜；文字清晰，字体设计恰当	1 分	
	总　得　分		
签名			
时间			

6. 学生小组会议记录表

学生在整个学习过程中，由于团队工作的需要，个人能力的差异，个人经验看问题角度的区别，要求学生在针对某个重要问题时以开会的方式讨论解决，原则上会议由组长组织，也可以由组员提议，提议者组织，开会讨论解决问题时需要填写会议记录，同时作为学生过程性考核的资料，促使学生能正确地进行会议记录。

学习小组会议记录表

学习情境：________ 班级：____________ 组名：____________

会议时间		会议次数	第　　次
会议地点			
参加人员			
缺席人员及原因			
会议主题			
讨论过程 及 会议主要内容			
未解决的问题			
会议小结			
会议记录人：			

请沿此线剪下

请沿此线剪下

请沿此线剪下

7. 额外加分项目统计

学习情境结束后，由组长负责统计本学习小组的额外加分项目，额外加分项目的统计标准之一是小组某个人承担的任务在某次活动中具有唯一性，也就是说其他人均为参与者，其目的是为了提高学生的参与兴趣，以区分不同学习能力的学生，达到多做工作多得成绩的目的。

学习情境加分项目统计

学习领域		学习情境		
组　　名		组长签名		
组员签名				
姓　　名	加分项目	加分标准	实际加分	备　　注

请沿此线剪下

请沿此线剪下

工作过程五 导游服务反馈

教师工作任务

一、整理相关记录

下团后,导游员应把整个团队的详细接待情况、是非得失细细整理一下,以便日后提高工作效率和服务质量,使旅行社在日后对该行程的设计及接待中吸取经验教训。

通常在带团记录中应包括以下一些内容:

(1)旅行社名称、人数、抵离时间、全程路线。

(2)旅行团成员基本情况、背景、活动中的表现特点及兴趣。

(3)团内重点人物的反映。

(4)各地接待社住宿、餐饮、游览车的落实情况及导游员的讲解水平和工作态度。

(5)行程中有无意外、失误发生及处理情况。

(6)如有重大事件发生,如死、伤或者是涉外事件,一定要把详细细节、各种证明资料及主要人物的身份记录得非常清楚,以备检查。

二、做好带团总结

带团总结的基本内容包括:

(1)仔细回忆整个接待过程中的每一个环节,哪些地方做得好,得到客人的认可和好评;哪些地方做的欠缺,处理方法和说话方式有待改进。

(2)仔细回忆在跟客人交流的过程中,自己有哪些地方说得模糊不清,回答问题不够准确,甚至根本回答不上来。然后根据这些情况有针对性地补充知识。

三、办好收尾事宜

地陪下团后做好收尾事宜的具体要求包括:

(1)分门别类地整理各种票据。地陪应按旅行社的具体要求并在规定的时间内,填写清楚有关接待和财务结算表格,连同保留的各种单据、接待计划、活动日程表等按规定上交有关人员并到财务部门结清帐目。

(2)归还从社里所借物品。地陪下团后应将向旅行社借的某些物品,经检查无损后及时归还,办清手续。

(3)上交陪同日志及游客意见反馈表。凡是针对地陪的表扬或意见,地陪应主动说明原因,反映客观情况,必要时写出书面材料。如果属于针对餐厅、饭店、车队等方面的意见,地陪也应主动说明真实情况,由旅行社有关部门向这些单位转达游客的意见或谢意。如果反映的意见比较严重、意见较大时,地陪应写出书面材料,内容要详实,尽量引用原话,以便旅行社有关部门和相关单位进行交涉。

(4)如有客人委托事宜,应尽快办妥。下团后,地陪应妥善、认真处理好旅游团的遗留问题:如果旅游团离开后,发现游客遗忘了某些物品应及时交回旅行社,设法尽快交还失主;如果游客曾委托地陪办理一些事情,应该向旅行社有关部门反映,尽快帮游客处理完毕。

请沿此线剪下

学生工作任务

一、地陪导游服务记录填写

导游送团后，要求填写导游服务记录，根据学习过程填写下表相关资料。

<table>
<tr><td>团　号</td><td colspan="2"></td><td>领队</td><td></td><td>电话</td><td></td></tr>
<tr><td>线路名称</td><td colspan="3"></td><td>起止日期</td><td colspan="2"></td></tr>
<tr><td>团队情况</td><td colspan="6">游客总人数：　　男：　女：　其中儿童：</td></tr>
<tr><td rowspan="2">组团情况</td><td>组团社</td><td colspan="2"></td><td>电话</td><td colspan="2"></td></tr>
<tr><td>全　陪</td><td colspan="2"></td><td>电话</td><td colspan="2"></td></tr>
<tr><td>团队变更或自费项目及其他需要说明的情况</td><td colspan="6">全陪或游客代表签字：</td></tr>
<tr><td colspan="2">导游履行安全责任情况</td><td colspan="5"></td></tr>
<tr><td rowspan="7">游程情况记录</td><td>入住宾馆情况</td><td colspan="5"></td></tr>
<tr><td>游客用餐情况</td><td colspan="5"></td></tr>
<tr><td>交通工具情况</td><td colspan="5"></td></tr>
<tr><td>景点安排情况</td><td colspan="5"></td></tr>
<tr><td>导游服务情况</td><td colspan="5"></td></tr>
<tr><td></td><td colspan="5"></td></tr>
<tr><td></td><td colspan="5"></td></tr>
<tr><td colspan="7">地陪导游：　　　　　　　　年　　月　　日</td></tr>
</table>

请沿此线剪下

请沿此线剪下

二、填写接待费用单

导游送团后，需要报账，根据学习过程填写导游服务过程发生的费用。

甘肃兰州天马旅行社

导游费用拨款结算单

日期：________________　　　　　　编号：________________

总社计划号		国籍		组团社	
旅行团(者)名		等级			成人：　　人
全　陪		地陪			儿童：　　人
团队到离时间	______年_____月_____日——______年_____月_____日				
拨款项目	费　用　结　果　　(RMB)			导游挂资	
门　票					
房　费					
餐　费					
车　费					
导　服					
晚　会					
				总收入：	
				总支出：	
				毛利润：	
会计审核：					

请沿此线剪下

请沿此线剪下

请沿此线剪下

三、填写导游工作小结

学生根据导游实施过程中自身的表现，总结自己在学习过程中出现的问题以及处理的措施方法。

导游工作小结

出团日期		团　号	
人　　数		目的地	
带团小结	（带团主要情况、存在问题及改进方向）		
计调 初审意见	（团队操作情况、存在问题及改进方向）		
总经理 审核意见	（总体评价）		

请沿此线剪下

请沿此线剪下

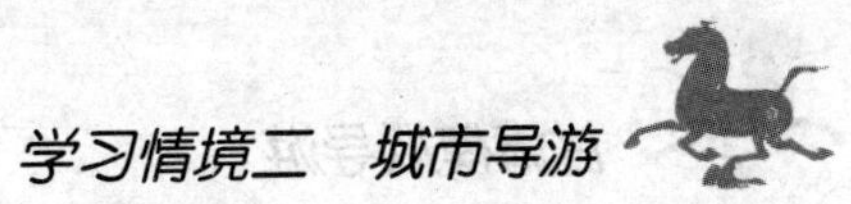

请沿此线剪下
请沿此线剪下
请沿此线剪下

四、处理投诉及遗留问题

在导游服务过程中存在某些问题，学习小组中的其他学生提出问题，学生进行模拟处理。

旅游投诉记录单

投诉者姓名		联系电话	
投诉收到时间		出游地点	
投诉受理时间		出游时间	
投诉主要内容			
处理结果			
旅行社总经理意见			
经办人		日　　期	
投诉者姓名		联系电话	
投诉收到时间		出游地点	
投诉受理时间		出游时间	

续　表

投诉主要内容			
处理结果			
旅行社总经理意见			
经办人		日期	

导游遗留问题处理

委托人		委托时间	
委托事由			
处理过程			
处理结果			
导游签字		经理签字	

城市导游学习情境成绩评价单

学习领域		学习情境	
班　　级		组　　名	
姓　　名		学　　号	
组长签字		教师签字	

序号	项目		评分标准	学生自评（30%）	组长评价（30%）	教师评价（40%）	得分
1	导游服务过程评价	学习小组建立	3				
2		接待计划书研究	4				
3		导游物品核查	1				
4		旅游日程表制定	5				
5		出团接待通知书	2				
6		订车单与接站牌	2				
7		欢迎词写作	4				
8		致欢迎词	5				
9		饭店活动日程导游词	3				
10		饭店活动日程讲解	4				
11		市容景点导游词	5				
12		市容景点讲解	7				
13		行程变更单与离店	2				
14		欢送词写作	4				
15		欢送词讲解	5				
16		征求游客意见与建议表	2				
17		服务记录填写	3				
18		拨款结算单	3				
19		导游工作小结	3				
20		游客投诉委托处理	3				
21		教学反馈评价	2				
22		课外习题作业	5				

续　表

23	日常活动评价	团队合作	8			
24		学生考勤	+4	全勤(情境全勤增加4分)		
25			-4	旷课(每次扣除4分)		
26			-1	迟到(每次扣除1分)		
27			-1	请假(3次之内不扣,4次每次扣1分)		
28	教师角度需要增加评分项目					
29	建议其他学生活动评价(额外加分项):组长(每个情境+4分);讲解者(每次+4分);评委(每次+2分);PPT制作(每次合计+2分);计分算分(+2分);录像(+2分);其他酌情					
30						
31						
32						
33						
总分						

思考与练习

1. 教师团的特点。
2. 学生团的特点。
3. 公务单位团的特点。
4. 兰州一日游你如何设计旅游线路?
5. 兰州二日游你如何设计旅游路线?
6. 导游词写作你会从什么渠道获得原始资料?
7. 接团之前你需要做哪些准备?
8. 转移时你如何安排行程?
9. 吃饭时需要注意哪些事项?
10. 住店是需要注意哪些事项?
11. 购物时需要注意哪些事项?
12. 娱乐时需要注意哪些事项?
13. 游客在旅游时容易发生哪些突发事件,应该怎么处理?
14. 送团时需要注意哪些事项?
15. 售后服务应该怎么做?

参考文献

[1]吕莉.模拟导游[M]北京:高等教育出版社,2004:1-32.
[2]傅远柏,章平.模拟导游[M]北京:清华大学出版社,2010:17-34.
[3]周彩屏.模拟导游实训[M].北京:中国劳动社会保障出版社,2008:1-23.
[4]叶娅丽.导游业务[M].上海:上海交通大学出版社,2014:73-135.
[5]王 琦.导游岗位实训[M].上海:上海财经大学出版社,2007:19-28.
[6]窦志萍.模拟导游[M].北京:高等教育出版社,2010:3-52.
[7]把多勋,高亚芳,赵玉琴.导游业务[M].兰州:甘肃人民美术出版社,2007:173-199.
[8]曾艳.濮元生,模拟导游实训教程[M].北京:中国轻工业出版社,2014:71-89.
[9]董家虎,陈蕾,江澜.模拟导游[M]. 北京:旅游教育出版社,2014:73-88.
[10]吴英鹰.模拟导游[M]. 北京:国防工业出版社,2014:69-86.
[11]王培英.北京模拟导游[M]. 北京:北京大学出版社,2013:56-82.
[12]吴桐.模拟导游实务[M].合肥:中国科学技术大学出版社, 2013:62-85.

[13]赵利民.模拟导游.3版[M].大连:东北财经大学出版社,2013:53-76.

[14]李娌.模拟导游实训[M].吉林:东北师范大学出版社,2012:55-73.

[15]晋艺波.基于工作过程系统化模拟导游课程评价研究[J].高等职业教育(天津职业大学学报),2014(2)72-75.

[16]董珍慧,何瑛.基于工作过程的高职旅游管理专业课程改革实践——以《天水导游实务》为例[J].黄冈师范学院学报,2014(2)156-158+176.

[17]胡华.旅游线路规划与设计[M].北京:旅游教育出版社,2011:46-79.

[18]陈启跃.旅游线路设计[M].上海:上海交通大学出版社,2011:53-92.

请沿此线剪下

附件

教学反馈单

学习领域	甘肃模拟导游				
学习情境	景区导游			学　　时	
序　号	调查内容	是	否	理由陈述	
1	您是否能讲解兰州的历史				
2	您否能说出兰州的景点资源				
3	您是否会处理游客丢失证件				
4	您是否能表演一个节目				
5	您是否能做一次主题讲解				
6	您是否对自己有了新认识				
7	您是否发挥了自己的能力				
8	您的能力是否有所提高				
9	您对自己哪些方面满意				
10	您对自己哪些方面不满意				
11	今后您希望自己从哪些方面提高				
12	您希望教师从哪些方面进一步改善				
13	您对小组合作的意见和建议有哪些				
调查信息	被调查人		时间		

学习情境三　区域导游

学习情境分析

本学习情境以某个区域为范围，针对不同旅游动机的旅游团队设计一条旅游线路，你作为丝路旅行社的全陪导游，根据全陪的服务程序，结合服务对象将全陪的工作流程和学生的学习过程划分为五个工作过程：导游服务（学习）准备→导游服务（学习）计划→导游服务（学习）实施→导游服务（学习）评价→导游服务（学习）反馈，学生通过全陪的工作过程学习，能够作为全陪服务角色独立完成一次导游服务。

学习目标

知识目标：

能说出旅行社产品的涵义；

能准确地解释全陪的概念与内涵；

能简单说出全陪的导游程序与规范；

能简要说出全陪的服务方法和服务标准；

能列出全陪服务过程中事故处理的方法；

能说出全陪服务过程中常见问题与现象；

能简单说明不同城市相关史地文化知识、美学知识、相关政治、经济、社会知识。

能力目标：

会针对不同需求设计一条有特色的旅游线路；

能利用媒体、网络等手段获取不同城市旅游景点的相关旅游材料；

能根据工作过程的要求，以探讨、交流、案例分析等方式，筛选整合获得的不同城市景区的旅游相关材料；

能根据获得的旅游材料撰写旅游导游词；能使用标准普通话，语言表达清晰、流畅、有节奏感的讲解服务；

能按照全陪接待规范进行自我介绍并致欢迎词；

能针对游客需求完成转移过程中的导游服务；

能正确处理导游服务过程中出现的突发事故，如游客的证件遗失、计划更改、餐饮、娱乐等问题；

能与小组成员合作，运用 PPT 演示文稿、POP 海报、角色扮演、情境模拟等学习方法完成全陪导游服务；

能在完成导游服务后，会正确征求游客意见，能按接待规范致欢送词，进行导游工作小结，妥善处理善后工作。

素质目标：

具备一定的克服困难的能力；

具备较强的语言表达、职业沟通和协调能力；

具备团队合作和协作精神；

具备良好的心理素质、诚信品格和社会责任感，能进行自我客观评价；

具备踏实肯干的工作作风和主动、热情、耐心的服务意识。

工作过程一　导游服务准备

教师工作任务

一、指导学生分组

学生开始城市导游学习情境的学习任务后，须立即成立学习小组，以团队的形式合作完成情境学习。教师指导学生分组需参照以下原则：

（一）班级分组原则

(1)每小组5 ~6 人为宜。

(2)各小组之间男女生人数分配均衡，不同生源地的学生分配均衡。

(3)避免关系密切的学生分配在同一学习小组。

(4)原则上每个学习情境均需进行分组，一个学习情境结束学习小组即解散；一学期内的角色需进行必要的调换。

(5)第一个学习情境学生可自由组合；从第二个学习情境起，按照学生自愿和教师调控相结合的原则进行分组。

(6)分组参考前一学习情境学生个人过程表现情况、考核结果及个人能力提升目标。

（二）各小组角色分配原则

(1)各学习小组设不同小组角色,除小组组长、小组秘书、小组档案管理员等,可设立具有小组特色的角色。

(2)学生在不同学习情境中应当承担不同的角色。

(3)依据学生的个人能力提升及发展目标确定不同学习情境中学生的小组角色。

(4)教师可根据学生以往情境学习中的表现和学习小组的需要指定部分角色。

二、信息引导

（一）全陪服务准备

1. 熟悉并研究接待计划

全陪在接到旅行社下达的旅游团队接待计划书后,必须熟悉该团的相关情况,并做认真的分析研究。

(1)听取该团外联人员或旅行社领导对接待方面的要求及注意事项的介绍。

(2)熟记旅游团名称、人数,了解旅游团成员性别构成、年龄结构、宗教信仰、职业、居住地、生活习惯、标准、饮食禁忌等。

(3)了解并熟悉旅游团所到各地的接待旅行社的情况以及联系人、联系电话、地址、地陪情况。

(4)掌握全程旅游线路,掌握旅游团旅游路线上各沿途站的抵离时间、交通工具等。

(5)根据接待计划书及该团外联人员所提供的相关情况,研究判断旅游者在服务方面的需求,并做相应的准备。

2. 物质准备

(1)必带证件:本人身份证、名片、导游证、IC 记分卡、边防通行证等。

(2)结算单据和费用,如拨款结算通知单或支票、现金,足够的旅费等。全陪须慎重保管好所带的支票及现金(最好存放在宾馆贵重物品保管柜)。在旅行社、尤其是国内旅行社业务来往中,有时是采用现金支付的方式,全陪所带现金数额往往较大,如不加以妥善保管,易发生意外,这样给自己和旅行社都会带来重大经济损失。

(3)其他物品。复印的旅游团接待计划书、客人名单、分房表、旅游宣传资料、旅游者意见反馈表、行李封条、旅行社徽记、全陪日记等。

(4)回程机票:国内团队的回程机票若是由组团社提供并由全陪带上的,全陪要认真清点,并核对团员名字有无写错。

3. 知识准备

全陪的知识准备主要有两方面:一是有关沿途各站的政治、经济、历史、地理、民俗风情及各游览景点内容和主要特色等方面的概况知识;二是根据旅游者职业、旅游目的,了解旅游团感兴趣的知识。全陪可以把它作为一个专题进行深入细致、全面的了解，如：现代社会专题、中国民俗专题、饮食文化专题、红色旅游专题等，以便行程中选择合适的时间展开专门的讨论。

若是专业旅游团队，全陪则更应在该专业知识方面做好相应准备，尤其是接待国际游客，在专业单词、专业术语上作好充分准备。

4. 形象准备

同前述地陪工作形象准备相同。需特别强调的是全陪必须全程陪同旅游者旅行、游览，工作时间相对较长。全陪导游应带好足够的换洗衣服，以保证全程陪同期间的个人卫生。

请沿此线剪下

请沿此线剪下

请沿此线剪下

学生工作任务

一、组建学习小组

学生根据学习小组建立的程序步骤及原则要求,组建学习小组并填写下表。

学习小组建立

序号	内　容	要　求
1	标　题	《甘肃模拟导游》课程学习小组
2	小组信息	
3	小组公约	
4	小组会议	
5	学习档案	
6	个人学习目标	

请沿此线剪下

二、全陪导游准备资料

根据导游出团、带团物品准备的内容,检查物质材料准备情况,并填写下表。

导游带团携带物品一览表

序号	所携带物品	要求	备注	是	否
1	计划书复印件	不加组团社抬头和联系方式的复印件1份	导游操作		
2	导游接团任务工作单(小派团单)	旅游局的拿一份,公司印刷的拿2~3份	旅游局那份供检查,公司那份留给景点累计人数		
3	经费派团单	公司印刷的大的派团单1份	导游填写后交与计调审核签字,再到财务借钱		
4	入境旅游行程计划单	旅游局范本1份	导游自己填写,需填写完整不能有空格		
5	导游带团日志	旅游局的模版1份	导游自己填写,需真实反映每日团队情况		
6	导游服务质量跟踪调查表	旅游局的模版1~10份	客人填写,至少每3~4位客人填写1份		
7	旅游服务质量监督表	旅游局的模版1份	领队或全陪填写		
8	客人名单	标清客人年龄的名单1份	导游自己操作		
9	接站牌	公司标准接站牌或指定接站牌(简体或繁体字)	导游自己操作		
10	导游证	IC卡未转入本社的,要加盖公章	如因未持导游证产生费用,一切费用由导游自己承担		
11	团款	按经费派团单借款,须有计调签字	保管好团款,如团款丢失,费用自己承担		
12	票据(发票、收据、火车票、机票等)	火车票、机票等要保留好复印件以备报账	导游自己操作,并保证票面金额与现金相符		
13	旗子	旅行社旗帜	从财务处领(30元的押金)		
14	喇叭	腰麦	自备		
15	联系电话本	与旅行社合作的房餐车景点等联系方式	自备		

请沿此线剪下

请沿此线剪下

续　表

序号	所携带物品	要求	备注	是	否
16	名片	需自己填写个人信息	从接待部领		
17	身份证	提醒司机携带身份证	自备,入住酒店时使用		
18	各种签单(房餐景点)	公司统一盖章的签单	所有签单从接待部领		
19	旅游安全提示	一定要讲解,必须所有客人签字	如因未做提示产生问题,一切后果自负		
备注:①导游在接送团时,必须穿工装,佩戴胸牌,女士化淡妆。②团队结束后必须交回2张以上相关团队的照片。③红色字体为团队结束后导游交回的资料。④餐厅和住房的签单导游只携带红色一联,门票签单(晋祠、双塔寺、常家庄园、应县木塔)导游只携带黄色一联,团队结束后从接待部领取交财务的一联。					

工作过程二　导游服务计划

教师工作任务

一、旅游线路设计

（一）旅游线路的含义

旅游线路是指在一定地域空间，旅游经营者针对旅游客源市场的需求，凭借交通路线和交通工具，遵循一定原则，将若干旅游地的旅游吸引物、旅游设施和旅游服务等合理地贯穿起来，专为旅游者开展旅游活动而设计的游览路线。旅游线路是旅游供给和旅游需求联结的纽带，是实现旅游者旅游欲望的重要手段。

旅游线路，在时间上是从旅游者接受旅游经营者提供的服务开始，直至脱离这种服务为止，在内容上包括旅游过程中旅游者利用和享用的一切因素，涉及行、食、住、游、购、娱等诸要素。从旅游服务贯穿于整个旅游过程这一角度看，旅游线路又是旅游产品销售的实际形式。

（二）旅行社线路产品的构成

1. 旅游交通

旅游交通作为旅游业三大支柱之一，是构成旅行社线路产品的重要因素。旅游交通可分为长途交通和短途交通，前者指城市间交通（区间交通），后者指市内接送（区内交通）。交通工具有：民航客机、旅客列车、客运巴士、轮船（或游轮、游船）。旅行社编排线路产品时，对安排旅游交通方式的原则是：便利、安全、快速、舒适、价平。

2. 旅游住宿

住宿一般占旅游者旅游时间的三分之一。旅游住宿是涉及旅行社线路产品质量的重要因素，销售旅行社线路产品时，必须注明下榻饭店的名称、地点、档次以及提供的服务项目等，一经确定，不能随便更改，更不能降低档次、改变服务项目。

旅行社对安排旅游住宿的原则通常是根据旅游者的消费水平来确定的，对普通旅游者而言就是：卫生整洁、经济实惠、服务周到、美观舒适、位置便利。

3. 旅游餐饮

旅游餐饮是旅行社线路产品中的要素之一。旅行社对安排餐饮的原则是：卫生、新鲜、味美、量足、价廉、营养、荤素搭配适宜。

4. 游览观光

游览观光是旅游者最主要的旅游动机,是旅行社线路产品产生吸引力的根本来源,也反映了旅游目的地的品牌与形象。旅行社对安排游览观光景点的原则是:资源品味高、环境氛围好、游览设施齐全、可进入性好、安全保障强等。

5. 娱乐项目

娱乐项目是旅行社线路产品构成的基本要素,也是现代旅游的主体。许多娱乐项目都是参与性很强的活动,能极大地促进旅游者游兴的保持与提高,加深旅游者对旅游目的地的认识。

6. 购物项目

旅行社对安排购物的原则是:购物次数要适当(不能太多),购物时间要合理(不能太长);要选择服务态度好、物美价廉的购物场所,切忌选择那些服务态度差(如强迫交易)、伪劣商品充斥的购物场所。旅行社线路产品中的购物项目分为定点购物和自由购物两种,前者是旅游者到旅行社制定的商店购物,后者是旅游者利用自由活动时间自己选择商店购物。

7. 导游服务

旅行社为旅游者提供导游服务是旅行社线路产品的本质要求,大部分旅行社线路产品中都含有导游服务。导游服务包括地陪、全陪、景点陪同和领队服务,主要是提供翻译、向导、讲解和相关服务。导游服务必须符合国家和行业的有关标准及有关法规,并严格按组团合同的约定提供服务。

8. 旅游保险

旅行社提供旅行社线路产品时,必须向保险公司投保旅行责任险,保险的赔偿范围是由于旅行社的责任致使旅游者在旅游过程中发生人身和财产意外事故而引起的赔偿。

以上各种要素的有机结合,构成了旅行社线路产品的重要内容。旅行社线路产品是一个完整、科学的组合概念,完美的旅行社线路产品是通过最完美的组合而形成的。

(三)旅游线路设计的原则

1. 需求为中心的市场原则

旅游线路设计的关键是适应市场需求。具体而言,就是它必须最大限度地满足旅游者的需求。游客的需求主要包括:去未曾到过的地方增广见闻并拥有多姿的旅程;从日常紧张生活中短暂的解脱,提高情趣,舒畅身心;尽量有效地利用时间而又不太劳累;尽量有效地利用预算;购买廉价而又新奇的东西。

旅游者对旅游线路选择的基本出发点是:时间最省、路径最短、价格最低、景点内容最丰富、最有价值。由于旅游者来自不同的国家和地区,具有不同的身份以及不同的旅游目的,因而,不同的游客群有不同的需求,总的来说分为观光度假型、娱乐消遣型、文化知识型、商务会议型、探亲访友型、主题旅游型、修学旅游型、医疗保健型等。旅游线路设计者应根据不同的游客需求设计出各具特色的线路，而不能千篇一律，缺少生机。

2. 独一无二的特色性原则

特色是旅游产品生命力的所在。旅游线路的设计促使有关部门、单位以及个人依托当地相当丰厚的旅游资源和自身条件，发挥聪明才智，精心打造和组合与众不同、具有持久吸引力的旅游产品和旅游线路，从而推动旅游产品结构和旅游方式的完善。有的景区资源丰富，但缺乏特色产品，影响力小，在很大程度上是由于线路整合缺乏合理性、有效性。

在重点突出人无我有、人有我特主题的同时，还应围绕主题安排丰富多彩的旅游项目。世界上有些事物是独一无二的，如埃及的金字塔、中国的秦始皇兵马俑，这就是特色。由于人类求新求异的心理，单一的观光功能景区和游线难以吸引游客回头，即使是一些著名景区和游线，游客通常观点也是“不可不来，不可再来”。因此，在产品设计上应尽量突出自己的特色，唯此才能具有较大的旅游吸引力。

昆明—大理—丽江—西双版纳旅游线路展现了我国 26 个少数民族绚丽的自然风光，浓郁的民俗文化和宗教特色。如古老的东巴文化、大理白族欢迎客人寓意深长的“三道茶”、有“东方女儿国”之称的泸沽湖畔摩梭人以母系氏族的生活形态闻名于世界、美丽而淳朴的丽江古城以及纳西族妇女奇特的服饰“披星戴月”装，等等。这些都以其绚丽多姿的魅力深深吸引着广大的中外游客留连忘返。这些旅游线路和旅游项目在世界上都是独一无二的，具有不可替代性，体现了“人无我有，人有我特”的独特性。

3. 旅游景点结构合理原则

旅游景点之间的距离要适中，旅游线路中的景点数量要适宜；同一线路的旅游点的游览顺序要科学，尽量避免走重复路线，各旅游景点特色差异突出。

一条好的旅游线路就好比一首成功的交响乐，有时是激昂跌宕的旋律，有时是平缓的过度，都应当有序幕—发展—高潮—尾声。在旅游线路的设计中，应充分考虑旅游者的心理与精力，将游客的心理、兴致与景观特色分布结合起来，注意高潮景点在线路上的分布与布局。旅游活动不能安排得太紧凑，应该有张有弛，而非走马观花，疲于奔命。旅游线路的结构顺序与节奏不同，产生的效果也不同。

4. 旅游交通安排合理原则

交通选择以迅速、舒适、安全、方便为基本标准，与旅程的主题结合，减少候车时间。一次完整的旅游活动，其空间移动分三个阶段：从常住地到旅游地、在旅游地各景区旅行游览、从旅游地返回常住地。这三个阶段可以概括为：进得去、散得开、出得来。

没有通达的交通，就不能保证游客空间移动的顺利进行，会出现交通环节上的压客现象，即使是徒步旅游也离不开道路。因此在设计线路时，即便具有很大潜力，但目前不具备交通要求或交通条件不佳的景点、景区也应慎重考虑。否则,因交通因素导致游客途中颠簸,游速缓慢,影响旅游者的兴致与心境,不能充分实现时间价值。

5. 旅游产品推陈出新原则

旅游市场在日新月异地发展,游客的需求与品位也在不断地变化、提高。为了满足游客追求新奇的心理,旅行社应及时把握旅游市场动态,注重新产品、新线路的开发与研究,并根据市场情况及时推出。一条好的新线路的推出,有时往往能为旅行社带来惊人的收入与效益。即使是一些原有的旅游线路,也可能因为与当前时尚结合而一炮走红。

6. 行程安排机动灵活原则

在设计旅游线路时,不宜将日程安排得过于紧张,应留有一定回旋余地;在具体实施过程中,也必须灵活掌握,以保证落实原计划旅游线路形成中的基本项目为原则,同时也预备局部变通和应付紧急情况。

(四)旅游线路设计形式

注:下列各图中 A,B,C,D,E,F 代表各节点城市;Ⅰ,Ⅱ,Ⅲ,Ⅳ,Ⅴ,Ⅵ代表不同省份;1,2,3,4 代表景区(景点)

1. 全程式旅游线路

全程式旅游线路就是从起始点到终点的整条线路设计出来,如图 3-2-1 所示。

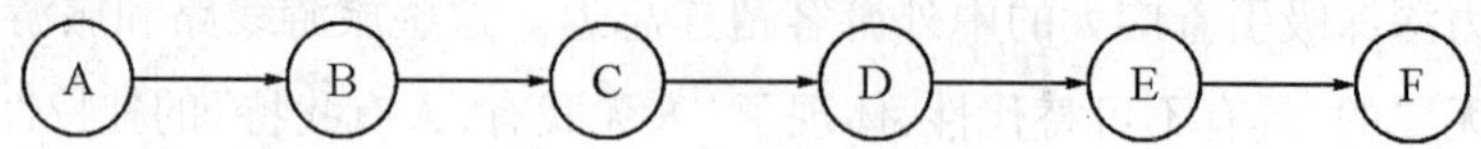

图 3-2-1　**全程式旅游线路示意图**

2. 蛙跳式旅游线路

蛙跳式旅游线路就是旅游者选择线路中的某些城市某些景点去旅游,从一个城市跳跃到另外一个不相邻的城市,如图 3-2-2 所示。

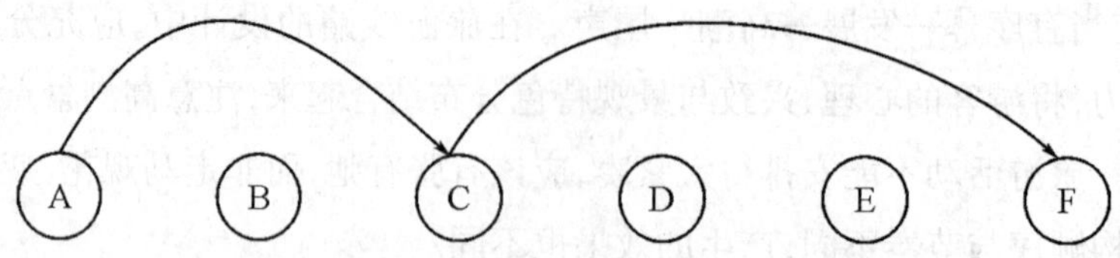

图 3-2-2　**蛙跳式旅游线路示意图**

3. 节段式旅游线路

节段式旅游线路是指旅游者选择旅游线路中某一段进行旅游,如图 3-2-3 所示。

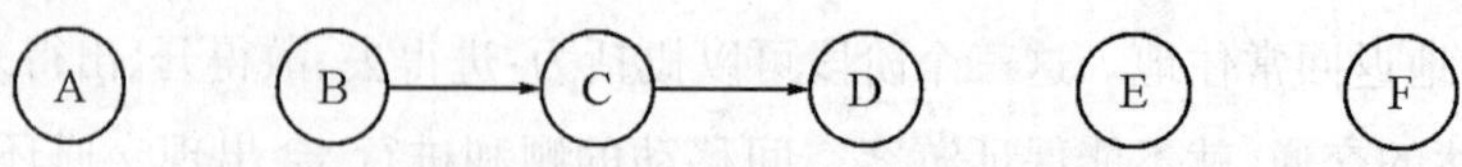

图 3-2-3　**节段式旅游线路示意图**

4. 区块式旅游线路

区块式旅游线路有两种方式，一是指旅游者选择旅游线路中某一个省份，以该省作为旅游目的地，到省内的各城市各景区（点）旅游，如图 3 –2 –4 所示。

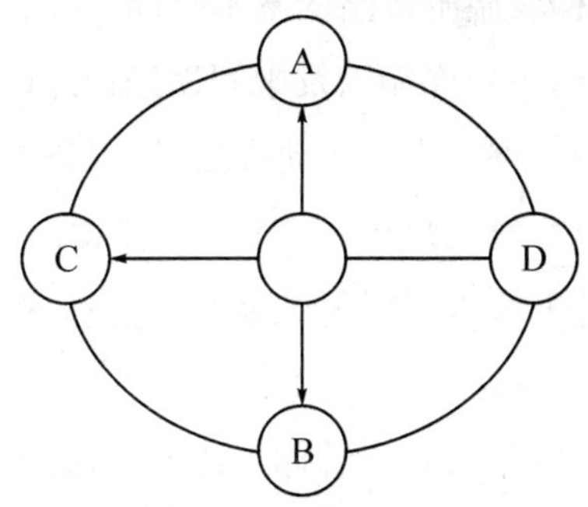

图 3 –2 –4　区块式旅游线路示意图之一

二是指旅游者选择旅游择线路中某几个相邻省份进行旅游，如图 3 –2 –5 所示。

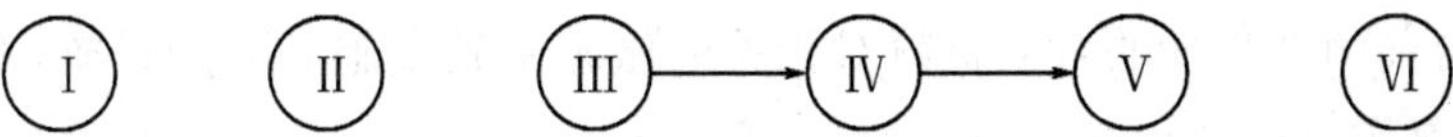

图 3 –2 –5　区块式旅游线路示意图之二

5. 据点式旅游线路

据点式旅游是指旅游者选择旅游线路中某一节点城市，作为旅游据点，围绕该城市，到周边景区进行游览的旅游方式，如图 3 –2 –6 所示。

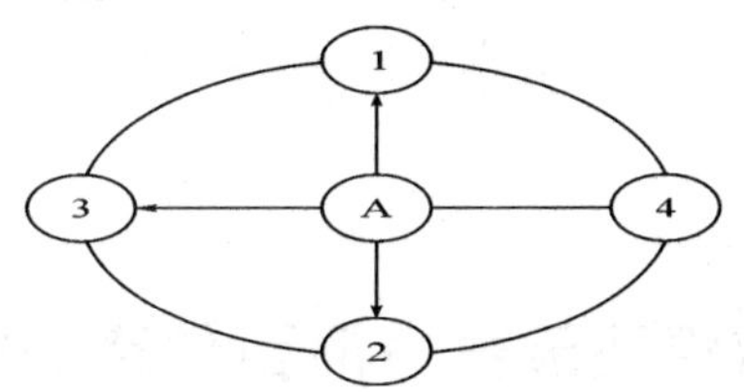

图 3 –2 –6　据点式旅游线路示意图

（五）旅游线路设计的步骤

1. 旅游线路设计的基本内容

旅游线路设计需考虑四类因子：旅游资源（旅游价值）、与旅游可达性密切相关的基础设施、旅游专用设施和旅游成本因子（费用、时间或距离）。旅游线路是构成旅游产品的主体，包括景点、参观项目、饭店、交通、餐饮、购物和娱乐活动等多种要素。旅游线路设计包含以下两个方面的基本内容。

一是要确定线路名称。名称是线路性质、大致内容和设计思路等内容的高度概括，直接反映的是旅游产品的主题。线路名称应简短（4 ~ 10 字），突出主题和富有吸引力。

如:“95 中国民俗风情游”旅游活动系列就是依托风格独特的民俗节庆活动逐月展开,贯穿全年,基本涵盖了我国各个民族传统文化的特点,产品特点极为鲜明。

二是策划线路的具体内容。从形式上看,旅游线路是以一定的交通方式将线路各节点进行合理的连接。节点是构成旅游线路的基本空间单元,一般是城市或独立的风景名胜区。策划旅游线路就是从始端到终端以及中间途经地之间的游览顺序,在线路上合理布局节点。如“93 中国山水风光游”旅游活动推出了 14 条旅游线路,针对国际客源市场把全国的山水风光分为五大片,每大片有一个汇合点(黄山汇合点、黄果树汇合点、长白山汇合点、拉萨汇合点及桂林汇合点),其网络延伸点是张家界、天涯海角、华山、沙湖等。

2. 旅游线路设计的基本步骤

一是确定目标市场的成本因子,它在总体上决定了旅游线路的性质和类型。这是在充分掌握市场信息的前提下做出的判断。

二是根据游客的类型和期望确定组成线路内容的旅游资源基本空间格局,旅游资源的对应旅游价值必须用量化的指标表示出来。

三是结合前两个步骤的背景材料对相关的旅游基础设施和专用设施(住宿等)进行分析,设计出若干可以选择的线路方案。

四是选择最优的旅游线路方案(可以有几条)。其中,第三个步骤的工作最富经验性(技术性),设计中必须对第二步骤给出的基本空间格局不断进行调整,以形成新的、带有综合意义的空间格局。

例:旅游线路设计模板

甘肃飞天旅行社

大漠孤烟直敦煌飞天舞－河西丝路豪华汽车五日游

一、行程特色

1. 赏“大漠孤烟直,长河落日圆”戈壁沙漠风光;
2. 探旅游标志之源,寻张掖丹霞之奇,恋丝绸莫高之美。

二、旅游行程

D1:7 月 16 日(星期二)兰州——武威(含中晚餐)宿:武威商务大酒店

早餐后乘汽车赴素有“银武威”之称的武威市(距兰州约 320km,车行约 4 小时),武威,古称凉州,汉武帝期间,霍去病大败匈奴,汉武帝为彰起“武功军威”故设为武威郡。抵后参观雷台汉墓(门票 50 元,位于市区)雷台是古代祭祀雷神的地方,因在一高约 10m 的土台上有明朝中期建造的雷祖观而得名。它因出土了中国旅游标志——“马踏飞燕”而闻名,据出土文物推测雷台汉墓系“守张掖长张君”之墓。参观武威文庙及西夏博物馆(门票 32 元,位于市区),参观后入住酒店。

D2:7 月 17 日(星期三)武威——张掖——嘉峪关(含早中晚餐)宿:嘉峪关天东宾馆

武威→丹霞地貌 240km→嘉峪关 261km;

酒店早餐后,乘车前往张掖丹霞地貌【80 元(参观约 2 小时)】又名五彩丹霞山,张掖丹霞地貌奇观形成于 600 万年前,位于张掖市临泽、肃南县境内,面积约 510 多 km^2。这里是国内唯一的丹霞地貌与彩色丘陵景观复合区,被《中国国家地理》杂志评为中国最美的七大丹霞地貌之一,参观位于张掖市内,因室内有一尊亚洲最大的卧佛而得名的张掖大佛寺【41 元(参观约 1 小时)】,随后晚餐餐后驱车前往嘉峪关,抵达嘉峪关后,入住酒店休息。

D3:7 月 18 日(星期四)嘉峪关——敦煌(含早中餐)宿:敦煌阳光大酒店

嘉峪关→敦煌

汽车嘉峪关→城楼 8km 约 20 分钟;嘉峪关→敦煌 400km 约 5 小时

酒店早餐后,嘉峪关出发参观万里长城最西边的关口,史称“河西咽喉”的天下第一雄关—【嘉峪关城楼 121 元(参观约 2 小时)】,以及城外四周广莫无边的隔壁滩,感受嘉峪关威严壮美的风光,结束后驱车前往敦煌,抵达敦煌后入住酒店休息。

D4:7 月 18 日(星期五)敦煌——莫高窟——兰州(含早中餐)宿:火车

敦煌→莫高窟 35km,约 0.5 小时→鸣沙山月牙泉 10km

早敦煌酒店出发,前往游览被载入《世界文化遗产名录》的东方佛教文化圣地—莫高窟【180 元】莫高窟现今保存有 492 个石窟,壁画 1045 幅,塑像 2500 尊,色彩绚丽,形象逼真,栩栩如生,可谓是一个精美绝伦的佛教艺术画廊,一部价值连城的社会历史文献,午餐后游览沙漠奇观——鸣沙山、月牙泉【120 元】,参观结束后乘火车坐返回兰州。

D5:7 月 19 日(星期六)返程

早九点半左右抵达兰州,结束愉快的旅行,返回温馨的家!

三、报价

成人价格:2 180 元

小孩价格:720 元

四、费用包含

(1)【住宿】:三星酒店双人标准间(单男单女需要缴纳单房差)

(2)【用餐】:团队用餐十人一桌8菜1汤

(3)【导游】:国语导游讲解服务(讲解内容:地理位置,气候条件,风土人情,文化历史,旅游景点等详细讲解)

(4)【用车】:当地旅游车(团队用车可以根据客人要求另行协商安排)

(5)【门票】:行程所列景点首道门票(标注"自理"或"不含"的除外)

(6)【保险】:旅游者意外险、旅行社责任险

(7)【其他】:敦煌－兰州硬卧火车票

五、费用不包括

(1)游船、骑马、骑骆驼、滑沙、缆车等自费项目;

(2)返回兰州的餐费。

六、注意事项

(1)请旅游者准备便于旅行的衣物,旅游鞋、雨具、防晒霜、太阳镜、拖鞋、相机、胶卷以及常用药品,如创可贴、晕车船药、感冒药等做到有备无患。

(2)爱护文物古迹,尊重当地风俗习惯,注意饮食卫生,在景区内的地摊上购物防止上当受骗。

(3)旅游风景区中人多且杂,贵重物品和钱款请随身携带,并注意保管。

(4)因人力不可抗拒因素造成景点变化或其他损失,我社不承担损失,游客在行程中擅自离团,只退未参观景点门票。

(5)旅行社在不减少景点的情况下有权根据现况调整行程。

七、导游图

地址：兰州市天水路 888 号邮编：730000

联系人：吴品康传真：0931－88888888

二、信息引导

教师根据学生提出的问题，提供所需资料，并指导学生完成旅游线路设计。

学生工作任务

一、分析旅游线路设计思维导图

根据旅游线路设计思维导图，分析旅游线路设计的过程，并写出分析结果。

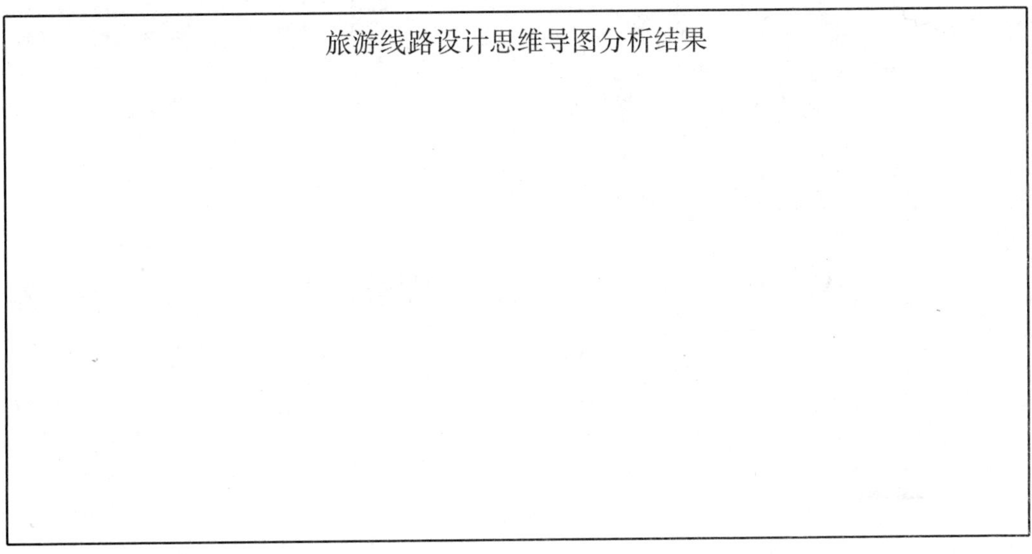

旅游线路设计思维导图

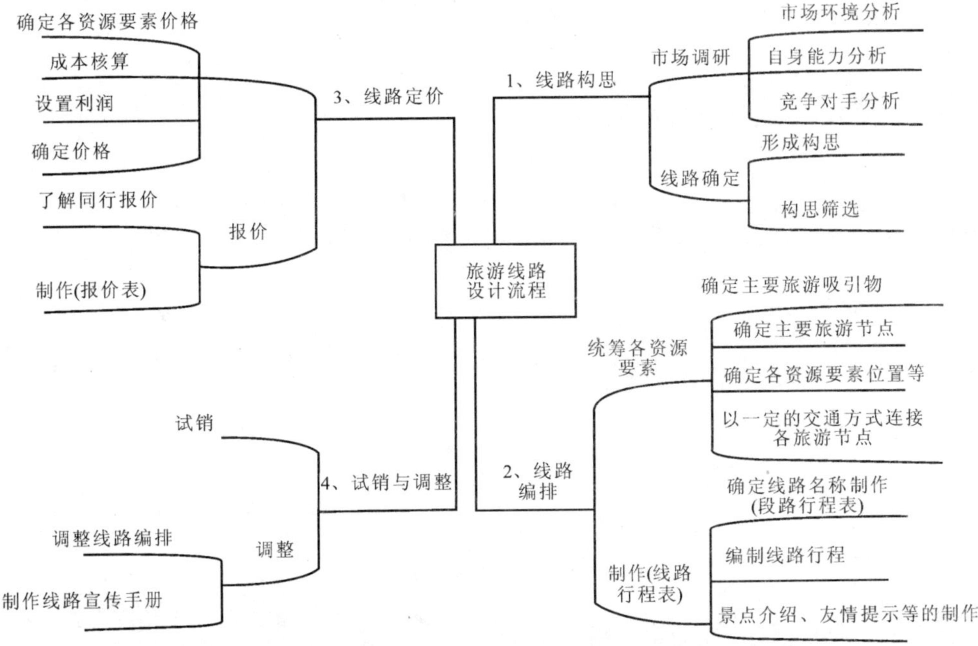

请沿此线剪下

二、设计一条旅游线路

根据旅游线路设计的步骤以及旅游线路设计模板,设计完成一条符合不同游客需求的旅游线路。

旅游线路设计模板

公司标志　　　　　　　　　　公司名称

线路名称:

一、行程特色

1.

2.

3.

二、旅游行程

D1(日期)A 地——B 地(含中晚餐)宿:××酒店

D2(日期)B 地——C 地(含早中晚餐)宿:××酒店

D3(日期)C 地——A 地(含早中餐)

请沿此线剪下

请沿此线剪下

三、报价

成人价格:
小孩价格:

四、费用包含

1.
2.
3.

五、费用不包括

1.
2.
3.

六、注意事项

1.
2.
3.

七、导游图

地址:　　　　邮编:
联系人:　　　　传真:

请沿此线剪下

三、旅游线路报价

根据你设计的旅游行程安排，填写旅游线路报价表。

日期	线路名称	交通工具	行程安排	餐饮	购物	住宿	标准
月 日		1. 往返乘坐交通工具：具体车次或航班次，车次与航班的标准（如硬卧、软卧、舱位等） 2. 出发：早（时分）在（）集合，时分出发（行程约为小时） 3. 游览期间交通：旅游车具体型号、车号、档次，如金龙、空调旅游车，多少座等 4. 几时几分集合，乘车返回宾馆（车程约小时），结束愉快行程	1. 参观游览项目的具体内容（注明游览时间）； 2. 自由活动的内容（注明时间）； 3. 另行付费的游览项目（注明游览时间、价格）	午餐：元/人（10人一桌，几菜几汤） 晚餐：元/人（10人一桌，几菜几汤，两餐均需注明宾馆内/外就餐）	1. 购物次数， 2. 购物场所的名称（注明停留时间）	住：××宾馆（档次介绍，如几星级，双人标准间等）；渔家乐需注明住几人间，配套设施情况等	
月 日		1. 从宾馆出发时间：早（时分）在（）集合，几时几分出发（行程约为小时） 2. 游览期间交通：旅游车具体型号、车号、档次，如金龙、空调旅游车，多少座等 3. 几时几分集合，乘车返回宾馆（车程约小时）	1. 参观游览项目的具体内容（注明游览时间）； 2. 自由活动的内容（注明时间）； 3. 另行付费的游览项目（注明游览时间、价格）	早餐：元/人 午餐：元/人（10人一桌，几菜几汤） 晚餐：元/人（10人一桌，几菜几汤，三餐均需注明宾馆内/外就餐）	1. 购物次数， 2. 购物场所的名称（注明停留时间）	住：××宾馆（档次介绍，如几星级，双人标准间等）；渔家乐需注明住几人间，配套设施情况等	元/人 含：往返大交通、景点第一大道大门票、餐费、旅游车费用、住宿费、导游服务费。 不含：如推荐购买意外险、自由活动餐费、自费项目等
月 日		1. 从宾馆出发时间：早（几时几分）在（）集合，时分出发（行程约为小时） 2. 游览期间交通：旅游车具体型号、车号、档次，如金龙、空调旅游车，多少座等 3. 返程：几时几分集合，乘坐交通工具返回烟台（行程约小时）	1. 参观游览项目的具体内容（注明游览时间）； 2. 自由活动的内容（注明时间）； 3. 另行付费的游览项目（注明游览时间、价格）	早餐：元/人 午餐：元/人（10人一桌，几菜几汤，两餐均需注明宾馆内/外就餐）	1. 购物次数， 2. 购物场所的名称（注明停留时间）		

请沿此线剪下
请沿此线剪下

工作过程三　导游服务实施

教师工作任务

一、导游服务实施

（一）迎接服务

1. 入境团队首站迎接服务

全陪应提早几个小时或一天到达旅游团抵达的首站城市，并与地接社取得联系，通报团队情况，并商定与地陪、司机一起去接站的时间、见面地点。

(1)全陪应提前30分钟到达接站地点(如机场、车站、码头等)与地陪一起迎接旅游团(者)。

(2)全陪应协助地陪尽快找到旅游团，与旅游团(者)联系上后，应向该团领队(随员、陪同)做自我介绍，提供名片，核实团队的人数及有关情况，向地陪了解本站接待工作的详细安排情况。

(3)协助领队向地陪交接行李，协助地陪引导旅游者上车。

(4)致欢迎词。上车后，全陪应首先代表接待旅行社和本人向旅游团(者)致迎词(内容同地陪的欢迎词相似，同时应将地陪介绍给全团)。要突出全陪的工作重点和旨意以及此次旅游的线路特点。致欢迎词后，全陪还要向旅游团说明行程中应该注意的问题和一些具体的要求，以求团队旅行顺利、愉快。

2. 进住饭店服务

(1)主动协助领队办理住店手续

全陪应与地陪一起主动协助领队办理旅游团的住店手续；如无领队，则由全陪办理旅游团的住店手续。

(2)分配住房

请领队分配住房，但全陪要掌握住房分配名单，并与领队互通各自房号以便联系；如无领队，而旅游团是单位组团的话，则请旅游团负责人(游客之一)分配住房；如无领队，而旅游团又是散客成团，则仍是由全陪根据观察合理分配住房。同时，提醒客人在总台办理贵重物品及钱款的寄存手续。

安排分配住房一要预告饭店的基本情况(建筑年代、星级标准、房间数目、出租率以及服务水平，告诉客人传真、电话怎么用，店内设施的营业时间、房内闭路电视使用及收费、周围的环境、是否靠近景点，周围都有哪些商场、娱乐设施、交通条件，总之，饭店设施介绍地越详尽越好。二要快捷入住酒店。在大厅找地方让客人先休息下来，分给他们一些杂志，小册子，景点介绍等；在客人休息时，同领队一起将准备好的住房名单交给前台；将安顿好的名单复印 3 份保留好，想得周到，准备充分，入住时不慌不乱。三要快速入房。照顾游客进房间，帮助客人学会用饭店客房的钥匙，帮助客人安排好行李，帮助客人看看房间是否打扫干净，是否缺东西；带领客人用好第一餐，明确特殊要求，餐饮标准；提醒客人入住后看看"饭店注意事项"和"服务指南"，以便不违反规定，又能充分享受饭店的服务；提醒客人妥善保管好自己的贵重财物；提醒客人收拾，保管好自己的个人用品；房间电话的使用方法，国际，国内电话如何使用；提醒游客如有不知道的情况，最好问问服务员，不要自作主张，这样就可以使游客感受到你服务的高水平。

(3)引导旅游者进入房间

全陪应与地陪一起热情引导旅游者进入房间，并及时向饭店总台反映和协助处理客人就客房设施、卫生等方面可能提出的问题。但导游应注意，非工作需要，一般导游不要到旅游者房间去，尤其不要到异性旅游者房间去。即使是工作需要，能通过电话解决的，则通过电话解决。

(4)协助地陪与饭店行李员将行李分送到每位客人房间

如旅游团行李是专门运送的，则全陪应与地陪、饭店行李员一起，将客人行李分送至客人房间，并与客人核实，行李分发是否准确、有无损坏。

(5)记下地陪的联络方法，如电话或手机号码，并承担照顾旅游团(者)的责任

3. 核对商定旅游日程

住店手续办好后，全陪应主动和领队或随员对旅游日程做一次核对。接待一般旅游团队，地陪只需和领队、全陪商量、核定旅游日程即可。如果接待重要旅游团队，则要先征求领队、地陪的意见，然后尽可能和全体旅游者商量、核定旅游日程。如有变更，或有新的特殊要求，只要是符合旅游合同而又可能做到的，都应尽力满足；如难以做到的，应做好解释协商工作；对日程的变更，如全陪不能确定，应及时反馈给组团社，请旅行社领导指示。

日程修改的一般原则为：以组团社制定的接待计划为依据，与地陪一同征求领队的意见，尽量避免大的修改；在可能的前提下，小的变动可主随客便。对客人的合理要求，又能满足的项目，全陪应与地陪协商，积极安排；对违反我国法律国情的要求，应据理说明；日程商定后由领队向全团宣布。

全陪接待计划单

TO:(地接社)________________ Fax:____________

FM:(组团社)________________ Fax:____________

日期:____________________

____________旅行社团接待计划

<table>
<tr><td colspan="2">组团社团号</td><td colspan="3"></td><td colspan="2">总人数</td><td></td></tr>
<tr><td colspan="2">接团社团号</td><td colspan="3"></td><td colspan="2">住房间数</td><td></td></tr>
<tr><td colspan="2">出发日期</td><td colspan="3"></td><td colspan="2" rowspan="2">机票电脑号</td><td rowspan="2"></td></tr>
<tr><td colspan="2">返回日期</td><td colspan="3"></td></tr>
<tr><td colspan="8">日　程　安　排</td></tr>
<tr><td>日序</td><td>日期</td><td>星期</td><td>交通</td><td>抵离时间、地点</td><td>饭店</td><td>用餐</td><td>参观游览节目</td></tr>
<tr><td>1</td><td></td><td></td><td></td><td></td><td></td><td></td><td></td></tr>
<tr><td>2</td><td></td><td></td><td></td><td></td><td></td><td></td><td></td></tr>
<tr><td>3</td><td></td><td></td><td></td><td></td><td></td><td></td><td></td></tr>
<tr><td>4</td><td></td><td></td><td></td><td></td><td></td><td></td><td></td></tr>
<tr><td>5</td><td></td><td></td><td></td><td></td><td></td><td></td><td></td></tr>
<tr><td>6</td><td></td><td></td><td></td><td></td><td></td><td></td><td></td></tr>
<tr><td>7</td><td></td><td></td><td></td><td></td><td></td><td></td><td></td></tr>
<tr><td>8</td><td></td><td></td><td></td><td></td><td></td><td></td><td></td></tr>
<tr><td>9</td><td></td><td></td><td></td><td></td><td></td><td></td><td></td></tr>
</table>

计划说明:

1. 该团最后确认______人,住房______双人间(见名单)。

2. 执行价格每人______________。报价含旅游人身意外保险费。

3. 机场税客人自理。

4. 请细心安排该团全程接待,安排有空调、性能好的旅游车,确保行程顺利安全。

5. 客人如要求增加其他景点,费用请现收。

6. 请派负责任的优秀导游上该团,确保接团质量,一旦发生不如意事情请务必在当地解决。

已按以下各地接待旅行社联系人、电话通知客户:

________旅行社联系电话:______________ 传真:______________

联 系 人:______________ 手机:______________

________旅行社联系电话:____________传真:__________

联 系 人:____________手机:__________

旅游团名单登记表

序号	姓 名	性别	出生年月	身份证号码/护照号码	本人电话	家庭电话	备 注

(二)各站服务

1. 联络工作

全陪要做好各站间的联络工作,架起联络沟通的桥梁。抵达下一站后,全陪应主动把旅游团在前几站的情况通报给地陪,如旅游团对饮食的要求、旅游者的兴趣爱好及特性、个别比较挑剔的游客的个性及要求、旅游团在上一站旅游的影响等,以便地陪能采取更主动、更有效、更有针对性的工作方法。另外,如果实际行程和计划有出入时,全陪要及时通知下一站。

2. 监督与协作

全陪作为组团社的代表,代表的是组团社和游客的利益。一旦地接社或地陪在接待服务中没有按标准提供服务,游客首先会投诉组团社,组团社的名誉必定受损。因此,全陪要严格按照旅游接待计划和旅游团队协议书来评价、检查、监督各站旅游产品的供给质量,协助地陪做好服务工作,确保旅游服务质量。

首先,全陪要通过观察或向游客了解等方式检查各地旅游服务质量,如交通、住宿、饮食、景点、地陪服务等。发现有降低质量标准的现象和克扣费用的行为,要及时向地陪提出改正与补偿,必要时向旅行社报告。其次,全陪和地陪的目标是共同的,他们都是通过自己的服务,使旅游者获得一次美好的经历,并以此来树立自己旅行社的品牌。因此,作为全陪,应协助地陪做好服务工作,而且必要的监督是协助基础上的督促指导,二者相辅相成。

3. 旅行过程中的服务工作

(1)生活服务

出发、返回、上车、下车时要协助地陪清点人数,照顾年老体弱的旅游者上下车;游览过程中全陪一般走在旅游团队的后面,留意旅游者的举动,防止旅游者走失和意外事件的发生,以确保旅游者人身、财产安全;按照“合理而可能”的原则,帮助解决旅游者旅行过程中的一些疑难问题。

(2)讲解服务和文娱活动

作为全陪,提供讲解服务固然不是最重要的,但适当地讲解仍是必需的。尤其是上下两站之间,乘坐火车、轮船、飞机较长时间的旅行,全陪要提供一定的讲解服务,其讲解内容一般是旅游者感兴趣的。此外,为防止长途旅行时团队气氛沉闷,全陪还要组织旅游者开展一些文娱活动,如唱歌、讲故事、讲笑话等。形式上力求丰富多彩,同时又要有吸引力,使旅游者能参与,并努力营造融洽气氛,使旅游团的成员有强烈的团队精神。

(3)全陪"吃"的服务

美食对于游客来说是非常重要的一环,有一项重要的内容就是品美食。游客们首先要吃饱,这样才有足够的体力完成游程,同时要求吃好,吃得有品位、有文化。品尝美食是一项重要的旅游活动,各地饮食也是当地重要的旅游资源。品尝各地美食的同时也是一种文化交流的过程,各地的特色美食会给游客的节目单上平添许多内容。在旅游过程中,有的游客为了能尝尽当地的美味,而要求延长旅游期限。丰富的美食不仅能丰富游客的旅途生活,还能为游客增添"回家"后的"谈资"。更有甚者,好吃者们还专门组团出游,成为特色美食旅游团,因此在当地提供"吃"的服务相当重要。

游客到达旅游目的地后,都希望能吃得饱、吃得好、吃当地特色风味与小吃。"吃"——即饮食,在经历千百年的发展后都出现了鲜明的地方特色,与当地的自然环境、居民有着密切的关系。饮食不仅自身成为一种文化,同时它又涉及多种文化,涉及更广泛的自然及社会科学,是地域文化的一种最容易被游客"发现"并能直接"体验"的文化。

在全程旅游活动中,饮食极为重要,只有吃得饱,才有精力去旅游;只有吃得好,才能游得好;只有吃得干净,吃得卫生,才能游得愉快,游得顺利。

①导游员安排"吃"的技巧:

一要在充分分析游客的客源地、民族、宗教信仰、年龄、身体条件等后,根据旅行社的安排为游客订餐。不同地区有不同的风味,来自不同国家和地区的游客有不同的口味和饮食习惯。导游员在安排游客用餐时,一定要向餐厅工作人员讲清游客的口味要求和餐标。在具体安排用餐时,要注意地方风味与游客的习惯饮食有机搭配。风味虽然有特色,不一定符合游客的口味。在向游客介绍餐食时,一定要向游客讲清用餐的要求,哪些是免费的,哪些是需要游客自己现付的,而且必须在用餐前向游客交代清楚,以免带来不必要的麻烦,有时游客还会认为是导游员在欺骗游客。

二要向游客介绍旅游目的地的特色餐食,在介绍中突出文化内涵。游客出门旅游都希望能品尝当地的风味,因此导游员在实际导游过程中,要相应地向游客介绍当地的美食。中国的饮食文化享誉全球,中国有烹饪王国的美誉。中国美食是中国文化的一个重要的组成部分,中国菜讲究色、香、味、形、器、意,导游员在向游客讲解介绍美食时,一定要注意中国菜中所包含的文化内涵,引导游客正确欣赏和品尝中国美食。

三要向游客介绍特色风味及食用程序及方法。

在游客用餐的过程中,导游员要坚守岗位,适时地向游客介绍各种当地的特色风味。有时也可以选择在来餐厅的路上,或在游览中涉及相关饮食问题时,适时向游客介绍。但要注意一点,在行程安排没有安排的特色风味,在讲解中应该适当省略。如果游客问到,可以介绍,但要提前告之,费用自理。

有的美食在吃法上别具一格,没有掌握正确的吃法和吃的程序,就不能真正体验到特色美食之"美味",有时还会出现意外,让游客受到伤害。

②"吃"的导游讲解对导游员的要求:

一是要有较高的文化素养,全面了解中国饮食文化。

中国美食驰名中外,品尝享受中国的佳肴美味是游客在旅游过程中的一项重要内容。一次风味美食,一次成功的中国式宴席,其中包括为了餐厅服务的美术工艺,为饮食活动服务的音乐、礼节、仪式、厨师的烹饪技艺、职业道德修养等,几乎包含了中国美食中美学的全面内容。对于外国游客,从某种意义上说,一次中国美食活动,可以看成是全面了解和欣赏中国文化的突破口。

二是懂得中国美食菜肴的特点及欣赏途径,引导游客审美,讲解要绘声绘色,让游客有津津有味之感。导游员在陪同游客用餐,特别是品尝风味或出席宴会的时候,不仅仅是指导他们吃的问题,更重要的是通过"吃"向游客展示中国博大精深的文化,引导游客用美食家的眼光来体察中国各地食品菜肴之美。

三是掌握中国各大菜系的特点,了解一些基本的制作方法,要讲出本地菜的特点。由于中国地大物博,各地资源与环境特色各异,人们的口味也各不尽同,在长期的历史发展进程中,形成了各具特色的菜系。每个菜系具有其独特的原料、工艺和口味特色。在讲本地菜时要善于抓住典型特征,理论分析与实证相结合,注意适当结合传说故事。了解地方饮食的特色,注意饮食与地方民俗的结合。

四是要了解所接待游客的饮食习惯和要求。不同地区的游客其口味差别是较大的,不同年龄段的游客对食品的喜好也有所不同。因此在介绍当地特产美食时要有针对性,同时要兼顾到游客的宗教信仰等对饮食的要求。

五是对"吃"的讲解要合时宜。灵活运用导游讲解方法,同时要合时宜。通常介绍"吃"是在去往餐厅的路途中,或由于某种特殊事物引发而讲,不能为了讲"吃"而讲"吃"。特别是游客刚用完餐,没有任何胃口的的情况下,游客对导游员所介绍的"吃"是不会留下深刻印象的。

③“吃”的讲解途径与技巧

一是菜肴审美讲解。中国菜系众多,具体菜式特色各异,但从菜肴的审美和体验来看,又具有共性。导游员在向游客介绍中国饮食,特别是中国菜肴时应注意从以下几方面介绍并引导游客获得美的感受。从色的角度:颜色的选择,主要依靠原料本色,也可人工染色。配色协调,如同绿叶而附“红花”。让游客的眼睛得到享受——饱眼福。从香的角度:再好看的菜,没有香气就不成为佳肴。天然的原料香、肉香、青菜香、花香等,都能使人受到陶冶。让游客的鼻子得到熏陶——饱鼻福。从味的角度:味与香联系紧密,“五味调和百味香”这句俗语道出了味与香的内在统一关系。中国“五味”与阴阳五行说有哲理上的内在联系。五味指酸、甜、苦、辣、咸,而事实上,在饮食中单一的某味一般是不存在的,绝大部分是复合味,即以某种味的倾向性为主,同时具有各种味感。例如,甜菜以甜为主,往往微带酸味、苦味(以百合、莲子、橘瓣烧成的甜菜即如此)。四川苦瓜以苦为主,苦中带咸。扬州红烧鱼可谓最讲究者,其佐料加至二十多种:葱、姜、糖、油、酒、盐、醋、酱等,无所不包,其丰富达到了一般菜难以涉及的程度,细细品味,方感其妙无穷。让游客的嘴得到享受——饱口福。从型的角度:中国菜点十分讲究造型,其工艺性表现在刀工与火候的掌握上。如盘中的“四拼”“八拼”“孔雀”,热菜中的“龙凤呈祥”“龙虎斗”“金鱼”“彩蝶”,还有萝卜雕花、西瓜盅及各种蛋糕等,都首先给人以栩栩如生的美妙形象——饱眼福。从质的角度:“饮食之道,所尚在质”,是古人美食的亲身感受。这里所谓质,无疑包括营养卫生质量、烹调技术因素等,但最主要的则是质地,即以触感亦口感为对象的松、软、脆、嫩、酥、滑、爽等方面的内涵——再饱口福。从器皿的角度:美食与美器的和谐统一,是中国传统烹饪艺术的一个重要组成部分,中国菜不仅讲究菜肴本身的色、香、味,一道可口的菜肴,还要能满足人们的视觉享受,菜肴的“型”必须有相应的“器”与之搭配才能使其保持完美。器皿对菜肴的色也起到补充和发挥作用,有些器皿对菜肴“味”的形成与保存起到了关键的作用。餐具是菜点造型的有机组成部分。对餐具的使用,不仅要求与菜肴的形式和内容协调一致,还应尽可能地与进食者审美心理、宴会主题、宴会环境以及与服务人员的服饰风格取得协调。例如椭圆形盘用以装鱼,盆用以盛汤,粉彩瓷器用以配富丽堂皇的菜点造型,青花瓷器用以配清淡幽雅的菜点造型,云纹配龙形,水纹配鱼形等。从菜名的角度:中国饮食文化中,除讲究菜的用料、刀工、火候等技术外,一道名菜往往有一个特殊的名字。这些菜名有的直接讲出菜肴的味,如“鱼香肉丝”。有的既包含传说又间接说明了制作方法,如“叫化鸡”。还有的让人琢磨不透,如“佛跳墙”等。导游员在导游讲解中,应灵活地借用特色鲜明的菜名,向游客介绍历史悠久的中国饮食文化——饱耳福。

中国菜点审美的最高境界是意境的实现,但这种实现多在主题明确的正规宴会之中,例如:文人雅集的潇洒风流,丧宴的肃穆悲凉……这些意境的实现都要求菜点的品种、烹法等各方面严密配合,围绕主题,实现意境。

总之,中国菜点的内容、形式、范围是十分广阔的,它实质上是一种以品味为媒介的、多角多元的中国文化艺术的综合欣赏。因此,对中国菜点的品味和欣赏,必须具备较全面文化素养,方能深入地体味其中无穷的意味。导游员要指导旅游者成为美食家,同时也要启发他们成为饮食文化的欣赏者。

二是菜肴的特色讲解。在向游客介绍讲解菜肴时,根据中国菜的特点,讲解中应包括以下内容:讲原料:选料是中国厨师的首要技艺,是做好一道中国菜的基础。因此,导游员在具体介绍一道菜时,首先要介绍菜的选料。中国烹饪所用原料十分丰富,主要可分为:主料、配料、辅料和调料等。而选料的指导思想是——"精""细"二字。即孔子所说的"食不厌精,脍不厌细"。中国菜在选料时要考虑其品种、产地、季节和生长期,以鲜嫩、质优为佳,并注意选料的部位。讲刀工和火候:刀工是制作菜肴的一个重要环节,刀工的好坏直接影响菜肴的色、形、味。火候是烹饪中最重要的事,是形成菜肴风味特色的关键之一,掌握火候是厨师的一门绝技。火候掌握的恰当适宜,是保证菜肴色、香、味、形、营养的关键。讲烹饪方法:烹饪方法是我国烹饪技艺的核心,其实质主要是对热能的运用。火力的大小、强弱、时间的长短及不同的运用方法,产生了许多不同的加热效果,从而形成了丰富多彩的烹饪方法,如炸、炒、熘、爆、炖、烹、煸、煮、焖、烤、烧、烩、煎、涮、蒸、煲、煨等,同时也包括用于凉菜制作的卤、腌、拌、炝等。讲调味、讲营养:调味也是烹调的一种重要技艺,"五味调和百味香"。中国菜的调味手法有基本调味、定型调味和辅助调味三种。不同的菜系有不同的调味体系。中国菜在菜肴的选料和搭配上十分讲究菜肴的营养搭配,特别讲究食疗和饮食对身体的影响。不同的季节和不同身体条件的人食用的菜肴是有所不同的,即使是同一原料,季节不同、地域不同,烹制的方法也有较大的差异。讲解特色风味中所包含的风情——"风味里面有风情"。俗话说:"民以食为天,食以味为先。"由于各地物产、气候、习俗和传统不同,不同地方的口味有很大的差异,又形成了各自的特色。在旅游过程中,游客十分关心当地方风味。风味的菜点都要来自民间某乡某地,把当地与风味有关的风俗民情介绍给饮食者,会使"风味"更具"风味"。所谓风味,就是按照地源地域或以当地传统工艺及土特产品为原料制作的菜点,形成了独具特色的风味流派。讲"吃"的程序:一次宴会也是一曲美妙的乐章。宴席或风味餐,在旅游活动的节目表上是个重要的节目,可以说食者是观众,供食者是演员。由于中国菜点的千变万化,宴席主题与意境的形形色色,上菜程序实际上是不固定的。这里仅从不固定的程序中抽出一般程式,并从中窥察中国宴席菜点品尝中的时空节奏韵律的艺术之美。这一般性的程式被专家们概括为五道启承转合的程序。第一道程序是品尝冷菜。从口味上讲,冷菜的特点是冷,可供长时间品尝,口味不变:从生理即腹胃承受力上讲,一开始也不宜猛刺激。因此,冷菜便于慢慢品尝,相当于音乐戏戏剧的序曲部分,节奏缓慢。这一阶段,如是大型宴会,则可安排宾主致辞;小型便宴,也便于交流感情,国宴则更应于品尝之前演奏国歌。第二道程序是品尝热炒。由此开始,便是初入高潮,因为热菜不宜冷吃,品尝频率加快。热菜又分炒菜、烧菜等。炒菜作为热菜中的先锋,将宴席推入第一高潮,口味也由冷菜的以淡为主渐而入浓。第三道程序是品尝烧菜。口味更浓,节奏也更快,宴席进入第二高潮。第一高潮过后,正规宴席有时由服务员递上手巾,由宾客擦擦脸手,算是一个小小的间隙过渡,为进入最高潮作好准备。第四道程序是品尝头菜,头菜又称主菜,是一场宴席中最重要的菜。头菜的品种皆根据宴席主题或宾客需要等具体情况而定,或烧或烩,或蒸或扒,常见的有烧鸭、十锦火锅、海参蹄筋等。民间婚宴在上头菜时,由新婚夫妇向来宾敬酒,宾客欢呼腾跃,气氛达到最高潮。一般中餐西吃的宴席在上主菜时由服务员用中、外语言介绍菜点特色以及有关的传说故事,宾客群情振奋,争相照相留影。进入品尝时则一抢而空,宴席进入最高潮。第五道程序是甜菜、清汤、果点,宴席进入尾声。口味甜淡平和,余味无穷。如果将这五道程序用音乐关系程式来表示,可大致相当于这样的节奏程式:冷菜(序曲)——热菜(初入高潮)——烧菜(第二高潮)——主菜(最高潮)——甜菜——清汤、果点(尾声)。在这样的节奏中,配上适当的音乐、礼仪、游戏(如传统宴席中的酒曲、酒令、击鼓传花)等,尤其是服务员的服务手法,主旋律之外又有副旋律的和声,就形成了一首优美动听的民族乐章。

(4)为旅游者当好购物参谋

旅游购物是旅游过程的延伸和物化,它对丰富旅游内容、提高旅游目的地形象、增加旅游收入、扩大社会效益都有极其重要的作用。一般而言,世界发达国家,从游客购物中所得收入占总旅游收入的近1/3。而我国目前这一比例还很低。作为导游员,应当明确:协助"购物"是导游的责任之一。做好"导购"工作可增加当地收入,对促进所在地的经济发展有一定作用。发展旅游购物品的生产和销售也可大大提高一个地区的资源综合利用水平,推动区域产业结构的调整。重视游客购物开发和市场的开拓,对于促进国内、国际旅游的发展,加速旅游目的地地区经济发展都有重要意义。

在旅游活动中,人们每到一地,除参观游览景点,品尝特色风味外,游客都希望能购买一些特色商品以作纪念或回家后馈赠亲友。但除少数游客是以购物为旅游主要目的外,对大多数游客来说,购物只是一项附带活动。

①导游购的服务原则:

一是遵循"需要购物、愿意购物"的原则。购物是旅游活动六大要素中的一项,同时也是游客的旅游动机之一。做好游客的购物服务能更全面地让游客满意。导游员在带团过程中要正确处理好参观游览活动与购物之间的关系,绝不能因购物而影响游客在景区(点)的游览活动。在安排购物活动之前要征询领队及游客的意见,尽可能地尊重游客合理而可能的要求。如果游客主动要求购物,导游人员要在不影响游览行程的前提下,尽量予以安排。

在向游客提供购物服务时,导游员要遵循的服务原则是:既要让游客购物,更要让游客购物后称心满意。导游员的购物服务必须建立在游客"需要购物、愿意购物"的基础上。

二是在服务中当顾问,不当推销员。事实上,购物是每个游客必不可少的一项活动。任何一个游客,都会以极大的兴趣,在异国他乡购买他们所喜爱的工艺品或名特产品。但是,他们又都缺乏对产品的了解,加上时间仓促,如果没有导游员当好顾问,是很难称心如意的。如果旅游者买了不称心的物品,即使回到家里,也直接影响了"美好的回忆"这个完整的旅游产品的形象。因此,当好旅游者的购物顾问,无疑是导游员在完成旅游产品过程中不可缺少的一道工序。强调当好顾问,并不是要导游员做推销员,而是强调向旅游者客观介绍一些货真价实的旅游纪念品和名特产品。在为游客当购物顾问时要确定一个标准,那就是"三性兼备",即具有纪念性、艺术性、实用性,客观地介绍产品的特性,把买卖关系建立在自觉自愿的基础上。同时,对旅游者感兴趣而又有疑问的地方交待清楚,不要使游客感到有劝购的压力,而要给予一种责任感,以便他下定"购"或"不购"的决心。

三是当顾问,也当监督员。我国商品市场在异常活跃的同时也带来了价格混乱及伪劣商品增多等弊病。特别是在许多旅游热点上,以高抬物价和以假乱真的手段来对待旅游者的现象不断发生。面对这种现实,导游员要当好购物监督。但是,这种监督员是未被工商部门认可、没有检查证的监督员,工作起来会有更多的困难和更复杂的情况。在为游客提供购物导游服务时的具体工作程序建议如下:帮助游客制订一个"购物计划"。在订计划之时,导游员应让游客对旅游购物品有起码了解。帮助游客购"惟此地独有"的产品。旅游购物品在形式和内容上要具备新、奇、美、廉的特征,同时适当考虑实用性和便于携带。在精神上,能满足游客的纪念、欣赏、赠送和收藏等的精神需求。"传授"购物避免上当法,建议大家无论买什么东西,都要"主意自己拿"。在导游讲解中要提醒游客购物时要购买自己喜欢的物品,不要"从众";买东西一定要商家开"发票"或"购物凭证";贵重物品要有"保单"。

②"购"的导游讲解:

中国地大物博,物产丰富,各地有各地不同的特产风物。中国又是一个历史悠久、民族众多的国家,在漫长的历史长河中,我们的祖先创造了悠久的历史,也发明创造了众多的能反映不同的民族和地方文化特色的、艺术性特色鲜明的特产风物。

随着我国旅游业的深度发展,各地方政府也都意识到了旅游业在当地国民经济中的地位,同时也发现了我国旅游业发展中,旅游购物品生产的滞后问题。因为随着旅游业的发展,游客也越来越成熟,要求越来越高,对旅游商品的要求和购买同样日趋理性。因此各地都根据当地的情况和游客的需求设计了许多既具有地方特色，同时又有文化内涵，能反映时代特色的旅游商品，旅游购物商品的范围日益扩大，品种日益繁多，涉及人们日常生活的各个方面。导游员要为游客做好购物服务，除通过对游客的分析，并与游客的接触、交往了解游客的购物需求和动机外，更重要的就是全面了解旅游地的旅游商品，在导游讲解中向游客讲解介绍，主要从购物品的名称：如果有品牌，还应了解其品牌内涵；若有可能还应了解生产企业的基本情况；产地及生产要求；历史：中国的一些传统旅游商品都有着悠久的历史，在历史的长河中锤炼而成，如中国的丝绸刺绣产品等；文化承载与动人传说：在中国，无论吃的还是用的特色传统旅游商品，往往都附载有动人的传说故事，同时承载了不同时期人们的美好愿望和文化特色；旅游商品生产制作的基本过程和工艺特色；区别商品品质的基本方法；商品的保存方法和技巧。需要从以上方面进行讲解。

(5)“娱乐”安排

①导游员在游客娱乐活动安排中的注意事项：

一是娱乐活动要与游览相结合，晚间活动要有“度”。“娱”实际是整个旅游中的消闲，所以，要在“娱”中休息好，保证第二天游客更有精神和体力，“游”得更好。游客外出旅游，“游”是活动的核心。游客外出旅游的时间有限，白天会有一些参与性的娱乐项目，通常情况下，娱乐活动往往安排在游览活动结束之后。在为游客安排相关娱乐项目时(无论是计划内还是计划外)，都要注意游客的体力。安排娱乐项目以轻松愉快为主，可安排游客欣赏当地特有的戏曲、民歌等。

二是活动内容应突出地方文化特色。根据不同层次游客的要求，开展例如讲座、观看文艺演出等活动。导游员根据不同游客的特点和文化水准、游览动机，相机安排娱乐项目。例如针对外国游客导游员可以为其安排“晚间讲座”，这样既丰富了游客的晚间活动，又可提高导游员的知识水平。导游员可以自己讲，也可根据游客的要求，通过旅行社聘请相关专家做专题讲授。

导游员要对不同地区的娱乐项目有全方位的了解，特别是全程陪同，要避免重复安排娱乐项目。一定要突出地方特色、民族特色，使娱乐项目真正起到“娱”的作用，同时可把娱乐项目作为游览活动的延伸和补充。

②“娱”的导游服务与讲解：

一是针对欣赏性娱乐活动。导游员在为游客提供欣赏性娱乐活动服务时，要注意做到为游客购票，与司机约好出发、停车地点和返回时间；全陪、地陪和领队要相互配合避免游客走失；提醒游客集合的时间地点，交代游客如何避免走失。由于在观看节目过程中不便于临场过多地讲解，而游客特别是外国游客对相关戏曲了解不多，为了让游客尽兴，从观看节目中了解中国历史文化和地方、民族文化的精髓，导游员特别要事先对有本地特色的表演和剧目的内容、特色有一个详尽的了解，同时还应把握观看节目的技巧，在恰当的时机向游客讲解介绍。通常是在前往观看节目的途中先作一个概述性的介绍；游客看完节目后，作总结性讲解，同时回答游客的相关问题。要求导游员对于戏剧艺术——全面了解演出的剧目、剧种特点、历史背景、人物刻画、场景布局、服装道具、角色内涵、舞台文化、民俗风情、表演技巧、观看细节、故事情节等重点讲解；对于歌舞表演——重点从历史进程、歌舞内涵、服装变化、动作要领、文化展示、歌舞来源、表达含义、表演程序、观赏途径、细节要点、舞台道具、肢体语言等讲解；对于传统工艺的讲解——从工艺名称、用料要求、历史发展、现实意义、文化价值、实用价值、艺术价值、操作工艺、制作程序、特色与地位、优点与不足、保存价值等方面讲解。

二是针对参与性娱乐活动。导游员从游客所参与项目的注意事项；安全问题；项目的发展和特点；项目进程安排；活动的技巧；项目与当地民族、民俗的关系等方面讲解。

4. 保护旅游者的安全

在游览活动中，通常情况下，地陪一般在前面引导、讲解，全陪垫后，提醒客人跟上团队；协助地陪注意观察周围的环境，留意旅游者的动向，避免旅游者走失或发生意外；同时，提醒旅游者注意人身和财物安全，每次上车应积极协助地陪、领队清点人数，提醒客人不要遗忘随身携蒂醇溃重物品（如钱包、相机、摄像机等）。

（三）离站和末站服务

1. 离站服务

在旅游团离开某地之前，全陪应做好如下工作。

（1）提醒地陪落实离站的交通票据，核实离站的准确时间和地点。如果离站的交通工具、时间、人数都没有变化，则一切按照原计划进行；如有变化，则可要求地陪所在旅行社及时通知下一站。

（2）妥善办理离站事宜

①按协议规定与地陪办理好有关地接等方面的财务手续，并妥善保管好票据。

②提醒客人与酒店结清应由客人自付的费用（如洗衣费、电话费、传真费、饮料费等）。

③向旅游者讲清乘坐交通工具及行李托运的各种规定。

④协助领队、地陪清点团队行李，与行李员办理交接手续，并督促其办好托运手续。管好行李托运票单。

⑤最后向地陪、司机告别，致谢。

2. 末站服务

末站服务是全陪服务工作的最后一个环节。全陪仍然要一丝不苟，要使旅游者顺利离开末站（离境站），在旅游者心中留下好的印象。在离开的前一天晚上与旅游者话别，感谢大家的合作。对由于所在方服务失误,而使游客蒙受损失或带来不快,应再次表示诚挚的歉意。

末站的服务是全陪服务中的最后环节,应注意做好以下工作。

(1)落实好出境或返程交通票据,如需地接社代订出境或返程交通票据,在旅游团游览时,全陪应自始至终关心交通票据的落实情况。一般全陪最迟应在旅游团离境或离站前一天从地陪处拿到交通票据。

(2)检查是否有物品遗忘在酒店内,提醒旅游者带好自己的物品和证件。全陪应与地陪一起帮助旅游者结清各种账单;提醒旅游者带好自己的行李、物品;如是出境旅游团,还需提醒旅游者带好回乡证或护照、签证、海关申报单、购物发票,特别是文物和贵重药材的发票和证明。

(3)与领队话别,征求意见和建议。请领队与旅游团成员填写有关意见反馈表,并及时回收。在适当的时间、场合向客人致情真意切的欢送词,对客人给予的合作表示感谢并欢迎再次光临。

二、信息引导

根据学生的工作任务,教师引导学生完成相关信息的学习,并指导学生完成学生工作任务。

请沿此线剪下

请沿此线剪下

请沿此线剪下

学生工作任务

一、填写全陪出团通知单

当全陪开始导游服务时，出团通知书就成为指导完成此次导游服务的契约性文件，所以学生需要根据旅行社线路的设计，完成填写导游出团通知单，促使学生主动完成学习任务。

全程导游出团通知单

（请认真查看，如有问题请及时询问）

TO：导游__________手机：________导游证号：__________

现公司有一团，团号为：______，线路______________，游览天数_____天，人数_____人（其中离退休老人_____人，占床儿童_____人，不占床儿童_____人，婴儿_____人）团队性质：（□散客拼团　□独立团队　□可散拼团队　□港澳台游客　□其他语种游客），领队姓名__________，手机________________。公司特委派你作为此团导游全程陪同游客游览，于______月_____日_____时在乘航班/车次______前往。请认真阅读导游任务单，提前与领队和地接导游联系，遵循公司的规章制度，注意行为规范，维护公司的信誉，并有义务监督接待社的工作及接待质量！

①地接导游姓名______________，手机______________

②地接导游姓名______________，手机______________

（一）交通

交通工具：□自理□包车（司机姓名：________电话：________）

往　　程：□飞机（机型：起飞时间：）

□轮船（□三等舱□二等舱）

□火车（□空调□非空□硬卧□硬座）

□汽车（□空调□非空）

返　　程：□飞机（机型：起飞时间：）

□轮船（□三等舱□二等舱）

□火车（□空调□非空□硬卧□硬座）

□汽车（□空调□非空）

（二）游程安排

（本次团队标准：□三星豪华□二星标准□四/五星贵宾□机酒自由行/会展）

（三）接待社确认的标准及费用

____月____日景点____
____月____日景点____
____月____日景点____
____月____日景点____
____月____日景点____
____月____日景点____

①接待社:已汇款________元,现付________元,余款________元(□团队离开前现付□团队结束后公司汇款)

②接待社:已汇款________元,现付________元,余款________元(□团队离开前现付□团队结束后公司汇款)

（四）酒店

酒店情况	D1 宿,______星(□市内□偏□挂牌□未挂□大堂敞亮□大堂小□无大堂□房间新□房间陈旧)
	D2 宿,______星(□市内□偏□挂牌□未挂□大堂敞亮□大堂小□无大堂□房间新□房间陈旧)
	D3 宿,______星(□市内□偏□挂牌□未挂□大堂敞亮□大堂小□无大堂□房间新□房间陈旧)
	D4 宿,______星(□市内□偏□挂牌□未挂□大堂敞亮□大堂小□无大堂□房间新□房间陈旧)
	D5 宿______,星(□市内□偏□挂牌□未挂□大堂敞亮□大堂小□无大堂□房间新□房间陈旧)
总评	请全陪就此次团队情况如实阐明(可另附纸说明,切记接待社质量反馈单由领队或游客签字,擅自签字后果自负) 酒店标准:____________________ 用餐情况:____________________ 车辆状况:____________________ 司机服务:____________________ 导游服务:____________________ 景点游览:____________________ 购物/加点:____________________

（五）费用支出

交通费:____________元

地接费:__________元(交通费:________元门票费:________元餐费:________元住宿费:__________元其他:__________元共计支出:__________元)

请沿此线剪下

二、全陪欢迎词撰写与讲解

学生根据旅游者的职业、来源地区、收入状况,教育程度等因素,分析游客,撰写一份能适合不同需求团队的全陪欢迎词,每个学习小组选择学生,进行导游讲解比赛。

欢迎词写作			
学生自评签名(30%)	组长评价签名(30%)	教师评价签名(40%)	得　分

请沿此线剪下

请沿此线剪下

请沿此线剪下

欢迎词创作评分表

评价对象	评价标准	标　准	得　分
欢迎词创作	①代表接待旅行社问好	1	
	②介绍自己	2	
	③介绍司机及驾驶技术	1	
	④表示竭诚为大家服务的态度和诚挚愿望	2	
	⑤预祝旅游愉快顺利	2	
	⑥能贴合实际情境写作	2	
	总　得　分		
评价者签名			
时间			

请沿此线剪下

致欢迎词评分表

评价对象	评价标准	标　准	得　分
致欢迎词	①精神面貌好，注重礼节（礼貌用语、行礼、问候）	2	
	②站位、站姿稳健，不转移、不摇摆，不扭转	2	
	③语速适度、音量适中；流畅、自然、语流抑扬顿挫，非朗诵、非抒情、非背诵	2	
	④普通话标准，不念别字，用词正确、恰当、符合语体环境	2	
	⑤情态语言（肢体、面部、眼神、手势）自然、不夸张	2	
	总　得　分		
评价者签名			
时间			

请沿此线剪下

请沿此线剪下

三、预订分配房间

旅游社组织了一次会议，名单及单位如下，请填写订房计划单并将下表名单进行房间分配，并说明分明理由。

参加会议人员名单情况表

序号	姓名	职务	单位名称	备注
1	黄艳华	常务副理事长	中国电机工程学会	
2	崔德政	秘书长	中国电机工程学会	
3	景新国	编辑部主任	《电工技术学报》	
4	费曼	编辑	《电工技术学报》	
5	潘杰	研发总监	德力西电气(宁波)有限公司	
6	张鑫	院长	哈尔滨工程大学自动化学院电气工程系	
7	张宏	院长	哈尔滨理工大学电气与电子工程学院	
8	张华定	院长	湖南工业大学电气与信息工程学院	
9	桑雄伟	副社长/副编审	机械工业出版社高等教育分社	
10	裴惠斌	副编审	机械工业出版社高等教育分社	
11	赵森江	系主任	吉林大学仪器科学与电气工程学院	
12	王利清	书记	江苏大学电气信息工程学院	
13	候日升	院长	辽宁工程技术大学电气与控制工程学院	
14	云岭	讲师	辽宁工程技术大学电气与控制工程学院	
15	雷宽才	副院长	南京工程学院电力工程学院	
16	岳峰	院长	南京工业大学自动化与电气工程学院	
17	王军利	副院长	山东大学电气工程学院	
18	林昊为	书记	上海交通大学电子信息与电气工程学院	
19	刘文成	院长	天津大学电气与自动化工程学院	
20	林加豪	院长	天津大学电气与自动化工程学院	
21	夏凯豪	副院长	武汉大学电气工程学院	
22	黄景	院长	西安工业大学电信学院	
23	万竣华	副院长	西安交通大学电气学院	
24	马莉	/	/	张华定妻
25	张小新	/	/	张鑫子

请沿此线剪下

请沿此线剪下

旅行社订房计划单

团队(客人)名称:________________人数:______

入住时间:______年______月______日______时至______年______月______日______时共______天

住宿要求:______房______间,全陪______房(床),陪同免______房(床)

房费标准:______房______元/天,全陪房(床)______元/天,住宿费累计______元

膳食标准:早餐______元/人(含早,不含早),中餐______元/人,晚餐______元/人,餐费累计______元

付款方式:按付款协议约定执行(导游前台凭此单登记入住)

备注:

1. 代订费、房费结算帐单,请寄到我社财务部。

2. 其他费用均由客人自理,本社不予承担。

3. 收到订房委托后,请速将订房回执传回我社。

公司名称(盖章):______

联系人:____________　　______年______月______日

旅游团队分房表

序号	房间号	房型	姓名	备注	序号	房间号	房型	姓名	备注
1					15				
2					16				
3					17				
4					18				
5					19				
6					20				
7					21				
8					22				
9					23				
10					24				
11					25				
12					26				
13					27				
14					28				

请沿此线剪下

四、文娱、吃、购的导游服务

（一）文娱活动

学生从唱歌、书画表演、乐器演奏、朗诵、魔术杂技、相声等才艺方式中选择一种方式，进行表演，每组选出评委评价，作为额外加分的参考依据。

导游才艺表演评分表（总表）

序号	姓　名	评分项目			得　分	备　注（项目）
		仪容仪表（3 分）	现场表现（3 分）	专业素养（4 分）		
1						
2						
3						
4						
5						
6						
7						
8						
9						
10						
11						
12						
13						
14						
15						
16						
17						
18						
19						
20						

请沿此线剪下

请沿此线剪下

请沿此线剪下

请沿此线剪下

请沿此线剪下

“才艺展示”评分表(单人用)

姓名:________

<table>
<tr><th>项　目</th><th colspan="2">评定内容</th><th>单项分值</th><th>单项计分</th></tr>
<tr><td>仪容仪表</td><td colspan="2">妆容适宜,衣着得体,符合节目主题要求</td><td>3分</td><td></td></tr>
<tr><td rowspan="4">现场表现</td><td colspan="2">节目内容积极健康</td><td rowspan="4">3分</td><td rowspan="4"></td></tr>
<tr><td colspan="2">题材新颖,贴近导游工作</td></tr>
<tr><td colspan="2">临场发挥稳定,感染力强</td></tr>
<tr><td colspan="2">表演自然流畅,无差错</td></tr>
<tr><td>专业素养</td><td colspan="2">音乐类:音准、节奏、演唱方法等
舞蹈类:协调、柔韧、基本技巧等
其他表演类:语音面貌、内外部素质展现、信念感(感觉、念白)等</td><td>4分</td><td></td></tr>
<tr><td colspan="2">超时　　秒
扣分:　　得分:</td><td>计分员签名:</td><td colspan="2">复分员签名:</td></tr>
<tr><td colspan="5">备注:
评委签名:

________年______月______日</td></tr>
</table>

注:评委打分精确到小数点后一位,终评成绩精确到小数点后三位。

每位评委评分后必须签名,修改之处也必须签名。

评分标准:

1. 仪容仪表,满分3分

[好]2.4~3.0分:妆容适宜,衣着得体,符合节目主题要求。

[较好]2.1~2.3分:妆容、衣着比较符合节目主题要求。

[一般]1.8~2.0分:妆容、衣着基本符合节目主题要求。

[较差]0~1.7分:妆容、衣着不符合节目主题要求。

2. 现场表现,满分3分

[好]2.4~3.0分:节目内容积极健康;表演自然、流畅,无差错;临场发挥稳定,感染力强;题材新颖,贴近导游工作。

[较好]2.1～2.3分：节目内容积极健康；表演比较自然、流畅，无差错；临场发挥比较稳定，有感染力；题材比较新颖，贴近导游工作。

[一般]1.8～2.0分：节目内容积极健康；表演基本流畅，临场发挥基本稳定，感染力一般，题材一般，贴近导游工作。

[较差]0～1.7分：节目内容不够积极健康；表演不够流畅，临场发挥欠稳定，感染力和题材较差，不太贴近导游工作。

3. 专业素养，满分4分

[好]3.2～4.0分：表演非常专业。

[较好]2.8～3.1分：表演比较专业。

[一般]2.4～2.7分：表演一般。

[较差]0～2.3分：表演较差。

（二）吃的导游服务

1. 填写旅行社订餐计划单

旅行社订餐计划单

团队（客人）名称：	

人数：____成人____小孩____用餐时间：________年____月____日

用餐要求：________菜________汤（十人一桌，荤____素____）

餐标：早餐 成人________元/人，小孩________元/人

中餐 成人________元/人，小孩________元/人

晚餐 成人________元/人，小孩________元/人，餐费累计________元

付款方式：按付款协议约定执行（导游前台凭此单登记用餐）

特殊要求：

备注：

1. 其他费用均由客人自理，本社不予承担。

2. 收到订餐委托后，请速将订餐回执传回我社。

公司名称（盖章）：________________

联系人：________________________　　________年____月____日

请沿此线剪下

2. 撰写某区域特色小吃的导游词并讲解

区域特色小吃导游词			
学生自评签名(30%)	组长评价签名(30%)	教师评价签名(40%)	得　分

区域特色小吃讲解评分表

评价项目	评价标准	标　准	得　分
区域特色小吃讲解	区域特色明显,能代表当地文化特色	1	
	精神面貌好,注重礼节	1	
	站位、站姿稳健,不转移、不摇摆,不扭转	2	
	语速适度、音量适中;流畅、自然、语流抑扬顿挫,非朗诵、非抒情、非背诵	2	
	普通话标准,不念别字,用词正确、恰当、符合语体环境	2	
	情态语言(肢体、面部、眼神、手势)自然、不夸张	2	
	总　得　分		
签名			
时间			

请沿此线剪下

3. 撰写某区域旅游商品的导游词并讲解

区域旅游商品导游词			
学生自评签名(30%)	组长评价签名(30%)	教师评价签名(40%)	得　分

区域旅游商品讲解评分表

评价项目	评价标准	标　准	得　分
区域旅游商品讲解	区域特色明显，能代表当地文化特色	1	
	精神面貌好，注重礼节	1	
	站位、站姿稳健，不转移、不摇摆，不扭转	2	
	语速适度、音量适中；流畅、自然、语流抑扬顿挫，非朗诵、非抒情、非背诵	2	
	普通话标准，不念别字，用词正确、恰当、符合语体环境	2	
	情态语言(肢体、面部、眼神、手势)自然、不夸张	2	
	总　得　分		
签名			
时间			

请沿此线剪下

请沿此线剪下

请沿此线剪下

五、全陪欢送词写作与讲解

全陪欢送词写作			
学生自评签名(30%)	组长评价签名(30%)	教师评价签名(40%)	得　分

请沿此线剪下

请沿此线剪下

请沿此线剪下

欢送词创作评分表

评价对象	评价标准	标 准	得 分
欢送词创作	①表示惜别,是指欢送词中应含有对分别表示惋惜之情、留恋之意,讲此内容时,面部表情应深沉,不可嬉皮笑脸,要给客人留下“人走茶更热”之感	1	
	②感谢合作,是指感谢在旅游中游客给予的支持、合作、帮助、谅解,没有这一切,就难保证旅游的成功	1	
	③回顾总结,是指与游客一起回忆一下这段时间所游览的项目、参加的活动,给游客一种归纳、总结之感,将许多感官的认识上升到理性的认识,帮助游客提高认识	2	
	④征求意见,是告诉游客,我们知有不足,经大家帮助,下一次接待会更好	2	
	⑤期盼重逢,是指要表达对游客的情谊和自己的热情,希望游客成为回头客。导游要提醒客人不要丢下东西,祝愿客人旅途平安	2	
	⑥能贴合实际情境写作,针对景点的特点与特色进行详细重点的描写	2	
	总 得 分		
签名			
时间			

致欢送词评分表

评价对象	评价标准	标 准	得 分
致欢送词	①精神面貌好,注重礼节(礼貌用语、行礼、问候)	2	
	②站位、站姿稳健,不转移、不摇摆,不扭转	2	
	③语速适度、音量适中;流畅、自然、语流抑扬顿挫,非朗诵、非抒情、非背诵	2	
	④普通话标准,不念别字,用词正确、恰当、符合语体环境	2	
	⑤情态语言(肢体、面部、眼神、手势)自然、不夸张	2	
	总 得 分		
签名			
时间			

工作过程四　导游服务评价

教师工作任务

一、指导学生完成导游服务实施检查评价

教师在检查过程中按照学生表现及填写内容客观认真检查评价。

(1)自评:学生对本学习情境的整个实施过程进行评价。

(2)互评:一是以组长为主体检查其他成员的整个实施过程的状况进行评价与建议,二是以小组为单位,分别对其他组做的工作结果进行评价和建议。

(3)教师评价:教师对学生汇报及成果进行评价,指出每个小组及其成员的优点,并提出改进建议。

(4)依据不同评价标准对不同任务进行客观公正评价,并填写相关评价表。

(5)指导学生整理所有资料,将相应资料归档。

二、评价引导

在评价学生成果的过程,教师要引导学生自我客观地评价,从不同的角度,对学生所进行的工作任务进行全面的评价,使学生最终能真正认识自己,为以后的学习工作奠定基础。

学生工作任务

一、征询游客意见，填写游客意见表

学生请其他学生填写旅游团（游客）意见征询表，从中获得其他学生对自己在整个学习情境过程的表现的意见和建议，从优点中找到优势，进一步巩固，从缺点中看到不足，在后续学习中加强训练，提升自身实力。

游客意见反馈表

尊敬的游客：

感谢您参加我社组织的旅游活动，为进一步提高我社导游服务质量，提升企业良好信誉，为广大游客提供更周到的服务，请您真实填写以下意见表，以便我社及时了解情况、改进服务，谢谢合作！

旅行社质量监督电话:66666666　　旅游投诉电话:22222222

旅行社:

<table>
<tr><td>团队编号</td><td colspan="2"></td><td>团　号</td><td colspan="2"></td><td>目的地</td><td></td></tr>
<tr><td>旅游时间</td><td colspan="2"></td><td>出游形式</td><td colspan="4">散客☐　团队☐</td></tr>
<tr><td>评价
内容</td><td>好</td><td>较好</td><td>一般</td><td>差</td><td>评价
内容</td><td>是</td><td>否</td></tr>
<tr><td>游程安排</td><td></td><td></td><td></td><td></td><td>是否签订旅游合同</td><td></td><td></td></tr>
<tr><td>用餐质量</td><td></td><td></td><td></td><td></td><td>是否有被强迫购物或自费项目</td><td></td><td></td></tr>
<tr><td>住宿安排</td><td></td><td></td><td></td><td></td><td>是否有景点遗漏现象</td><td></td><td></td></tr>
<tr><td>车辆车况</td><td></td><td></td><td></td><td></td><td>导游有否索要小费和私拿回扣</td><td></td><td></td></tr>
<tr><td>导游服务</td><td></td><td></td><td></td><td></td><td>导游（领队）是否佩戴导游证（领队证）</td><td></td><td></td></tr>
<tr><td>司机服务</td><td></td><td></td><td></td><td></td><td>旅游过程中是否有安全提示</td><td></td><td></td></tr>
<tr><td>总体评价</td><td></td><td></td><td></td><td></td><td>是否会再次选择本社旅游</td><td></td><td></td></tr>
<tr><td>意见建议</td><td colspan="7"></td></tr>
</table>

全陪导游签名:　　　　　　　　地接导游签名:

请沿此线剪下

请沿此线剪下

请沿此线剪下

二、导游服务实施过程其他评价资料

（一）过程性评价资料

1. 组长考勤

在情境学习过程中，要求将考勤作为一项严格的过程性考核内容，因为连续性的考勤可以判断学生的学习态度、学习兴趣等情况。考勤工作由教师和小组组长完成。

学生考勤统计表

学习领域				学习情境			
班　　级				组　　名			
考勤时间	组员姓名及考勤统计						
考勤符号：到划“√”；旷课划“×”；迟到划“O”；请假划“Δ”。							

请沿此线剪下

请沿此线剪下

请沿此线剪下

2. 学习小组内部导游讲解比赛推荐人选选拔情况及理由

在情境学习过程中，学生会以导游讲解比赛活动为载体进行模拟导游工作，测试学生，进而提升学生的讲解能力，职业能力，在进行学习小组间导游讲解比赛前，由各个学习小组推荐人选，依据讲解评分标准进行评价选拔。

学习领域	甘肃模拟导游	学习情境	
班　　级		组　　名	
组长签字		被推选者签字	
姓　　名	得　　分(10 分)	备　　注	
推荐人选及理由			
评选者签字：		年　　月　　日	

请沿此线剪下

请沿此线剪下

请沿此线剪下

3. 学习小组间导游讲解比赛分数统计表

学习小组间的比赛作为考核方式，目的一是提升学生讲解能力，二是有竞争有进步，三是可以作为学习情境考核时的额外加分项依据（一般比赛第一名会给小组额外加分）。学习小组间的比赛评委由每个小组从本组推选一名担任，以增加公平性。

学习小组间导游讲解比赛评分表									
比赛项目：									
组名（姓名）	评委1	评委2	评委3	评委4	评委5	评委6	评委7	得分	名次
评委签字（需要标注）									
年　月　日									

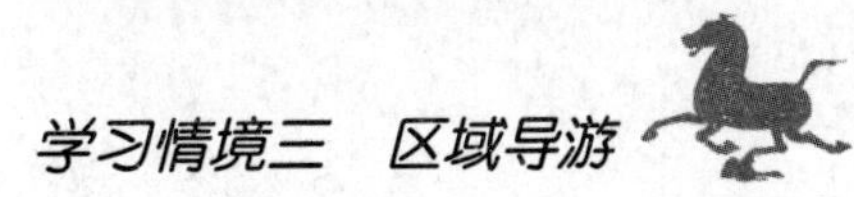

请沿此线剪下

请沿此线剪下

请沿此线剪下

4. 学习小组团队评价

在实际工作中，企业对员工的沟通合作能力相当重视，因此在学习情境学习过程中，必须将小组内的团队气氛、成员角色任务完成情况、成员参与的积极性等作为评价学习小组的考核因素，以此来考量学习小组团队协作能力。

学习小组成员项目工作互评表

班级:__________学习情境:______组名:________填表人:________评价时间:__________

评价内容	组员姓名						
1. 小组考勤状况。准时到课，准时参加学习小组活动，不迟到、不早退、不无故缺勤(若有，写明次数)							
2. 小组成员的角色扮演。正确认识和履行在学习小组中的角色任务							
3. 小组责任的分配。自觉遵守小组文件的约定，遵守团队纪律							
4. 小组成员的参与性。有团队合作意识，积极参与团队项目工作；能经常提出建设性意见和建议，主动承担小组工作任务，努力推进小组工作进程							
5. 成员的相互尊重性。尊重其他团队成员，会用恰当方式解决团队矛盾或合作问题							
6. 成员目标完成度与贡献度。能正确分析、制定个人能力发展目标和计划，个人能力提升比较明显；能根据团队成员、教师等反馈意见改进或推进学习任务							
7. 交互的质量。用正确方式与团队成员、教师以及其他人沟通，交流有效果							
总评成绩(以等级制形式即优、良、中、差计分)							

请沿此线剪下

请沿此线剪下

请沿此线剪下

学习小组成员项目工作互评评价标准

评价标准	优	良	中	差
1. 小组考勤状况	准时到课，准时参加学习小组活动，不迟到、不早退、无请假	准时到课，准时参加学习小组活动，迟到次数不超过3人次、不早退、无请假	准时到课，准时参加学习小组活动，迟到次数不超过5次、不早退、请假不超过3人次	准时到课，准时参加学习小组活动，迟到次数不超过5次、不早退、请假不超过3人次，旷课不超过2人次
2. 小组成员的角色扮演	每个小组成员都有自己明确的角色；小组成员有效地行使自己的角色	每个小组成员都被分配了特定的角色；但是角色定义不明确或者说小组成员没有坚持行使自己的角色	小组成员被分配了一定的角色，但是他们没有坚持行使自己的角色	小组成员之间并没有进行角色分配
3. 小组责任的分配	任务被平均分配给小组的每一个成员	任务被小组的绝大部分成员分担	任务仅被小组中的1/2成员分担	小组任务仅由小组中的某一个人承担
4. 小组成员参与性	所有学生都积极地参与小组活动	至少3/4的学生参与小组活动	至少一半的学生参与小组活动	仅有1~2个人参与小组活动
5. 成员的相互尊重性	尊重其他团队成员，出现矛盾能用恰当方式解决矛盾或合作问题，使其发生在萌芽状态	尊重其他团队成员，出现矛盾能用恰当方式解决矛盾或合作问题，矛盾次数不超过2次，且最终小组内部合理解决	尊重其他团队成员，出现矛盾能用恰当方式解决矛盾或合作问题，矛盾次数不超过4次，且最终小组内部合理解决	尊重其他团队成员，出现矛盾能用恰当方式解决矛盾或合作问题，矛盾次数不超过5次，且最终由其他人员评判解决
6. 成员目标完成度与贡献度	能正确分析、制定个人能力发展目标和计划，个人能力提升明显；能根据团队成员、教师和企业反馈意见改进学习，效果明显	能正确分析、制定个人能力发展目标和计划，个人能力提升比较明显；能根据团队成员、教师和企业反馈意见改进学习，效果较明显	能比较正确分析、制定个人能力发展目标和计划，个人能力有提升；能根据团队成员、教师和企业反馈意见改进学习，效果良好	能比较正确分析、制定个人能力发展目标和计划，个人能力无明显提升；能根据团队成员、教师和企业反馈意见改进学习，有效果

续　表

评价标准	优	良	中	差
7. 交互的质量	小组成员显示出了极好的倾听能力和领导能力，小组成员通过讨论的方式共享他人的观点和想法	小组成员显示出了娴熟的交互能力，他们能够围绕任务中心进行生动的讨论	小组成员显示出了一定的交互能力；他们能认真的倾听他人的观点；显示出了一定的讨论和选择能力	小组成员之间很少进行交互；他们仅进行简短的会谈；部分学生对于交互不感兴趣、分心

请沿此线剪下 请沿此线剪下 请沿此线剪下

5. 景点 PPT 制作及评价标准

学生在学习情境的学习过程中在景点讲解、饭店介绍等环节要求制作讲解 PPT 并进行评价，作为学生额外加分项目，目的是为了提升学生计算机的操作能力，以期达到提高学生的工作能力的目标。

PPT 制作评分表

评价对象	评价标准	标　准	得　分
PPT 幻灯片	主题突出、内容完整，作品内容能够清晰、准确地表达所介绍之物的精要	3 分	
	作品中使用了文本、图片、表格、图形、动画、音频、视频等表现工具；作品中可使用超链接或动作功能（但不是必选项，不使用不扣分）。整部作品的播放流畅，运行稳定、无故障	3 分	
	整体布局风格（包括模版设计、版式安排、色彩搭配等）立意新颖，构思独特，设计巧妙，具有想像力和表现力	3 分	
	作品中色彩搭配合理协调，表现风格引人入胜；文字清晰，字体设计恰当	1 分	
	总　得　分		
签名			
时间			

请沿此线剪下
请沿此线剪下
请沿此线剪下

6. 学生小组会议记录表

学生在整个学习过程中，由于团队工作的需要，个人能力的差异，个人经验看问题角度的区别，要求学生在针对某个重要问题时以开会的方式讨论解决，原则上会议由组长组织，也可以由组员提议，提议者组织，开会讨论解决问题时需要填写会议记录，同时作为学生过程性考核的资料，促使学生能正确地进行会议记录。

学习小组会议记录表

学习情境：________ 班级：________ 组名：________

会议时间		会议次数	第　　次
会议地点			
参加人员			
缺席人员及原因			
会议主题			
讨论过程 及 会议主要内容			
未解决的问题			
会议小结			
会议记录人：			

请沿此线剪下

7. 额外加分项目统计

学习情境结束后，由组长负责统计本学习小组的额外加分项目，额外加分项目的统计标准之一是小组某个人承担的任务在某次活动中具有唯一性，也就是说其他人均为参与者，其目的是为了提高学生的参与兴趣，以区分不同学习能力的学生，达到多做工作多得成绩的目的。

学习情境加分项目统计

学习领域		学习情境		
组　　名		组长签名		
组员签名				
姓　　名	加分项目	加分标准	实际加分	备　　注

请沿此线剪下

请沿此线剪下

工作过程五　导游服务反馈

教师工作任务

一、处理遗留问题

全陪送团后，全陪应及时、妥善地处理好团队遗留下的问题，认真对待旅游者的委托，并依照规定办理：对团队的整个行程做总结，若有重大情况发生或有可能影响到旅行社以后团队操作的隐患问题，应及时向领导做汇报；整理上交有关材料，如“全陪日记”“旅游团队服务质量反馈表”等；报账，归还所借物品，对自己的服务工作进行认真全面的反省，并通过学习弥补所欠缺的知识。

二、填写全陪日志

认真做好全陪总结，是全陪自我提高、自我完善不可或缺的一个环节，切勿轻视。

三、售后服务

如果是国内团队，旅游团成员大都是组团社所在地的居民，因此，旅游行程结束客人各自返回后，全陪应电话联系或上门回访，以加深与客人的感情，争取回头客。

学生工作任务

一、填写全陪日志

导游工作完成后，需填写全陪日志，为以后的带团工作累积经验，因此详细的填写在学习过程中出现的问题及处理方式是一个较好的学习方法，所以需要填写导游的全陪日志，以期找到问题并改善，最终完善自己。

全陪日志

<table>
<tr><td>单位/部门</td><td colspan="2"></td><td>团　号</td><td></td></tr>
<tr><td>全陪姓名</td><td colspan="2"></td><td>组团社</td><td></td></tr>
<tr><td>领队姓名</td><td colspan="2"></td><td>国　籍</td><td></td></tr>
<tr><td>接待时间</td><td colspan="2">年月日至年月日</td><td>人　数</td><td rowspan="2">(含岁儿童名)</td></tr>
<tr><td>途径城市</td><td colspan="3"></td></tr>
<tr><td colspan="5">团内重要客人、特殊情况及要求：</td></tr>
<tr><td colspan="5">该团发生的问题和处理情况：</td></tr>
<tr><td colspan="5">全陪或旅游者的意见、建议和旅游接待工作的评价：</td></tr>
<tr><td>全陪对全过程服务的评价</td><td colspan="4">合格(　　)　不合格(　　)</td></tr>
<tr><td>行程状况</td><td>顺利□</td><td>较顺利□</td><td>一般□</td><td>不顺利□</td></tr>
<tr><td>客户评价</td><td>满意□</td><td>较满意□</td><td>一般□</td><td>不满意□</td></tr>
<tr><td>服务质量</td><td>优秀□</td><td>良　好□</td><td>一般□</td><td>比较差□</td></tr>
<tr><td colspan="2">全陪签字：
日期：</td><td colspan="2">部门经理签字：
日期：</td><td>质管部门签字：
日期：</td></tr>
</table>

二、全陪导游报账

导游报账作为一项非常重要的环节，要求导游在完成导游服务后，将整个旅游过程发生的所有账务正确核对，到旅行社财务部门报账，是旅行社利润核算的基础，要完成报账需要完成以下工作。

（一）填写旅行社旅游团费用结算表

旅行社旅游团费用结算表

部别：________________填表人：________下团时间：________________

交表时间：________________接受人：________编号：________________

<table>
<tr><td>组团社名</td><td colspan="2"></td><td>计划编号</td><td colspan="3"></td><td colspan="2">旅游团名称</td><td colspan="2"></td></tr>
<tr><td>服务范围</td><td></td><td>旅游等级</td><td></td><td rowspan="2">总人数</td><td>其中：成人</td><td>2—11岁</td><td>2岁以下</td><td>男</td><td>女</td><td>夫妇</td></tr>
<tr><td>全陪</td><td></td><td>地陪</td><td></td><td></td><td></td><td></td><td></td><td></td><td>对</td></tr>
<tr><td rowspan="2">抵离时间</td><td colspan="10">____人____月____日____时（机/车）抵　用餐____月____日____时
用餐后乘（机/车）赴________</td></tr>
<tr><td colspan="10">____人____月____日____时（机/车）抵　用餐____月____日____时
用餐后乘（机/车）赴________</td></tr>
<tr><td rowspan="2">住房情况</td><td colspan="2">____人____月____日
至
____月____日</td><td>国外自订
□</td><td>组团社代订
□</td><td>接待社安排
□</td><td>住饭店
□</td><td>间天
□</td><td colspan="2">全陪床/天
□</td><td>地陪床/天
□</td></tr>
<tr><td colspan="2">____人____月____日
至
____月____日</td><td>国外自订
□</td><td>组团社代订
□</td><td>接待社安排
□</td><td>住饭店
□</td><td>间天
□</td><td colspan="2">全陪床/天
□</td><td>地陪床/天
□</td></tr>
<tr><td rowspan="2">逗留时间</td><td colspan="2">早餐</td><td colspan="2">午餐</td><td colspan="2">晚餐</td><td colspan="4">参观、购物地点</td></tr>
<tr><td>人数</td><td>地点</td><td>人数</td><td>地点</td><td>人数</td><td>地点</td><td>上午</td><td colspan="2">下午</td><td>晚上</td></tr>
<tr><td></td><td></td><td></td><td></td><td></td><td></td><td></td><td></td><td colspan="2"></td><td></td></tr>
<tr><td></td><td></td><td></td><td></td><td></td><td></td><td></td><td></td><td colspan="2"></td><td></td></tr>
<tr><td></td><td></td><td></td><td></td><td></td><td></td><td></td><td></td><td colspan="2"></td><td></td></tr>
<tr><td></td><td></td><td></td><td></td><td></td><td></td><td></td><td></td><td colspan="2"></td><td></td></tr>
<tr><td></td><td></td><td></td><td></td><td></td><td></td><td></td><td></td><td colspan="2"></td><td></td></tr>
</table>

请沿此线剪下
请沿此线剪下
请沿此线剪下

续 表

<table>
<tr><td rowspan="4">计划内加拨款项</td><td>超公里</td><td colspan="2"></td></tr>
<tr><td>参观游览</td><td colspan="2"></td></tr>
<tr><td></td><td colspan="2"></td></tr>
<tr><td>游江游湖</td><td colspan="2"></td></tr>
<tr><td rowspan="3">现付项目</td><td colspan="3">计划外超公里地点____人现付____元经手人____发票号____</td></tr>
<tr><td colspan="3">其他现付内容________元经手人____发票号____</td></tr>
<tr><td colspan="3">其他现付内容________元经手人____发票号____</td></tr>
<tr><td rowspan="5">收入登记</td><td colspan="2"></td><td rowspan="6">有关备注事项：</td></tr>
<tr><td colspan="2"></td></tr>
<tr><td colspan="2"></td></tr>
<tr><td colspan="2"></td></tr>
<tr><td colspan="2"></td></tr>
<tr><td>支出</td><td colspan="2"></td></tr>
</table>

请沿此线剪下　请沿此线剪下　请沿此线剪下

（二）填写导游成本核算单

导游报账成本核算单

<table>
<tr><td>团号</td><td></td><td>人　数</td><td></td><td>导　游</td><td></td><td>用房数</td><td></td></tr>
<tr><td rowspan="2">日期</td><td rowspan="2">酒　店</td><td rowspan="2">房　费</td><td colspan="2">餐　费</td><td colspan="2" rowspan="2">门　票</td><td>加点及其它费用</td></tr>
<tr><td>中</td><td>晚</td><td rowspan="10">增加景点：
加菜水果：
预付车费：</td></tr>
<tr><td></td><td></td><td></td><td></td><td></td><td colspan="2"></td></tr>
<tr><td></td><td></td><td></td><td></td><td></td><td colspan="2"></td></tr>
<tr><td></td><td></td><td></td><td></td><td></td><td colspan="2"></td></tr>
<tr><td></td><td></td><td></td><td></td><td></td><td colspan="2"></td></tr>
<tr><td></td><td></td><td></td><td></td><td></td><td colspan="2"></td></tr>
<tr><td></td><td></td><td></td><td></td><td></td><td colspan="2"></td></tr>
<tr><td></td><td></td><td></td><td></td><td></td><td colspan="2"></td></tr>
<tr><td></td><td></td><td></td><td></td><td></td><td colspan="2"></td></tr>
<tr><td></td><td></td><td></td><td></td><td></td><td colspan="2"></td></tr>
<tr><td>小计</td><td colspan="2">现付：
签单：</td><td colspan="2">现付：
签单：</td><td colspan="2">现付：
签单：</td><td>现付：
签单：</td></tr>
<tr><td colspan="8">总支出：　　元＜其中：现付：　　元；签单：　　元＞</td></tr>
<tr><td rowspan="2">导游结算</td><td colspan="6">人头：　计调费：　收小费：</td><td>现收合计：　　元</td></tr>
<tr><td colspan="6">结算：　应补导游：　　元</td><td>导游签字：</td></tr>
<tr><td>报价</td><td colspan="7"></td></tr>
<tr><td>购物</td><td colspan="7"></td></tr>
<tr><td rowspan="2">账务往来</td><td colspan="6"></td><td></td></tr>
<tr><td colspan="6">合计总成本：</td><td>成本核算人：</td></tr>
</table>

（三）填写导游报销单

<table>
<tr><td colspan="7">丝路旅行社报销单
团号：</td></tr>
<tr><td>旅游地</td><td colspan="2"></td><td>日期</td><td colspan="3">____年____月____日至____年____月____日</td></tr>
<tr><td colspan="7">人数：男人：____女人：____儿童：____人；共计____人</td></tr>
<tr><td colspan="7">领队：　　　　司机：</td></tr>
<tr><td rowspan="2">支出项目</td><td colspan="2">金额</td><td colspan="4" rowspan="2">备注</td></tr>
<tr><td>现金</td><td>转账</td></tr>
<tr><td>飞机</td><td></td><td></td><td></td><td colspan="3" rowspan="4">领取现金　　元
增收　　元
现金支出　　元
结余　　元</td></tr>
<tr><td>火车</td><td></td><td></td><td></td></tr>
<tr><td>轮船</td><td></td><td></td><td></td></tr>
<tr><td>汽车</td><td></td><td></td><td>元/日</td></tr>
<tr><td>票代办费</td><td></td><td></td><td></td><td colspan="3" rowspan="6">发票号：
收入金额：　　元
支出：　　元
结余：　　元
毛利：　　元</td></tr>
<tr><td>停车费</td><td></td><td></td><td>元/小时</td></tr>
<tr><td>机场税</td><td></td><td></td><td></td></tr>
<tr><td>游船</td><td></td><td></td><td></td></tr>
<tr><td>住宿</td><td></td><td></td><td>元/标间</td></tr>
<tr><td>膳食</td><td></td><td></td><td>元/桌</td></tr>
<tr><td>门票</td><td></td><td></td><td>景点一：　　元/人
景点二：　　元/人
景点三：　　元/人
景点四：　　元/人
……
1.2m 以下儿童免票；身高 1.2～1.5m 之间购买儿童票半价</td><td colspan="3">备注：其中__名儿童不到 1.2m，
____名在 1.2～1.5m 之间.</td></tr>
<tr><td>保险</td><td></td><td></td><td></td><td></td><td></td><td></td></tr>
<tr><td>市内交通费</td><td></td><td></td><td></td><td></td><td></td><td></td></tr>
<tr><td>礼品</td><td></td><td></td><td></td><td></td><td></td><td></td></tr>
<tr><td>邮电费</td><td></td><td></td><td></td><td></td><td></td><td></td></tr>
<tr><td>导游津贴</td><td></td><td></td><td></td><td></td><td></td><td></td></tr>
<tr><td>司机津贴</td><td></td><td></td><td></td><td></td><td></td><td></td></tr>
<tr><td>外地代办</td><td></td><td></td><td></td><td></td><td></td><td></td></tr>
<tr><td colspan="2">总计金额（大写）</td><td colspan="2"></td><td colspan="3">客户单位：</td></tr>
<tr><td>主管批准</td><td></td><td>复核</td><td>结算人</td><td colspan="3">年月日</td></tr>
</table>

请沿此线剪下

三、处理旅游投诉

（一）游客投诉至旅行社的处理

旅游投诉记录单

投诉者姓名		联系电话	
投诉收到时间		出游地点	
投诉受理时间		出游时间	
投诉主要内容			
处理结果			
旅行社总经理意见			

请沿此线剪下

请沿此线剪下

（二）游客投诉到旅游局的处理

1. 填写旅游投诉受理通知书

________省旅游投诉受理通知书

________旅质监诉字________第______号

________________：

依据《甘肃省旅游投诉实施办法》(旅游质监字(_____)第号)，我单位于________年______月______日受理了对你单位的投诉。请你单位在接到此通知之日起10日内(以送达之日起计算)，就下列事项向我单位作出书面答复：

一、被投诉事由；

二、调查核实过程；

三、基本事实与证据；

四、责任与处理意见。

特此通知。

附：投诉书副本

（盖章）

______年____月____日

送达回执

送达时间	年　月　日	签收人	姓名：　　　　职务：
注：请将此回执寄、送或传真我单位 地址：　　　　　　　　邮编：　　　　传真：			

请沿此线剪下

请沿此线剪下

2. 填写旅游投诉不予受理通知书

________省旅游投诉不予受理通知书

________旅质监诉字________第______号

________________:

你(你们/你单位)于________年________月________日对提出的投诉,我机关已于________年________月________日收到,依据《甘肃省旅游投诉处理办法》(旅游质监字第______号)第______条,经审查,____,故不予受理。

特此通知。

(盖章)

________年______月______日

3. 填写旅游投诉转办通知书

________________省旅游投诉转办通知书

________旅质监诉转字________第______号

________________:

根据属地化管理的原则,现将________________对______________________________的投诉件转交你局,请依据《旅游投诉处理办法》(国家旅游局32号令)调查核实处理,将处理结果告知投诉人,同时报送我机关。

特此通知。

附:投诉书及相关材料______份

(盖章)

________年______月______日

抄送:________________________

4. 填写旅游投诉转办函

________省旅游投诉转办函

________旅质监诉转函字________第______号

________________:

本机关于________年______月______日收到________________对____________________________________的投诉,调查中发现此案已超出本行政机关的职权范围,根据之规定,现将对的投诉件转你单位处理,并附上相关案件材料份。

专此致函

请沿此线剪下

附:材料清单及相关材料

（盖章）

________年______月______日

抄送:________________________

投诉材料清单及相关材料

序号	材料名称	数量	页码
1			
2			
3			
4			
5			
备注			

请沿此线剪下

5. 填写旅游投诉调查取证委托书

________省旅游投诉调查取证委托书

________旅质监诉委字________第______号

________________:

我机关于________年______月______日受理了________________对________________的投诉。现需要委托你单位协助调查、取证。请在________年______月______日前就以下内容进行调查、取证后予以书面反馈。

1. ____

2. ____

3. ____

4. ____

附:投诉书副本及有关材料________份

联 系 人:________________ 联系电话:________________

联系地址:________________________________邮 编:________

（盖章）

________年______月______日

请沿此线剪下

6. 填写旅游投诉调解书

________省旅游投诉调解书

________旅质监诉调字________第______号

投诉人:________身份证号码:________________

地址:________________联系电话:________

被投诉人:________法定代表人(或委托人):________

地址:________________联系电话:________

经我单位调查核实:____。

依据以上事实,经本单位调解双方达成以下协议:____。

协议履行时间:____年____月____日,地点:________

本调解书自双方签字、盖章后,即可按期执行。

投诉人签字:(盖章)________ 被投诉人签字:(盖章)________

经办人签字:(盖章)________

调解单位:(盖章)________

____年____月____日

7. 填写旅游投诉终止调解书

________省旅游投诉终止调解书

________旅质监诉调字____第____号

投诉人:________身份证号码:________________

地址:________________联系电话:________

被投诉人:________法定代表人(或委托人):________

地址:________________联系电话:________

________于____年____月____日投诉一案,我单位已立案受理。经调解,双方未在60日内达成调解协议,现依据《旅游投诉处理办法》(国家旅游局32号令),终止本投诉的调解。投诉人可按照有关法律法规,向仲裁机构申请仲裁或向人民法院提起诉讼。

投诉人:(盖章)________ 被投诉人:(盖章)________

经办人签字:(盖章)________

调节单位:(盖章)

____年____月____日

8. 填写旅游局划拨旅行社质量保证金决定书

__________省旅游局划拨旅行社质量保证金决定书

__________旅质监投诉赔字_____第_____号

__________：

经核实查明：____。

依据《旅行社条例》第十五条、《旅行社条例实施细则》第四十九条之规定，决定划拨你社（公司）质量保证金________元，赔偿旅游者。

你社（公司）如对此决定不服，可在接到本决定书之日起________日内，向同级人民政府法制办或上一级旅游质监执法部门申请行政复议，也可以向人民法院提起诉讼。

__________（盖章）

________年_____月_____日

9. 填写旅游投诉自行和解协议书

__________旅游投诉自行和解协议书

投诉人：____________________ 被投诉人：__________________

经双方友好协商，本着互相谅解的原则，现对旅诉受字_____第_____号旅游投诉自行和解，并自愿达成以下协议：

1. ____。
2. ____。
3. 投诉人撤回向__________提出的旅诉受字_____第_____号旅游投诉。
4. 该旅游投诉已完满解决，双方互相不再追究对方任何责任。
5. 本协议已送核实和记录。
6. 本协议一式两份，双方各执一份，自双方签署之日起生效。

投诉人（签名）：____________ 被投诉人（盖章）：____________

代表人（签名）：____________

投诉处理人员签字（盖章）：______________

__________年_____月_____日

请沿此线剪下

请沿此线剪下

请沿此线剪下

区域导游学习情境成绩评价单

学习领域		学习情境	
班　　级		组　　名	
姓　　名		学　　号	
组长签字		教师签字	

序号	项目		标　准	学生自评（30%）	组长评价（30%）	教师评价（40%）	得　分
1	导游服务过程评价	学习小组建立	3				
2		旅游线路设计	5				
3		旅游线路报价	3				
4		欢迎词写作	3				
5		欢迎词讲解	4				
6		房间预订	3				
7		“文娱吃购”介绍词	7				
8		“文娱吃购”讲解	9				
9		景点导游词写作	5				
10		景点导游词讲解	6				
11		欢送词写作	3				
12		欢送词讲解	4				
13		征求游客意见与建议表	3				
14		全陪日志	3				
15		导游报账	4				
16		游客投诉处理	4				
17		教学反馈评价	3				
18		课外习题作业	5				
19	日常活动评价	团队合作	8				
20		学生考勤	+4	全勤（情境全勤增加4分）			
21			−4	旷课（每次扣除4分）			
22			−1	迟到（每次扣除1分）			
23			−1	请假（3次之内不扣，4次每次扣1分）			

续　表

24	教师角度 需要增加 评分项目			
25	建议其他学生活动评价(额外加分项):组长(每个情境+4分);讲解者(每次+4分);评委(每次+2分);PPT制作(每次合计+2分);计分算分(+2分);录像(+2分);其他酌情			
26				
27				
28				
29				
总分				

思考与练习

1. 什么是转移?
2. 全陪服务程序是什么?
3. 全陪、地陪、领队如何处理关系?
4. 甘肃有哪几条旅游线路?
5. 设计一条河西走廊3日游旅游线路。
6. 全陪服务要注意哪些问题?
7. 当需要更改行程时,全陪如何办理?
8. 转移时你如何安排行程?
9. 如何平息游客骚动?
10. 吃饭时需要注意哪些事项?
11. 住店是需要注意哪些事项?
12. 购物时需要注意哪些事项?
13. 娱乐时需要注意哪些事项?
14. 误机(车、船)应该如何处理?
15. 游客生病应该如何处理?
16. 游客要求自由活动,应该怎么办?
17. 游客在旅游时中暑、心脏病、蛇虫咬,你应该怎么处理?
18. 散团需要注意哪些事项? 散团后与旅行社还有哪些事情要完成?
19. 售后服务你应该怎么做?

参考文献

[1]吕莉. 模拟导游[M]北京:高等教育出版社,2004:72-83.

[2]傅远柏,章平. 模拟导游[M]北京:清华大学出版社,2010:98-119.

[3]周彩屏. 模拟导游实训[M]. 北京:中国劳动社会保障出版社,2008:63-79.

[4]叶娅丽. 导游业务[M]. 上海:上海交通大学出版社,2014:104-121.

[5]王琦. 导游岗位实训[M]. 上海:上海财经大学出版社,2007:58-76.

[6]窦志萍. 模拟导游[M]. 北京:高等教育出版社,2010:140-199.

[7]把多勋,高亚芳,赵玉琴. 导游业务[M]. 兰州:甘肃人民美术出版社,2007:141-162.

[8]曾艳. 濮元生,模拟导游实训教程[M]. 北京:中国轻工业出版社,2014:86-124.

[9]董家虎,陈蕾,江澜.模拟导游[M]. 北京:旅游教育出版社,2014:92-118.
[10]吴英鹰.模拟导游[M]. 北京:国防工业出版社,2014:91-127.
[11]王培英.北京模拟导游[M]. 北京:北京大学出版社,2013:68-87.
[12]吴桐.模拟导游实务[M].合肥:中国科学技术大学出版社,2013:78-95.
[13]赵利民.模拟导游.3版[M]. 大连:东北财经大学出版社,2013:64-88.
[14]李娌.模拟导游实训[M]. 吉林:东北师范大学出版社,2012:63-79.
[15]晋艺波.基于工作过程系统化模拟导游课程评价研究[J].高等职业教育(天津职业大学学报),2014(2)72-75.
[16]董珍慧,何瑛.基于工作过程的高职旅游管理专业课程改革实践——以《天水导游实务》为例[J].黄冈师范学院学报,2014(2)156-158+176.
[17]胡华.旅游线路规划与设计[M]. 北京:旅游教育出版社,2011:46-79.
[18]陈启跃.旅游线路设计[M].上海:上海交通大学出版社,2011:53-92.

请沿此线剪下

请沿此线剪下

请沿此线剪下

附件

教学反馈单

学习领域	甘肃模拟导游			
学习情境	区域导游		学　时	
序　号	调查内容	是	否	理由陈述
1	您是否能讲解某个区域概况			
2	您是否能讲解某个城市概况			
3	您是否会处理游客走失现象			
4	您是否能表演一个节目			
5	您是否能做区域导游讲解			
6	您是否对自己有了新认识			
7	您是否发挥了自己的能力			
8	您的能力是否有所提高			
9	您对自己哪些方面满意			
10	您对自己哪些方面不满意			
11	今后您希望自己从哪些方面提高			
12	您希望教师从哪些方面进一步改善			
13	您对小组合作的意见和建议有哪些			
调查信息	被调查人		时间	

学习情境四　出境导游

学习情境分析

本学习情境以出境旅游团为服务对象，你作为敦煌国际旅行社的领队提供出境导游服务，根据领队的服务程序，结合服务对象将领队的工作流程和学生的学习过程划分为五个工作过程：导游服务（学习）准备→导游服务（学习）计划→导游服务（学习）实施→导游服务（学习）评价→导游服务（学习）反馈，学生通过领队的工作过程学习，能够作为领队服务角色独立完成一次导游服务。

学习目标

知识目标：

能准确地解释领队的概念与内涵；

能简单说出领队的导游程序与规范；

能简要说出领队的服务方法和服务标准；

能说出出境旅游业务常识；

能列出领队服务过程中事故处理的方法；

能说出领队服务过程中常见问题与现象；

能简单说明不同国家相关史地文化知识、美学知识 、相关政治、经济、社会知识。

能力目标：

能办理出国、出境的相关手续；

能利用媒体、网络等手段获取不同国家旅游景点的相关旅游材料；

能根据工作过程的要求，以探讨、交流、案例分析等方式，筛选整合获得的不同国家景区的旅游相关材料；

能按照领队接待规范进行自我介绍并致欢迎词；

能与小组成员合作，运用 PPT 演示文稿、POP 海报、角色扮演、情境模拟等学习方法完成领队导游服务；

能够处理境外突发事件；

能在完成导游服务后，会正确征求游客意见，能按接待规范致欢送词，进行领队工作小结，妥善处理善后工作。

素质目标：

具备爱国精神，自觉维护祖国利益、民族形象；

具有良好的职业道德敬业精神，维护游客利益，工作尽职尽责；

具备团结协作，顾全大局的意识；

具备较强的语言表达、职业沟通和协调能力；

具备团队合作和协作精神；

具备良好的心理素质、诚信品格和社会责任感，能进行自我客观评价；

具备踏实肯干的工作作风和主动、热情、耐心的服务意识。

工作过程一　导游服务准备

教师工作任务

一、指导学生分组

学生开始城市导游学习情境的学习任务后，须立即成立学习小组，以团队的形式合作完成情境学习。教师指导学生分组需参照以下原则：

（一）班级分组原则

(1)每小组5~6人为宜。

(2)各小组之间男女生人数分配均衡，不同生源地的学生分配均衡。

(3)避免关系密切的学生分配在同一学习小组。

(4)原则上每个学习情境均需进行分组，一个学习情境结束学习小组即解散；一学期内的角色需进行必要的调换。

(5)第一个学习情境学生可自由组合；从第二个学习情境起，按照学生自愿和教师调控相结合的原则进行分组。

(6)分组参考前一学习情境学生个人过程表现情况、考核结果及个人能力提升目标。

（二）各小组角色分配原则

(1)各学习小组设不同小组角色，除小组组长、小组秘书、小组档案管理员等，可设立具有小组特色的角色。

(2)学生在不同学习情境中应当承担不同的角色。

(3)依据学生的个人能力提升及发展目标确定不同学习情境中学生的小组角色。

(4)教师可根据学生以往情境学习中的表现和学习小组的需要指定部分角色。

二、信息引导

(一)出团前的准备工作

1. 行前业务准备

(1)熟悉接待计划

领队对组团旅行社拟发给游客的旅游行程以及与境外接待旅行社确认的接待计划书要精心准备,做到熟记于心,对每天的行程要熟悉到能够复述。对旅游行程接待计划应掌握的要点是:

①掌握旅游团的详细行程计划,包括旅游团抵离各地的时间及所乘用的交通工具;

②熟悉并记住旅游团行程计划中所列出的全部参观游览项目及文娱节目安排等;

③熟悉并记住行程中下榻各地酒店的名称、用餐安排等事项;

④了解旅游目的地国家(地区)的概况并熟悉当地的民俗风情。

(2)核对机票、护照、签证等

接受带团任务,进行团队出团前的准备,其中一项重要的内容就是要查验全体游客的护照、签证、机票等相关的旅游证件,防止出现错误。

①核对护照与机票,包括中英文姓名、前往国家;

②机票与行程核对,包括国际段和国内段行程、日期、航班、间隔时间等;

③护照与名单表核对,各项一一对应,核对实际出境旅游人数与《团队名单表》一致;

④护照内容核对,包括正文页与出境卡项目一致,出境卡两页是否盖章,出境卡是否有黄卡,是否与前往国相符,签证的有效期、签证水印及签字等;

⑤旅游目的地国家常用的求助电话,中国的驻外使领馆的电话和联系方式,以及负责境外接待的旅行社的名称,境外旅行社办公室联络电话,导游姓名、性别及联系电话。此外,为方便工作以防万一,对每家境外接待社至少要记下两个电话号码以做备用。

2. 行前物质准备

带团出游是海外领队的主要工作任务。由于经常出差在外,打点行装、准备上路,是领队工作与领队生活的一种常规状态。出行前的物质准备:第一要方便工作,第二要方便自己。方便工作,即领队的行装中所带的东西要便于寻找;一些带团所需的文件,要放在随手可取的地方。方便自己,即携带的个人物品简单实用即可,领队每日的行程匆匆,

因而个人生活的各项处理都要顺畅快捷。

(1)带团工作物品的准备

①护照、机票、已办妥手续的《团队名单表》及其复印件,团队计划、自费项目表;

②国内外重要联系电话及航班时刻表;

③客人房间分配表;

④游客胸牌、行李标签;

⑤旅行社社旗、社牌、扩音器、名片、客人问卷表、领队日记簿;

⑥旅行包(核对该团是否提供,没有,则不带);

⑦各国入出境卡、海关申报卡;

⑧机场税款及团款。

(2)个人物品的准备

①衣物:领队为自己准备的衣服中,应该有一套正式的服装。在出席正式晚宴、观看豪华演出时,领队的正式装束会对游客具有示范作用。在平日的游览当中,需要为自己多准备些休闲装或运动装,此外还有内衣裤、袜子、手帕等;

②鞋:旅游鞋或运动鞋、拖鞋,国外酒店大多不配备拖鞋,要自带;

③盥洗用具:毛巾、牙膏、牙具;

④雨具:折叠伞,因前往国家和季节而定;

⑤重要物品:电话号码、笔、纸、计算器等;

⑥常用药物:感冒药、镇痛药、胃肠药、止泻药、消炎药、晕车药等,所带药品最好备有处方说明。领队需要保持健康的体魄,应该准备适合自己需要的常用药品,还需为团员准备一点常用药,如创可贴、风油精、晕车药等;

⑦零用钱:在准备境外零用钱时,可以准备一些小面额的外币零钱(主要是小面额美金),用于打电话、支付侍者、行李员的小费等;

⑧其他:根据个人需要携带,如相机、多用插头、闹钟、生理用品、电池、遮阳帽、太阳镜、多用小刀、指南针、手电筒、太阳镜等。

3. 行前说明会

(1)说明会的内容

①欢迎词:感谢大家对本旅行社的信任,选择参加我们的团队;

②领队自我介绍:表明为大家服务的工作态度,并请大家对领队的工作予以配合和监督;

③对每位客人提出要求:注意统一活动,强化时间观念及相互之间团结友爱;

④行程说明:按行程表逐一介绍,但必须强调行程表上的游览顺序有可能因交通等原因发生变化。同时说明哪些活动属于自费项目,客人可以选择,也可以不参加;

⑤通知集合时间及地点:通常要比航班离港时刻提前 2 小时,在机场或港口指定位置集合;如乘火车或汽车,也要在发车时间 1 小时前到达指定位置集合;

⑥提醒客人带好有关物品:如洗漱用品和拖鞋(在境外最好不要用酒店提供的)、衣物、常用药品等;

⑦货币的携带与兑换:根据国家规定,因私出境旅游,携带人民币不超过 6000 元,另可凭有关证件每次兑换 2000 美元或其他等值外币;前往香港、澳门地区的,可兑换 1000 美元;

⑧卫生检疫:通常在开说明会时由旅行社联系检疫局人员来打防疫针并发给黄皮书,也可在出境时领取黄皮书;

⑨人身安全:告诫客人在境外要注意安全,特别是在海滨或自由活动时;

⑩财务保管:告诫客人不要把财物放在旅游车上,并向客人讲解在酒店客房如何保管贵重物品、如何使用酒店提供的保险箱,以及在旅途中托运行李时,如何保管贵重和易损物品等基本旅游知识;

⑪出入国境时注意事项:告知游客有关国家的法律和海关规定,说明过关程序及有关手续。去欧洲国家最好不要穿假名牌,以免招来一些不必要的麻烦;

⑫对旅游目的地的天气状况进行介绍,对游客行装进行建议:

衣——气候与衣物,宜穿休闲装

食——吃自助餐应勤拿少取

住——酒店设备的使用与爱护,注意说明收费电视问题

行——飞机上耳机的使用,用餐的可选择性

游——服从指挥,听清集合时间,先听介绍后拍照

娱——自费项目,自由活动,结伴而行

购——自行考虑,为防假冒,烟、酒、胶卷最好多带,境外价格比境内贵

(2)说明会上应落实的事项

①确定旅游团的分房名单;

②发给游客团队标志胸牌和太阳帽、折叠包等物品;

③国内段返程机票是否已定或是否交款;

④机场税包否;

⑤是否有单项服务等特殊要求;

⑥是否有回民素食。

请沿此线剪下

请沿此线剪下

请沿此线剪下

学生工作任务

一、组建学习小组

学习小组建立

序号	内　容	要　求
1	标　题	《甘肃模拟导游》课程学习小组
2	小组信息	
3	小组公约	
4	小组会议	
5	学习档案	
6	个人学习目标	

请沿此线剪下
请沿此线剪下

二、填写领队材料准备清单

国内团出发领队资料核对清单

团队名称：＿＿＿＿＿＿＿＿＿＿＿＿＿＿＿＿　移交人：＿＿＿＿＿　接收人：＿＿＿＿＿

项目	内容	是	否	备注
证照	导游证			
	领队名片			
	领队身份证			
行程纸质件	出访手册(或行程)册/份			
	分房表份			
	签到表份			
	团队人员名单 (含姓名\性别\职务\单位\手机号)份			
	自费项目单			
	具体菜单			
紧急联系人	团长姓名电话			
	当地导游姓名电话			
	当地旅行社紧急联系人姓名、电话			
	保险报案、姓名、电话、保险单号			
	接送大巴司机、姓名、电话、车牌号			
大交通	飞机票			
	火车票			
	汽车票			
设备类	照相机及其充电器			
	手机及其充电器			
	无线对讲机　台			
药品类	感冒药、拉肚子药、晕车药			
	蚊虫叮咬防止药、创可贴			
	抗高原反应药、西洋参、若迪康胶囊、百服宁、高原红景天等			

续 表

项目	内容	是	否	备注
其他必备品	领取备用金 元,银行卡号			
	记事本、笔			
	墨镜、个人防晒等防护用品			
	发客户水杯 个			
	舒适防滑旅游鞋			

请沿此线剪下

三、填写中国公民因私出国(境)申请表

中国公民因私出国(境)申请表

身份证号																		

姓		名		性别	
拼音姓		拼音名		民族	
出生日期		出生地		婚姻状况	
政治面貌		文化程度		联系电话	
户口所在地址				所属派出所	
家庭现住址				邮政编码	
本人身份	国家工作人员 □国有大型企业中层以上管理人员 □金融、保险系统人员 □国有控股、参股企业中的国有股权代表 □军人 □其他人员				
服务处所				职务职称	
服务处所地址				联系电话	
前往国家		属第(　　)次申请因私出国			
出国事由	□定居　□探亲　□商务　□劳务　□留学　□旅游　□其他				
申请证件种类类别	□普通护照首次申领□普通护照补发□普通护照换发□普通护照失效重新申领 □普通护照变更加注 普通护照变更加注类别:(　　　　) 普通护照变更加注内容:(　　　　) 普通护照换发、补发原因:(　　　　)				

请沿此线剪下

原护照号码		签发地		有效期至　　年　　月　　日

家庭主要成员	称谓	姓　名	年龄	工作单位、职务	家庭住址

本人简历	

取证方式	□邮政速递	□到公安机关领取	
邮寄地址及邮政编码		收件人姓名	联系电话

请沿此线剪下

请沿此线剪下

四、填写韩国签证申请表

<table>
<tr><td colspan="7">签证申请书 APPLICATION FOR VISA
※ 韩国法务部签证发给认定号码(CONFIRMATION OF VISA ISSUANCE No):</td></tr>
<tr><td rowspan="6">照片
Photo
3.5cm ×
4.5cm</td><td>1. 姓(英文)
Surname</td><td></td><td>3. 中文姓名</td><td></td><td>4. 性别
Gender</td><td>[ ] 男
[ ] 女</td></tr>
<tr><td>2. 名(英文)
Given Names</td><td></td><td>5. 出生日期
Date of Birth</td><td colspan="3"></td></tr>
<tr><td>6. 国籍
Nationality</td><td>中国</td><td>7. 出生地点
Province of
Birth</td><td colspan="3"></td></tr>
<tr><td>8. 家庭住址
Home
Address</td><td colspan="5"></td></tr>
<tr><td>9. 固定电话
Phone No.</td><td></td><td>10. 手机号码
Mobile
Phone No.</td><td colspan="3"></td></tr>
<tr><td>11. 电子邮箱
E-mail</td><td></td><td>12. 身份证号码
National
Identity No.</td><td colspan="3"></td></tr>
<tr><td colspan="7"></td></tr>
</table>

<table>
<tr><td rowspan="2">护照
Passport</td><td>13. 护照号码
Passport No.</td><td></td><td>14. 护照种类
Classification</td><td colspan="3">[ ]外交, [ ]公務, [ ]公務普通, [V]因私, [ ]其他
DP, OF, OF
OR, OTHERS</td></tr>
<tr><td>15. 签发地点
Place of
Issue</td><td></td><td>16. 签发日期
Date of
Issue</td><td></td><td>17. 有效期间
Date Of
Expiry</td><td></td></tr>
<tr><td colspan="7"></td></tr>
</table>

请沿此线剪下
请沿此线剪下

续 表

<table>
<tr><td rowspan="2">职业
Occupation</td><td>18. 职务
Occupation</td><td></td><td>19. 单位电话
Business Phone No.</td><td></td></tr>
<tr><td>20. 单位名称及地址
Name and Address of
Present Employer</td><td colspan="3"></td></tr>
<tr><td rowspan="3">婚姻状况
Marital status</td><td colspan="4">21. [ ]未婚 Single [ ]已婚 Married [ ]丧偶 Widowed
[ ]离婚 Divorced</td></tr>
<tr><td>22. 配偶姓名
Spouse's Name</td><td></td><td>23. 配偶出生日期
Spouse's Date of
Birth</td><td></td></tr>
<tr><td>24. 配偶国籍
Spouse's
Nationality</td><td></td><td>25. 配偶联系电话
Spouse's
Phone No.</td><td></td></tr>
</table>

<table>
<tr><td>26. 访韩目的
Purpose of Entry</td><td>旅游</td><td>27. 预定停留时间
Potential Length of Stay</td><td></td></tr>
<tr><td>28. 访韩预定日
Potential Date of Entry</td><td></td><td>29. 访韩记录
Previous Visit (If Any)</td><td></td></tr>
<tr><td>30. 韩国联系地址
Address in Korea</td><td colspan="3"></td></tr>
<tr><td>31. 韩国联系电话
Phone No. in Korea</td><td></td><td>32. 访韩费用负担者
Who Will Pay For The
Expense For Your Stay?</td><td>个人</td></tr>
<tr><td colspan="2">33. 最近5年旅行国家
Countries You Have Travelled During
The Past 5 Years</td><td colspan="2"></td></tr>
<tr><td colspan="4">※ 请注意,根据大韩民国出入境管理法第9项,持C类签证人员入境后不能变更签证资格。</td></tr>
</table>

<table>
<tr><td rowspan="3">34. 访韩同伴
Accompanying
Family</td><td>关系
Relationship</td><td>姓名
Name</td><td>出生日期
Date of birth</td><td>性别
Gender</td><td>国籍
Nationality</td></tr>
<tr><td></td><td></td><td></td><td></td><td></td></tr>
<tr><td></td><td></td><td></td><td></td><td></td></tr>
</table>

请沿此线剪下

续 表

<table>
<tr><td rowspan="2">35. 韩国联系人
Guarantor or
Reference in Korea</td><td>关系
Relationship</td><td>姓名
Name</td><td>出生日期
Date of birth</td><td>性别
Gender</td><td>国籍
Nationality</td></tr>
<tr><td></td><td></td><td></td><td></td><td></td></tr>
<tr><td colspan="6">依据本人所知及所信，我声明以上内容均真实准确，我会严格遵守韩国的出入境管理法律法规，并保证入境后不参加任何与访韩目的无关的活动。此外，我认可以上内容填写不实或误导性陈述所导致的拒签结果，且接受若本人为禁止入境者，即使持有韩国签证也无权入境的事实。</td></tr>
</table>

<table>
<tr><td>申请日期
Date of Application</td><td></td><td>申请人签名
Signature of Applicant</td><td></td></tr>
<tr><td colspan="4"></td></tr>
</table>

<table>
<tr><td colspan="7">领馆专用栏 FOR OFFICIAL USE ONLY</td></tr>
<tr><td>签证内容</td><td>签证资格</td><td></td><td>停留时间</td><td></td><td>签证种类</td><td>单次 · 多次</td></tr>
<tr><td>接收</td><td>接收日期</td><td></td><td>接收号码</td><td></td><td>审查部门</td><td></td></tr>
<tr><td>签发</td><td>签发日期</td><td></td><td>签发号码</td><td></td><td>告知事项</td><td></td></tr>
<tr><td rowspan="2">签署</td><td rowspan="2">负责人</td><td rowspan="2"></td><td rowspan="2">可 · 否</td><td colspan="3">〈审查意见〉</td></tr>
<tr><td colspan="3"></td></tr>
<tr><td>确认</td><td>接收</td><td>接受输入</td><td>审查</td><td colspan="3" rowspan="2">票据栏</td></tr>
<tr><td></td><td></td><td></td><td></td></tr>
</table>

请沿此线剪下

请沿此线剪下

请沿此线剪下

五、填写出境旅客行李物品申报单

中华人民共和国海关
出境旅客行李物品申报单

1. 姓名	拼音	
	中文正楷	
2. 出生日期		年　月　日
3. 性别		男 □　女 □
4. 进出境证件号码		
5. 国籍/地区	中国 □	（香港 □　澳门 □　台湾 □）
	外国	
6. 出境事由		公务 □　商务 □　旅游 □　学习 □ 定居 □　探亲访友 □　返回居住地 □　其他 □
7. 航班号/车次/船名		8. 同行未满16周岁人数

我（我们）携带：

9. 需复带进境的单价超过人民币5 000元的照相机、摄像机、手提电脑等旅行自用物品	是 □	否 □
10. 超过20 000元人民币现钞，或超过折合美元5 000元的外币现钞	是 □	否 □
11. 金银等贵重金属	是 □	否 □
12. 文物、濒危动植物及其制品、生物物种资源	是 □	否 □
13. 无线电收发信机、通信保密机	是 □	否 □
14. 中华人民共和国禁止和其他限制出境的物品	是 □	否 □
15. 货物、货样、广告品	是 □	否 □

我已阅知本申报单背面所列事项，并保证所有申报属实。

携带有限制物品的，请详细填写如下清单：

品名/币种	数量	金额	型号	海关批注

旅客签名　　　　　　　　　　年　月　日

请沿此线剪下

请沿此线剪下

请沿此线剪下

请沿此线剪下

请沿此线剪下

六、领队行前说明会撰写与讲解

学生撰写一份迎接不同团队的行前说明会讲解词，每个学习小组分配角色并进行导游讲解比赛。

行前说明会写作			
学生自评签名(30%)	组长评价签名(30%)	教师评价签名(40%)	得　分

请沿此线剪下

行前说明会创作评分表

评价对象	评价标准	标　准	得　分
行前说明会	①欢迎词及领队自我介绍	1	
	②对每位客人提出要求	1	
	③行程说明	2	
	④通知集合时间及地点	1	
	⑤提醒客人带好有关物品	1	
	⑥货币的携带与兑换及卫生检疫	1	
	⑦人身安全与财务保管	1	
	⑧出入国境时注意事项,对旅游目的地的天气状况进行介绍及对游客行装进行建议	1	
	⑨能贴合实际情境写作	1	
	总　得　分		
签名			
时间			

请沿此线剪下

行前说明会讲解评分表

评价对象	评价标准	标　准	得　分
行前说明会讲解	①精神面貌好,注重礼节(礼貌用语、行礼、问候)	2	
	②站位、站姿稳健,不转移、不摇摆,不扭转	2	
	③语速适度、音量适中;流畅、自然、语流抑扬顿挫,非朗诵、非抒情、非背诵	2	
	④普通话标准,不念别字,用词正确、恰当、符合语体环境	2	
	⑤情态语言(肢体、面部、眼神、手势)自然、不夸张	2	
	总　得　分		
签名			
时间			

请沿此线剪下

工作过程二 导游服务计划

教师工作任务

一、分析研究团队计划

研究内容包括:出团时间、集合方式、航空公司 、购物安排 、用餐标准 、住宿标准 、用车标准 、接待社名称、地址、电话 、全陪姓名、性别、手机、航班时间 、航班号码 、日程安排、自费项目。

二、分析研究团员信息

分析内容包括:记住旅游团的团号和人数;了解团队成员个人情况:内容有团队里较有影响的人物、需要特殊照顾的对象、知名人士的情况、有多少个家庭、几对夫妇、有多少老人和小孩、找出旅行期间过生日的游客、找出有民族禁忌、特殊饮食习惯的游客;了解团队整体情况,如有姓名、性别、年龄、职业、宗教信仰、饮食禁忌、生活习惯等。

学生工作任务

一、研究分析出境旅游日程

敦煌国际旅行社出境旅游出团通知书

韩国济州 4 晚 5 天

欢迎您参加敦煌国际旅行社的出境旅游团，现通知您有关出团事宜，此通知书包含以下内容：

①出团集合事宜及相关注意事项；②游客名单和行程单；③目的地旅游须知及旅游意外险说明。

<table>
<tr><td>旅游团号</td><td colspan="3">OTCHZ-H-XHJZB20121015</td></tr>
<tr><td>集合时间</td><td colspan="3">2013 年 10 月 15 日下午 15:00</td></tr>
<tr><td>集合地点</td><td colspan="3">兰州中川机场兰德百货门口集合，请务必携带护照原件、身份证原件、儿童请携带户口本原件。请随时关注天气路况变化，严格按照出团通知书规定的时间、地点集合。</td></tr>
<tr><td>首次航班</td><td colspan="3">兰州—济州　MU2219　(2543/2353)</td></tr>
<tr><td>领队人员</td><td>王子鸣　　电话:13866668888</td><td>送团人员</td><td>余泽先生 电话:13966668888</td></tr>
<tr><td colspan="4">注　意　事　项</td></tr>
<tr><td colspan="4">1. 请根据需要自备洗漱用具、拖鞋及常用药品。上机时不能随身携带超过 100ML 的液体、凝胶和喷雾类物品，如有请务必放入行李箱托运。托运行李每人限重 20KG(超重费用需自理)，打火机不得带上飞机也不能托运。
2. 团体旅游是集体活动，按惯例安排同性二人一房，夫妻团员可以在不影响总房数的前提下尽量安排同房间，若出现单男单女导游有权调配，若客人坚持，须由客人支付所增费用。
3. 旅游期间私人性质消费(如行李超重、洗衣、电话、冰箱饮料等)自理。另由于客人自身原因造成拒签的话，我社将收取签证费及签证手续费，不予退还。
4. 参团客人必须随团队活动，不得擅自离团，如有擅自离团，我社可以向相关部门汇报，当地地接社也将立即报移民局，一切后果由客人自负，谢绝境外参团！境外的当天行程到酒店休息为止，客人如要参加自费活动，由导游带领。客人私自外出活动发生的一切意外，均与旅行社无关。
5. 因客人自身原因获签后在旅游目的地国被移民局拒绝入境的，所有因此而产生的一切损失用由客人自行承担。
6. 凡因不可抗力因素(如暴风雪、台风、地震等天灾)及其他非我公司原因(如战争、罢工、道路及景点整修等)或航空公司航班延误或取消等特殊原因而必须要调整行程的情况发生，我司将与客人商讨调整，由此而导致额外费用产生(如在外延期签证费、住宿、餐食、交通费等)均由客人自理。本航班为包机，客人开票后取消团款全损。</td></tr>
</table>

续　表

7. 请再次确认与旅游公司签订了正式的出境旅游合同,请领取并仔细阅读《游客安全告知书》。

8. 各位游客在境外旅游过程中,务必把人身安全及财务安全放在第一位,在食、宿、交通、游览、购物及自由活动等各环节方面均要从自身的安全角度量力而行!确保自身和行程安全顺利!

9. 请各位游客确认自身身体健康,适宜出境旅游。鉴于各目的地移民局的有关规定,我公司建议妇女在怀孕期间不宜参团出行。

10. 请每位游客将所有证件及贵重物品都随身携带或存放在酒店保险箱内,切勿放在行李箱或放在房内及车船上,请妥善保管好您的物品。护照由领队统一保管。

11. 团队已含旅行社责任险和旅游意外险。

<table>
<tr><td colspan="2">中国驻大韩民国大使馆</td><td>地址:54,HYOJA – DONG,JONGNO – GU,SEOUL,KOREA,
电话:0082 – 2 – 738 – 1038</td></tr>
<tr><td>地接社</td><td>中韩国际商务(株)</td><td>首爾市麻浦區上水洞 157 – 1 Sebang Global City 703 號　姚强 010 – 8416 – 1188</td></tr>
<tr><td>组团社</td><td>兰州敦煌国际旅游有限公司</td><td>联系人:陈颖 电话:0931 – 87700941,87709770
孔笑锦　0931 – 87833078　13067770340</td></tr>
</table>

韩国济州 4 晚 5 天团行程单

<table>
<tr><th>日期</th><th>行　　程</th><th>早餐</th><th>中餐</th><th>晚餐</th><th>酒店</th></tr>
<tr><td>D1</td><td>请各位游客于杭州萧山国际机场集合,搭乘国际航班 MU2219(18:35 北京时间 ——21:05 韩国时间)中转飞素有“韩国蜜月岛”之称的【济州岛】,导游接团后回酒店休息。</td><td>×</td><td>×</td><td>×</td><td rowspan="4">酒店名称:街区/邻居酒店电话:82 – 64 – 797 – 6200</td></tr>
<tr><td>D2</td><td>早餐后,前往游览独立岩、药泉寺、柱状节理带、正房瀑布、汽车博物馆、乱打秀。</td><td>早餐</td><td>石锅拌饭</td><td>人参炖鸡</td></tr>
<tr><td>D3</td><td>早餐后游览神奇之路、汉拿山、泡菜学校、中央街购物街自由购物,最后于集合时间准时回酒店休息。</td><td>早餐</td><td>韩定食</td><td>含</td></tr>
<tr><td>D4</td><td>早餐后,参观东皇人参展示厅、山君不离、城邑民俗村、牛岛、橘园、城山日出峰。备注:因花期与天气有关,因此不保证能看到紫芒花。</td><td>早餐</td><td>烤黑猪肉</td><td>韩定食</td></tr>
<tr><td>D5</td><td>早餐后,游览汉拿林木园、海滨浴场、探险泰迪熊博物馆、J + 化妆品店、济州红海参、新罗免税店,于约定时间地点集合前往机场,最后搭乘国际航班 MU2544(22:05 韩国时间—— 22:40 北京时间)返回上海转兰州,结束愉快的旅程。</td><td>早餐</td><td>海鲜火锅</td><td>含</td><td>增加一顿团队晚餐</td></tr>
</table>

请沿此线剪下

续　表

备注:以上行程内远眺及车观景点为非正式景点,观看有可能受到天气、路况、角度视线等因素的制约。
出团须知(出团前请务必阅读) **一、天气概况及时差** 韩国属温带气候,平均温度比杭州低3~5度,冬季温度较低,请各位带好御寒衣物,时间比中国早一小时(北京时间11点,韩国时间12点)。杭州/上海至首尔的空中飞行时间为2小时。 **二、导游小费** 规定全程导游小费每人人民币40元/天,例:二晚三天120元/人,四夜五天200元/人。 **三、电压和通讯** 1. 韩国电压为220V,插头为两眼圆插头。2. 中国联通CDMA手机或3G手机开通国际长途可以在韩国使用,其余手机均不能使用。3. 如需打电话可在酒店或者超市购买电话卡,在酒店大堂内拨打。 **四、饮食** 韩国饮食习惯与中国相差很大,以泡菜、烤肉为主,团体餐一般安排四人一桌的韩式餐,行程中会安排人参炖鸡之类韩国特色餐;因韩国餐可能会不合口味,请团员自备一些方便食品,自费用餐费用为中国的5倍左右。 **五、货币** 美金对韩币1:1 000左右;人民币对韩币1:150左右,实际兑换价格以当天国际牌价为准。在韩国国内只能使用韩币,建议客人尽量在中国境内中国银行兑换好韩币,在韩国美金可在机场兑换韩币,人民币可和韩国当地导游兑换韩币。 **六、出入境与海关申报** 中国海关只允许每位旅客携带人民币20 000元及相当于5 000美元的外币出境。如带有摄像机、高级照相机等须按规定向海关申报,否则回国将可能被征税。旅客入境时每人可免税携带两条烟、一瓶酒(18岁以下除外)。肉类制品不得携带入关。有携带须向海关申报的物品请提前告之领队,并协助安排报关;故意隐瞒或客人自身原因导致被查、被扣的本人负全责。韩国为外汇管制国家,旅客如在入境时携带外币超过美元壹万元或等额的名贵物品如钻石、玉器、金饰、名牌手表、照相机、摄象机等必须申报,没有申报出境时可能被征税。入境时被韩国海关登记在海关申报单上,该物品必须携带出境,切勿遗失。有携带须向海关申报的物品请提前告之领队,并协助安排报关;故意隐瞒或客人自身原因导致被查、被扣的本人负全责。

请沿此线剪下

请沿此线剪下

XHJZB20121015 旅游团名单表

团号	XHJZB20121015				
线路	济州感受自然休闲5日游				
日期	2013/10/15 - 2013/10/19		人数:34+1	用房数:16.5间	
序号	**姓名**	**拼音**	**性别**	**出生日期**	**护照号**
1L	王一晴	WANG YIQING	女	1989-2-6	E02219566
2	董小明	DONG XIAOMING	男	1968-2-25	E04749278
3	赵爱丽	ZHAO AILI	女	1998-12-14	E04742103
4	周丽娟	ZHOU LIJUAN	女	1970-10-31	E04743307
5	梁震	LIANG ZHEN	男	1967-8-26	E04746276
6	余烨琪	YU YEQI	女	2003-10-17	G58236512
7	韩萌萌	HAN MENGMENG	女	1996-7-10	G51317584
8	陈亨翊	CHEN HENGYI	男	19550-1-9	E04746748
9	丁丽华	DING LIHUA	女	1993-1-15	E04083435
10	王文美	WANG WENMEI	女	1968-2-11	E04759659
11	周雷	ZHOU LEI	男	1958-2-6	E04745061
12	韩薇	HAN WEI	女	1956-4-17	G52171674
13	胡冬泉	HU DONGQUAN	男	1991-1-13	G52171211
14	吕强	LV QIANG	男	1996-11-18	E04763030
15	汪华	WANG HUA	男	1973-1-27	E04756525
16	项新生	XIANG XINSHENG	男	1957-1-4	E04747407
17	王建铭	WANG JIANMING	男	1964-7-23	E04742355
18	王建芳	WANG JIANFANG	男	1989-10-10	E04742757
19	吴云泉	WU YUNQUAN	男	1968-10-28	E04749117
20	吴琴芳	WU QINFANG	女	1999-8-17	E04757024
21	郑玲芬	ZHENG LINGFEN	女	1971-7-4	E04747882
22	肖秀珍	XIAO XIUZHEN	女	1968-4-28	E04756176
23	胡国群	HU GUOQUN	女	1999-7-1	G55043600
24	陈伟刚	CHEN WEIGANG	男	1997-3-13	G55043612
25	卫金标	WEI JINBIAO	男	1952-9-11	E04751419
26	黄晶莹	HUANG JINGYING	女	1993-9-18	E04757312
27	黄一宁	HUANG YINING	男	1968-10-14	E04752566
28	丁英武	DING YINGWU	女	1959-10-10	E04742593
29	程子恬	CHENG ZITIAN	女	2004-12-19	E04763861

续 表

序号	姓名	拼音	性别	出生日期	护照号
30	苏平秀	SU PINGXIU	女	1991 – 9 – 16	E04760279
31	刘春霞	LIU CHUNXIA	女	1997 – 7 – 22	E04759534
32	陈杏美	CHEN XINGMEI	女	1973 – 9 – 30	E04763682
33	李晶	LI JING	女	1963 – 9 – 7	E04759725
34	宋瑜	SONG YU	女	1961 – 3 – 26	G28436922
35	邱磊	QIU LEI	男	1988 – 3 – 5	E04087796
备注:12 周岁以下儿童不占床名单如下:程子恬、余烨琪。全团 34 名客人,用房 16 间。					

请沿此线剪下

旅游团队分析结果：

序号	项　目	分析结果	备　注
1	出团时间		
2	集合方式		
3	航空公司		
4	购物安排		
5	用餐标准		
6	住宿标准		
7	用车标准		
8	接待社名称、地址、电话		
9	全陪姓名、性别、手机		
10	航班时间 、航班号码		
11	日程安排		
12	自费项目		
13	记住旅游团的团号和人数		
14	团队里较有影响的人物		
15	需要特殊照顾的对象		
16	知名人士的情况		

请沿此线剪下

请沿此线剪下

续 表

序号	项 目	分析结果	备 注
17	有多少个家庭		
18	几对夫妇		
19	有多少老人和小孩		
20	旅行期间过生日的游客		
21	民族禁忌、特殊饮食习惯的游客		
22	姓名、性别、年龄		
23	职业		
24	宗教信仰		
25	饮食禁忌		
26	生活习惯		

二、旅游团队分配房间

团队分房表

房 号	姓 名	拼 音	性 别	出生日期	护照号
	王一晴	WANG YIQING	女	1989－2－6	E02219566
	董小明	DONG XIAOMING	男	1968－2－25	E04749278
	赵爱丽	ZHAO AILI	女	1998－12－14	E04742103
	周丽娟	ZHOU LIJUAN	女	1970－10－31	E04743307
	梁震	LIANG ZHEN	男	1967－8－26	E04746276
	余烨琪	YU YEQI	女	2003－10－17	G58236512
	韩萌萌	HAN MENGMENG	女	1996－7－10	G51317584
	陈亨翊	CHEN HENGYI	男	19550－1－9	E04746748
	丁丽华	DING LIHUA	女	1993－1－15	E04083435
	王文美	WANG WENMEI	女	1968－2－11	E04759659
	周雷	ZHOU LEI	男	1958－2－6	E04745061
	韩薇	HAN WEI	女	1956－4－17	G52171674
	胡冬泉	HU DONGQUAN	男	1991－1－13	G52171211
	吕强	LV QIANG	男	1996－11－18	E04763030
	汪华	WANG HUA	男	1973－1－27	E04756525
	项新生	XIANG XINSHENG	男	1957－1－4	E04747407
	王建铭	WANG JIANMING	男	1964－7－23	E04742355
	王建芳	WANG JIANFANG	男	1989－10－10	E04742757
	吴云泉	WU YUNQUAN	男	1968－10－28	E04749117
	吴琴芳	WU QINFANG	女	1999－8－17	E04757024
	郑玲芬	ZHENG LINGFEN	女	1971－7－4	E04747882
	肖秀珍	XIAO XIUZHEN	女	1968－4－28	E04756176
	胡国群	HU GUOQUN	女	1999－7－1	G55043600
	陈伟刚	CHEN WEIGANG	男	1997－3－13	G55043612
	卫金标	WEI JINBIAO	男	1952－9－11	E04751419
	黄晶莹	HUANG JINGYING	女	1993－9－18	E04757312
	黄一宁	HUANG YINING	男	1968－10－14	E04752566
	丁英武	DING YINGWU	女	1959－10－10	E04742593
	程子恬	CHENG ZITIAN	女	2004－12－19	E04763861
	苏平秀	SU PINGXIU	女	1991－9－16	E04760279

请沿此线剪下

请沿此线剪下

请沿此线剪下

续 表

房 号	姓 名	拼 音	性 别	出生日期	护照号
	刘春霞	LIU CHUNXIA	女	1997 - 7 - 22	E04759534
	陈杏美	CHEN XINGMEI	女	1973 - 9 - 30	E04763682
	李晶	LI JING	女	1963 - 9 - 7	E04759725
	宋瑜	SONG YU	女	1961 - 3 - 26	G28436922
	邱磊	QIU LEI	男	1988 - 3 - 5	E04087796

工作过程三 导游服务实施

教师工作任务

一、出入境服务

（一）办理国内出境手续

1. 出发前集合、清点人数

领队应比规定的时间提前 10 分钟到达集合地点，集合的位置应选择容易找到的地方。待全体团队成员到达后，领队应即席发表一个简短的讲话。讲话的内容主要是告知游客办理出境手续的主要程序和步骤，并希望全体团员配合。游客如果针对海关手续办理等方面提出问题，领队应简明扼要地一一作答。当领队办理有关手续时，可选择一名客人负责把其他客人统一集合在一起。

2. 买好机场税（或客人自理）

3. 办理海关申报

将需海关申报的团员的护照分出，让其持护照、机场税票走红色通道。

4. 办理行李托运手续

托运行李过安检，办理登机手续，最好提前取下当日乘机联，小心不要多撕；统计托运行李数，务必清点准确，并保存好行李牌。

5. 卫生检疫

根据《中华人民共和国国境卫生检疫法》的规定，入境、出境的游客、员工个人携带或者托运可能传播传染病的行李和物品应当接受卫生检查。卫生检疫机关对来自疫区或被传染病污染的各种食品、饮料、水产品等应当实施卫生处理或者销毁，并签发卫生处理证明。海关凭卫生检疫机关签发的卫生处理证明放行。

出境旅游团队前往或途径的国家如果为传染病流行疫区，或者该国对国际旅行预防接种有明确要求，都需要提前办理黄皮书。

领队带领游客在关口的卫生检疫柜台前，应接受卫检工作人员对黄皮书的查验。如游客未及时办理黄皮书，应按照卫检的要求，现场补办手续。

6. 带领游客排队顺序接受边防出境检查

过边检时，游客需出示本人护照（含有效签证）、国际机票、登机卡及《边防检查出境登记卡》。如团队签署的是团队签证或到免签国家旅行,领队应出示《中国公民出国旅游团队名单表》及领队证、团队签证。所有游客需按照名单顺序排队,逐一通过边防检查。未上《名单表》的客人可走其他通道,填写出境卡。在该过程中要注意一米线,尊重现场工作人员。

7. 将《名单表》交边检官检查

边检留存一份,另一份盖边检章后,交领队收存,入境时依此核查。

8. 过安检、候机、登机。

(二)办理国外入境手续

1. 卫生检疫

各个国家卫生检疫的形式有许多不同,有的需要查验黄皮书和健康申报单,有的则完全不需要填写,只是对入境游客进行检视,发现患病游客时加以询问。

2. 办理入境手续

许多国家的入出境是由其移民局把守,领队带领游客沿"移民入境"标志前行。通常在入境检查柜台前,游客需向入境检查人员交付护照、签证、机票、入境卡即可(也有的入境官会要求领队出示当地国家旅行社的接待计划或行程表)。入境官经审验无误,在护照上加盖入境章后,把护照、机票退还。至此,领队及游客即通过入境关,正式进入这个国家(地区)。

3. 领取托运行李

过移民局边检关后,领队应带领游客到航空公司的托运行李领取处认领各位游客的行李,在确认自己及每位游客的托运行李都拿到后,再带领游客一起去办理入境所需的下一项手续。

如果托运行李被摔破或者遗失,要立即持行李牌与机场行李部门进行查询。如确认丢失,须填写行李报失单,交由航空公司解决。领队应记下机场服务人员的姓名及电话,以备日后询问。根据国际航空协会规定,行李于国际运输过程中受到损害,应于损害发生七日内以书面形式向承运人提出索赔申诉。

4. 办理入境海关手续

待全体旅游者入境后,经检查行李件数无误,到海关办公室报告团体性质、人数、国籍、行李件数。海关要求检查时,可请求抽验数件,并请物主立即开箱受检,同时告诫团员切勿离队,因国外机场庞大复杂,离散后不易寻找。

当海关检查完毕即出关与当地接待人员联络,并将行李交其负责,然后带团员登车清点人数,至此,国外的入境手续办理才算完成。

如在公路上通过国界,则应将团员证件收齐,团员在座位上不动,请求移民单位派员上车检查,通常只核对人数,一般不检查行李。

5. 与接待社导游会合

办理完以上各项手续,领队就可以举起领队旗,带全体游客到出口与前来迎接的导游会合了。在走出机场、上车之前,领队需先清点人数,并请所有游客清点自己的托运行李和随身行李。与导游见面后,领队应主动与导游交换名片,并与导游进行简单的工作交流。

(三)办理国外离境手续

1. 办理乘机手续

办理国外离境手续与在中国出境时基本相同,通常都是先办登机手续,再过边检海关。领队应带领游客进行行李托运、换领登机卡、发证件、机票给游客。有些国家还需要另外购买机场税。

2. 办理移民局离境手续及海关手续

过关前,领队应告诉客人航班号、登机门、登机时间,叮嘱客人一定要在约定时间前赶到登机门。过关时,客人手中应持有护照、该国移民局所要求的出境卡和登机牌。持团体签证或落地签证的客人,领队应要求他们按名单顺序排队,依次审核过关。

3. 办理购物退税手续

欧洲、澳洲以及南非等许多国家和地区,都有对游客购物实行退税的规定。在各个机场办理退税,方法不一。领队可先向机场查询,再转告游客。

同时,领队应该事先了解不同国家的退税规定和操作方式,以便为游客提供帮助。对多数中国游客来说,在国外离境时办理消费退税,都会有语言交流方面的种种不便,而且在短暂的时间里常常无法真正去完成退税,故领队可建议游客回到国内来办理退税手续。目前已经有一些退税公司在中国开展了退税服务,在北京、上海、广州等大城市设立了退税点。

4. 准备登机

领队应注意收听机场内的广播,或向机场内的咨询台询问,或从电脑屏幕上查询了解所搭乘的航班登机闸口是否改变,还应注意避免游客因购物而误机。为避免此类事件发生,领队应及早赶到登机闸口,清点人数,与未能及时赶到的游客联系,让领队对游客的悉心关照在临上飞机回国前的一刻也得到体现。

(四)办理回国入境手续

1. 领队需告诉客人遵守中国边检及海关规定,不得携带违禁品、管制品入境,也不得携带未经检疫的水果入境。

2. 凡在《名单表》中的客人,须按《名单表》上的顺序排队,依次到边检审检护照,领队将《名单表》交边检官审验盖章。

3. 未上《名单表》的客人,自行持护照入关。

4. 健康声明书通常不必每人都填写，只要领队在同一名单上说明全团人员均健康即可（有规定检疫疾病的除外），但人数较多的团队入境时尽量每人填写一份，以避免麻烦。

二、部分国家出入境的注意事项和规定

（一）泰国出入境的有关规定

泰国入境所需证件是护照、海关申报表、出入境卡（正联入境时收、副联出境时收）、海关申报单。出入境卡需用英文填写，其中姓名需用大写字母。游客赴泰国作短期观光旅游，签证有效期为60天。在泰国观光旅游期间，随时要接受移民局的检查，如超过签证期限，则会被罚款。如游客申请延期签证，可到大使馆办理。

入境手续：将出入境卡夹在护照中经移民局办理入关手续后，到航站取出托运行李，然后拿海关申报单到海关检查处接受检查后出海关，进入迎宾厅。旅游者可以带入的免税物品包括香烟200支，酒1公斤。

出关手续：泰国移民局收去出境卡，并办理离境手续，在护照上加盖出境章。交付机场费，接受安全检查（马来西亚出入境与泰国相同）。泰国出境携带外币不准超过2000美元。

海关规定：所有旅客都须填海关申报表，申报携带入境的外汇数额。违法者可能会被逮捕、起诉或没收超额部分。盗版著作物品不准携带入境。即使是合法著作，如图书、录像带、电脑软件、美术品等，也以每人携带一份入境为限。

允许携带入境免税品数量为：1公斤的甜酒或烈酒；50支雪茄、250克烟丝或200支香烟以及5卷胶卷或3卷电影胶片；动植物不准携带入境。旅客可从免税商店购买1公斤酒、200支烟以及一架照相机、一架摄影机和个人佩带的珠宝装饰品等出境。

（二）新加坡出入境的有关规定

进入新加坡所需的证件有护照、国际往返机票和出入境卡，游客入关时需每人持各自的机票和护照备查。移民局需要出入境卡（正联入境时收，副联出境时收），需用英文填写出入境卡，姓名大写。出入境卡可以从组团社获得，在飞往新加坡的飞机上也有提供。

海关规定：对于携带入境的外币没有最高额的限制，需要纳税的有酒类饮料、烟草、服装及服饰、皮包与钱包、人造珠宝、巧克力及糖果、糕点、饼干和蛋糕。

入境免税品有：每位进入新加坡的旅游者，携带不超过价值相当于新币50元的个人用品及食品（如巧克力、饼干、蛋糕等）不需要缴税。16岁以上且来自除马来西亚以外国家的游客，可享受以下免税待遇：烈酒1公斤，葡萄酒1公斤、啤酒、黑啤酒、麦酒或钵酒1公斤。以上的免税品供个人饮用，若转售或赠人，则被认为是违法行为。

违禁品是指受管制的毒品、鞭炮、枪型打火机、玩具钱币、盗版刊物和音像制品、濒临绝种的珍稀野生动物及其制品、猥亵的印刷品、危险与叛国物品等。

新加坡出境，带出的物品不需缴出口税。但任何物品的数量若超过个人一般合理使用量时，则必须在出境时申报，并且在必要时填写出口报关单。

离境时要缴付机场税，前往马来西亚和文莱方向的机场税为 5 新元，往其他国家的机场税则为 12 新元。

（三）马来西亚出入境的有关规定

赴马来西亚旅游者，必须持有所在国护照或其他获得国际承认的旅行证件以及马来西亚的旅游签证。入境时护照有效期不得少于 6 个月。

马来西亚海关规定，可以携带入境的免税商品为：纸烟 200 克（烟丝 225 克）、酒 950 毫升左右、价值在 200 马元以内的化妆品、土特产品、胶卷（限量 5 卷）或电影胶片（限量 2 卷）。

旅游者如携带地毯、服饰、珠宝、巧克力、手包以及超过规定量的烈性酒、含有酒精的饮料、香烟和烟草入境时，需要缴纳关税，但也可以在入境时暂时寄存在海关，离境时取走。

根据马来西亚法律，走私或携带毒品可处以死刑。

（四）菲律宾出入境规定及注意事项

出入菲律宾国境时，需填写出入境登记卡和海关申报单。

海关规定：旅游者需申报其携带物品的总价值，包括收受的礼品、商品的样品等；如实填写海关申报单，如有虚假申报或未申报者，一经查出，将按违反菲律宾海关条例予以处罚。在旅游期间的个人自用物品可不申报。携带超过 10 万比索的纸币、硬币、支票、汇票而未申报者，一经查出，将予以没收和处罚。

根据菲律宾法律，走私或携带毒品将被判处死刑。严禁携带武器、爆炸品以及接收器、光盘、立体声收录机等常用物品入境。麻醉品、化学物品、未附处方的药品等属于管制物品，无论携带数量多少，一经查出将视为非法。

（五）澳大利亚出入境规定

在进入海关前，所有入境者需填妥一张个人资料的黄色入境卡，除此还需填写一张白色的申报单，这两张表格除英文版外，另有中文、日文及其他版。进入海关需准备护照、签证、回程机票及有关的健康证明书以备检查。

行李检查：旅客所携带的各种大小行李必须接受海关及机场开包检查。转乘国内航线或国际航线旅客的手提行李，也要接受保安人员的检查。

海关规定：旅客携带个人用品入境不需课税，年逾 18 岁者携带 250 支烟草产品及 1 公升以下酒类产品（葡萄酒、啤酒或烈酒）不需课税，成年人若携带的应课税物品（免税物品除外)、价值在400澳元以下者也不需课税。澳洲法律严禁毒品、武器、枪械及若干检疫物品入境。

动植物检疫:澳洲的自然环境自成一体,四周有大海为天然屏障,政府为保护本地的动植物不受外来疾病与害虫的影响,除非经特殊批准,严禁新鲜的或包装的食品、水果、蔬菜、各种植物的种子、动植物及动植物产品等进口。

另外,属于国际公约组织保护的动植物、象牙、皮草以及濒临绝种的动植物及其相关产品,也在禁止进口的范围内。

(六)新西兰出入境规定

中国公民持有效签证可入境。托运行李最重为20公斤,手提行李不超7公斤且体积不能大,否则交超重费。即使超重行李在北京上飞机,在悉尼转飞机仍然需要交超重费。除个人用品外,到新西兰的旅游者(17岁以上)购买下列物品可享受免税优惠:香烟、雪茄、烟草,200支香烟、250克雪茄或50支雪茄,或三者混合不超过250克;含酒精烈酒,4.5公升的果酒及一瓶1 125毫升装的烈酒和甜酒。

新西兰是"危险野生动植物群国际贸易条约"的签约国,有严格的动植物检疫制度,任何动植物,包括土壤和种子类的中药等必须经过严格检查,通常不让带入。食物(包括干货、水果、零食等)都必须向海关申报清楚,否则可能被罚款,严重者可能会判入狱。

新西兰与澳大利亚一样是个农业国家,当飞机降落机场之前,机舱通常会喷射杀虫剂,以确保不会意外地将外地害虫带入境。

三、境外游览服务

1. 团队到达旅游目的地后,领队马上与地接社导游进行接洽,清点行李和团员人数,与导游一起安排客人入住饭店。

2. 待安排妥当后,领队及时与导游按照事先约定的行程计划,商定游览计划和时刻表,必要时可拜访该旅行社负责人,以示友好。

3. 在境外旅游期间,领队应尽量与导游、司机搞好关系,共同协作,把旅游活动安排好,让客人满意。如遇到导游或司机的无理要求,或有侵犯游客利益行为的,领队应及时与导游交涉,维护客人的正当权益,必要时向地接社投诉并向国内组团社报告。

4. 领队带团出境要按旅行合同,把旅游者行程中的交通、餐饮、住宿、游览等商品兑现给旅游者,旅游团队在国外途中行程急促、流动面广,沿途应照料团队的登机、食宿、购物等活动,并协助解决可能遇到的问题,以圆满完成任务。

请沿此线剪下

请沿此线剪下

请沿此线剪下

学生工作任务

一、填写中国公民出国旅游团队名单表

中国公民出国旅游团队名单表

团队编号：________________

领队姓名：____________　　领队证号：________________

<table>
<tr><th rowspan="2">序号</th><th colspan="2">姓　名</th><th rowspan="2">性别</th><th rowspan="2">出生日期</th><th rowspan="2">出生地</th><th rowspan="2">护照号码</th><th rowspan="2">发证机关及日期</th></tr>
<tr><th>中　文</th><th>汉语拼音</th></tr>
<tr><td>1</td><td></td><td></td><td></td><td></td><td></td><td></td><td></td></tr>
<tr><td>2</td><td></td><td></td><td></td><td></td><td></td><td></td><td></td></tr>
<tr><td>3</td><td></td><td></td><td></td><td></td><td></td><td></td><td></td></tr>
<tr><td>4</td><td></td><td></td><td></td><td></td><td></td><td></td><td></td></tr>
<tr><td>5</td><td></td><td></td><td></td><td></td><td></td><td></td><td></td></tr>
<tr><td>6</td><td></td><td></td><td></td><td></td><td></td><td></td><td></td></tr>
<tr><td>7</td><td></td><td></td><td></td><td></td><td></td><td></td><td></td></tr>
<tr><td>8</td><td></td><td></td><td></td><td></td><td></td><td></td><td></td></tr>
<tr><td>9</td><td></td><td></td><td></td><td></td><td></td><td></td><td></td></tr>
<tr><td>10</td><td></td><td></td><td></td><td></td><td></td><td></td><td></td></tr>
<tr><td>11</td><td></td><td></td><td></td><td></td><td></td><td></td><td></td></tr>
<tr><td colspan="2">总人数______
男____女______</td><td colspan="3">出境口岸：____________
出境时间：____________</td><td colspan="3">入境口岸：____________
入境时间：____________</td></tr>
<tr><td colspan="3">目的地国家(地区)：</td><td colspan="5"></td></tr>
<tr><td colspan="3">授权人签字：

组团社盖章</td><td colspan="3">旅游行政管理部门审验章</td><td colspan="2">边检专用栏

验讫章</td></tr>
<tr><td colspan="6">备 注：</td><td>领队</td><td></td></tr>
</table>

请沿此线剪下

二、填写出入境健康申明卡

中华人民共和国出入境检验检疫

出/入境健康申明卡

根据有关法律法规规定，为了您和他人的健康，请如实逐项填报，如有隐瞒或虚假填报，将依据有关法律法规追究相关责任。

姓名________________　性别：□男　□女

出生日期______年_____月　国籍(地区)和城市____________

护照(入台证、台胞证、回乡证、通行证)号码__________________

航班(船、车次)号_______舱位(车厢)号_______座位号_____

1.7 天内是否离开中国大陆

□是，请填写在中国大陆期间的行程________________________

预计离开日期_____月_____日，目的地________________________

所乘交通工具的航班(船、车次)号________________________

□否，请填写在 7 天内的行程________________________

____

____

继续旅行乘坐的航班(船、车次)号_______日期_______

2. 在中国大陆详细联系地址________________________

____

联系电话____

3. 过去 7 天内您居住或到过的国家(地区)和城市：____________

____

4. 过去 7 天内您是否与流感或有流感样症状的患者有过密切接触？是□否□

5. 您如有以下症状和疾病，请在"□"中划"√"

□发热　□咳嗽　□嗓子痛(喉咙痛)　□肌肉痛和关节痛　□鼻塞

□头痛　□腹泻　□呕吐　□流鼻涕　□呼吸困难　□乏力

□其他症状____

我已阅知本申明卡所列事项，并保证以上申报内容正确属实。

旅客签名：________________

日期：________________

体温(检疫人员填写)：__________℃

检疫人员签名：______________

请沿此线剪下

请沿此线剪下

请沿此线剪下

三、填写出境登记卡

边防
检查

出境登记卡

中国公民（含港澳台）填写
请使用中文填写，□内请画√

<table>
<tr><td>姓　名</td><td colspan="3"></td><td>男□
女□</td><td>官方使用</td></tr>
<tr><td>证　件
号　码</td><td></td><td>出生
日期</td><td colspan="2">年　月　日</td><td>证件种类</td></tr>
<tr><td>国　籍
地　区</td><td>中国□（香港□澳门□台湾□）</td><td colspan="3">出境事由（只能填写一项）</td><td></td></tr>
<tr><td>航班号
车　次
船　名</td><td></td><td colspan="3" rowspan="2">会议/商务□访问□观光/休闲□
探亲访友　□就业□　学　习□
返回常住地□定居□　其　他□</td><td rowspan="4">出入境管理局　公安部</td></tr>
<tr><td>前　往
何　地</td><td></td></tr>
<tr><td>国　内
地　址</td><td colspan="4"></td></tr>
<tr><td colspan="2">以上申明真实完整，如有不实填报，愿承担由此引起的一切法律责任。</td><td>签名</td><td colspan="2">出境日期
年　月　日</td></tr>
<tr><td colspan="5"></td><td>监制</td></tr>
</table>

请沿此线剪下

请沿此线剪下

请沿此线剪下

四、填写进境旅客行李物品申报单

中华人民共和国海关
进境旅客行李物品申报单

1. 姓名　拼音 □□□□□□□□□□□□□□□□□□
　　　　中文正楷 □□□□□□□□□

2. 出生日期 □□□□ 年 □□ 月 □□ 日

3. 性别　男 □　女 □

4. 进出境证件号码 □□□□□□□□□□□□□□□□□□

5. 国籍/地区　中国 □（香港 □　澳门 □　台湾 □）
　　　　　　　外国 □□□□□□□□□□□□□□□□□□

6. 出境事由　公务 □　商务 □　旅游 □　学习 □
　　　　　　定居 □　探亲访友 □　返回居住地 □　其他 □

7. 航班号/车次/船名 □□□□□□　8. 同行未满 16 周岁人数 □

我（我们）携带：

项目	是	否
9.（居民旅客）在境外获取的总值超过人民币 5 000 元的物品	是 □	否 □
10.（非居民旅客）拟留在中国境内的总值超过 2 000 元的物品	是 □	否 □
11. 超过 1 500 毫升酒精饮料（酒精含量 12 度以上），或超过 400 支香烟，或超过 100 支雪茄，或超过 500 克烟丝	是 □	否 □
12. 超过 20 000 元人民币现钞，或超过折合 5 000 美元外币现钞	是 □	否 □
13. 动、植物及其产品，微生物、生物制品、人体组织、血液制品	是 □	否 □
14. 无线电收发信机、通信保密机	是 □	否 □
15. 中华人民共和国禁止和其他限制出境的物品	是 □	否 □
16. 分离运输行李	是 □	否 □
17. 货物、货样、广告品	是 □	否 □

我已阅知本申报单背面所列事项，并保证所有申报属实。

携带有限制物品的，请详细填写如下清单：

品名/币种	数量	金额	型号	海关批注

旅客签名　　　　　　　　　　　　年　　月　　日

请沿此线剪下

请沿此线剪下

请沿此线剪下

五、填写入境登记卡

边防
检查

入境登记卡

中国公民(含港澳台)填写
请使用中文填写,□内请画√

<table>
<tr><td>姓　名</td><td colspan="3"></td><td>男□
女□</td><td>官方使用</td></tr>
<tr><td>证　件
号　码</td><td></td><td>出生
日期</td><td colspan="2">年　月　日</td><td rowspan="2">证件种类</td></tr>
<tr><td>签　注
号　码</td><td></td><td colspan="3">国籍地区</td></tr>
<tr><td>签　注
签发地</td><td></td><td colspan="3">中国□(香港□澳门□台湾□)
出境事由(只能填写一项)</td><td></td></tr>
<tr><td>航名车次
/航班号</td><td></td><td colspan="3" rowspan="2">会议/商务□访问□观光/休闲□
探亲访友□就业□学　习□
返回常住地□定居□其　他□</td><td rowspan="3">出入境管理局　公安部</td></tr>
<tr><td>来　自
何　地</td><td></td></tr>
<tr><td>国　内
地　址</td><td colspan="4"></td></tr>
<tr><td>以上申明真实完整,如有不实填报,愿承担由此引起的一切法律责任</td><td colspan="2">签名</td><td colspan="2">出境日期
年　月　日</td><td>监制</td></tr>
</table>

请沿此线剪下

请沿此线剪下

请沿此线剪下

六、领队散团欢送词写作与讲解

领队欢送词写作			
学生自评签名(30%)	组长评价签名(30%)	教师评价签名(40%)	得　分

请沿此线剪下

请沿此线剪下

请沿此线剪下

领队欢送词创作评分表

评价对象	评价标准	标　准	得　分
领队欢送词创作	①表示惜别，是指欢送词中应含有对分别表示惋惜之情、留恋之意，讲此内容时，面部表情应深沉，不可嬉皮笑脸，要给客人留下“人走茶更热”之感	2	
	②感谢合作，是指感谢在旅游中游客给予的支持、合作、帮助、谅解，没有这一切，就难保证旅游的成功	1	
	③回顾总结，是指与游客一起回忆一下这段时间所游览的项目、参加的活动，给游客一种归纳、总结之感，将许多感官的认识上升到理性的认识，帮助游客提高	2	
	④征求意见，是告诉游客，我们知有不足，经大家帮助，下一次接待会更好	2	
	⑤期盼重逢，是指要表达对游客的情谊和自己的热情，希望游客成为回头客	1	
	⑥能贴合实际情境写作，针对景点的特点与特色进行详细重点的描写	2	
	总　得　分		
签名			
时间			

请沿此线剪下

致欢送词评分表

评价对象	评价标准	标　准	得　分
致欢送词	①精神面貌好，注重礼节（礼貌用语、行礼、问候）	2	
	②站位、站姿稳健，不转移、不摇摆，不扭转	2	
	③语速适度、音量适中；流畅、自然、语流抑扬顿挫，非朗诵、非抒情、非背诵	2	
	④普通话标准，不念别字，用词正确、恰当、符合语体环境	2	
	⑤情态语言（肢体、面部、眼神、手势）自然、不夸张	2	
	总　得　分		
签名			
时间			

请沿此线剪下

工作过程四　导游服务评价

教师工作任务

一、指导学生完成导游服务实施检查评价

教师在检查过程中按照学生表现及填写内容客观认真检查评价。

1. 自评:学生对本学习情境的整个实施过程进行评价。

2. 互评:一是以组长为主体检查其他成员的整个实施过程的状况进行评价与建议,二是以小组为单位,分别对其他组做的工作结果进行评价和建议。

3. 教师评价:教师对学生汇报及结果进行评价,指出每个小组极其成员的优点,并提出改进建议。

4. 依据不同评价标准对不同任务进行客观公正评价,并填写相关评价表。

5. 指导学生整理所有资料,将相应资料归档。

二、评价引导

在评价学生成果的过程,教师要引导学生自我客观地评价,从不同的角度,学生所进行的工作任务进行全面的评价,使学生最终能真正认识自己,为以后的学习工作奠定基础,并促使学生能客观地认知他人、认知世界。

请沿此线剪下
请沿此线剪下
请沿此线剪下

学生工作任务

一、填写出境旅游团游客问卷表

出境旅游团游客问卷表

为了加强出境旅行团的服务质量管理,保证游客的正当权益,特设此问卷表,敬请游客填写,谢谢!

旅游团号:________________出发日期:________年______月______日

济州岛	住宿酒店　□好 □一般 □差 餐　　饮　□好 □一般 □差 旅游景点　□好 □一般 □差 车辆状况　□好 □一般 □差 导　　游　□好 □一般 □差 其　　他　□好 □一般 □差	首尔	住宿酒店　□好 □一般 □差 餐　　饮　□好 □一般 □差 旅游景点　□好 □一般 □差 车辆状况　□好 □一般 □差 导　　游　□好 □一般 □差 其　　他　□好 □一般 □差
	住宿酒店　□好 □一般 □差 餐　　饮　□好 □一般 □差 旅游景点　□好 □一般 □差 车辆状况　□好 □一般 □差 导　　游　□好 □一般 □差 其　　他　□好 □一般 □差		住宿酒店　□好 □一般 □差 餐　　饮　□好 □一般 □差 旅游景点　□好 □一般 □差 车辆状况　□好 □一般 □差 导　　游　□好 □一般 □差 其　　他　□好 □一般 □差
	住宿酒店　□好 □一般 □差 餐　　饮　□好 □一般 □差 旅游景点　□好 □一般 □差 车辆状况　□好 □一般 □差 导　　游　□好 □一般 □差 其　　他　□好 □一般 □差		住宿酒店　□好 □一般 □差 餐　　饮　□好 □一般 □差 旅游景点　□好 □一般 □差 车辆状况　□好 □一般 □差 导　　游　□好 □一般 □差 其　　他　□好 □一般 □差

请沿此线剪下

二、导游服务实施过程其他评价资料

(一)过程性评价资料

1. 组长考勤

在情境学习过程中,要求将考勤作为一项严格的过程性考核内容,因为连续性的考勤可以判断学生的学习态度、学习兴趣等情况。考勤工作由教师和小组组长完成。

学生考勤统计表

学习领域				学习情境			
班　级				组　名			
考勤时间	组员姓名及考勤统计						
考勤符号:到划“√”;旷课划“×”;迟到划“O”;请假划“Δ”。							

请沿此线剪下

请沿此线剪下

2. 学习小组内部导游讲解比赛推荐人选选拔情况及理由

在情境学习过程中，学生会以导游讲解比赛活动为载体进行模拟导游工作，测试学生，进而提升学生的讲解能力，职业能力，在进行学习小组间导游讲解比赛前，由各个学习小组推荐人选，依据讲解评分标准进行评价选拔。

学习领域	甘肃模拟导游	学习情境	
班　　级		组　　名	
组长签字		被推选者签字	
姓　　名	得分(10 分)	备　　注	
推荐人选及理由			
评选者签字：			年　　月　　日

3. 学习小组间导游讲解比赛分数统计表

学习小组间的比赛作为考核方式，目的一是提升学生讲解能力，二是有竞争有进步，三是可以作为学习情境考核时的额外加分项依据（一般比赛第一名会给小组额外加分）。学习小组间的比赛评委由每个小组从本组推选一名担任，以增加公平性。

学习小组间导游讲解比赛评分表									
比赛项目：									
组名（姓名）	评委1	评委2	评委3	评委4	评委5	评委6	评委7	得分	名次
评委 签字 （需要标注）									
年　月　日									

请沿此线剪下　请沿此线剪下　请沿此线剪下

4. 学习小组团队评价

在实际工作中，企业对员工的沟通合作能力相当重视，因此在学习情境学习过程中，必须将小组内的团队气氛、成员角色任务完成情况、成员参与的积极性等作为评价学习小组的考核因素，以此来考量学习小组团队协作能力。

学习小组成员项目工作互评表

班级：__________ 学习情境：______ 组名：________ 填表人：________ 评价时间：__________

评价内容	组员姓名						
1. 小组考勤状况。 准时到课，准时参加学习小组活动，不迟到、不早退、不无故缺勤（若有，写明次数）							
2. 小组成员的角色扮演。 正确认识和履行在学习小组中的角色任务							
3. 小组责任的分配。 自觉遵守小组文件的约定，遵守团队纪律							
4. 小组成员的参与性。 有团队合作意识，积极参与团队项目工作；能经常提出建设性意见和建议，主动承担小组工作任务，努力推进小组工作进程							
5. 成员的相互尊重性。 尊重其他团队成员，会用恰当方式解决团队矛盾或合作问题							
6. 成员目标完成度与贡献度。 能正确分析、制定个人能力发展目标和计划，个人能力提升比较明显；能根据团队成员、教师等反馈意见改进或推进学习任务							
7. 交互的质量。 用正确方式与团队成员、教师以及其他人沟通，交流有效果							
总评成绩（以等级制形式即优、良、中、差计分）							

学习小组成员项目工作互评评价标准

评价标准	优	良	中	差
1. 小组考勤状况	准时到课，准时参加学习小组活动，不迟到、不早退、无请假	准时到课，准时参加学习小组活动，迟到次数不超过3人次、不早退、无请假	准时到课，准时参加学习小组活动，迟到次数不超过5次、不早退、请假不超过3人次	准时到课，准时参加学习小组活动，迟到次数不超过5次、不早退、请假不超过3人次，旷课不超过2人次
2. 小组成员的角色扮演	每个小组成员都有自己明确的角色；小组成员有效地行使自己的角色	每个小组成员都被分配了特定的角色；但是角色定义不明确或者说小组成员没有坚持行使自己的角色	小组成员被分配了一定的角色，但是他们没有坚持行使自己的角色	小组成员之间并没有进行角色分配
3. 小组责任的分配	任务被平均分配给小组的每一个成员	任务被小组的绝大部分成员分担	任务仅被小组中的1/2成员分担	小组任务仅由小组中的某一个人承担
4. 小组成员参与性	所有学生都积极地参与小组活动	至少3/4的学生参与小组活动	至少一半的学生参与小组活动	仅有1～2个人参与小组活动
5. 成员的相互尊重性	尊重其他团队成员，出现矛盾能用恰当方式解决矛盾或合作问题，使其发生在萌芽状态	尊重其他团队成员，出现矛盾能用恰当方式解决矛盾或合作问题，矛盾次数不超过2次，且最终小组内部合理解决	尊重其他团队成员，出现矛盾能用恰当方式解决矛盾或合作问题，矛盾次数不超过4次，且最终小组内部合理解决	尊重其他团队成员，出现矛盾能用恰当方式解决矛盾或合作问题，矛盾次数不超过5次，且最终由其他人员评判解决
6. 成员目标完成度与贡献度	能正确分析、制定个人能力发展目标和计划，个人能力提升明显；能根据团队成员、教师和企业反馈意见改进学习，效果明显	能正确分析、制定个人能力发展目标和计划，个人能力提升比较明显；能根据团队成员、教师和企业反馈意见改进学习，效果较明显	能比较正确分析、制定个人能力发展目标和计划，个人能力有提升；能根据团队成员、教师和企业反馈意见改进学习，效果良好	能比较正确分析、制定个人能力发展目标和计划，个人能力无明显提升；能根据团队成员、教师和企业反馈意见改进学习，有效果

续 表

评价标准	优	良	中	差
7. 交互的质量	小组成员显示出了极好的倾听能力和领导能力，小组成员通过讨论的方式共享他人的观点和想法	小组成员显示出了娴熟的交互能力，他们能够围绕任务中心进行生动的讨论	小组成员显示出了一定的交互能力；他们能认真地倾听他人的观点；显示出了一定的讨论和选择能力	小组成员之间很少进行交互；他们仅进行简短的会谈；部分学生对于交互不感兴趣、分心

请沿此线剪下
请沿此线剪下

5. 景点 PPT 制作及评价标准

学生在学习情境的学习过程中在景点讲解、饭店介绍等环节要求制作讲解 PPT 并进行评价，作为学生额外加分项目，目的是为了提升学生计算机的操作能力，以期达到提高学生工作能力的目标。

PPT 制作评分表

评价对象	评价标准	标　准	得　分
PPT 幻灯片	主题突出、内容完整:作品内容能够清晰、准确地表达所介绍之物的精要	3 分	
	作品中使用了文本、图片、表格、图表、图形、动画、音频、视频等表现工具;作品中可使用超链接或动作功能(但不是必选项,不使用不扣分)。整部作品的播放流畅,运行稳定、无故障	3 分	
	整体布局风格(包括模版设计、版式安排、色彩搭配等)立意新颖,构思独特,设计巧妙,具有想像力和表现力	3 分	
	作品中色彩搭配合理协调,表现风格引人入胜;文字清晰,字体设计恰当	1 分	
	总得分		
签名			
时间			

6. 学生小组会议记录表

学生在整个学习过程中,由于团队工作的需要,个人能力的差异,个人的经验,看问题角度的区别,要求学生在针对某个重要问题时以开会的方式讨论解决,原则上会议由组长组织,也可以由组员提议,提议者组织,开会讨论解决问题时需要填写会议记录,同时作为学生过程性考核的资料,促使学生能正确的进行会议记录。

学习小组会议记录表

学习情境:________ 班级:________ 组名:________

会议时间		会议次数	第 次
会议地点			
参加人员			
缺席人员及原因			
会议主题			
讨论过程 及 会议主要内容			
未解决的问题			
会议小结			
会议记录人:			

请沿此线剪下

7. 额外加分项目统计

学习情境结束后，由组长负责统计本学习小组的额外加分项目，额外加分项目的统计标准之一是小组某个人承担的任务在某次活动中具有唯一性，也就是说其他人均为参与者，其目的是为了提高学生的参与兴趣，以区分不同学习能力的学生，达到多做工作多得成绩的目的。

学习情境加分项目统计

学习领域		学习情境		
组　　名		组长签名		
组员签名				
姓　　名	加分项目	加分标准	实际加分	备　　注

请沿此线剪下

请沿此线剪下

工作过程五　导游服务反馈

教师工作任务

一、与 OP 之间的交接分为口头和书面报告两部分

口头工作汇报包括对团队工作过程的描述和基本评价，对发生的问题和解决的过程进行概要汇报。如果有对团队的行程安排，地面接待的改进意见以及其他合理的建议，也可以一并提出。

（一）将《领队日志》和《旅游服务质量评价表》交予 OP

(1)领队日志：包括酒店，用餐，游览，导游，当日交通工具等等信息。

(2)《旅游服务质量评价表》通常由旅行社的客户服务部门收存。

（二）将特殊事情的书面报告和接待工作总结同时交付

(1)领队对带团期间发生的特殊事情进行书面报告。包括游客生日，游客之间发生的争吵，行李丢失，游客被窃，等等。以备日后查询。

(2)领队的接团个人工作总结

对目的地国家的讲解要点以及改进线路产品的建议。总结经验对于领队的提高和业务增长能力十分重要。也可以对线路提出建议。

（三）交齐其他与该团有关的资料凭证

(1)有证据的凭证

旅行期间如果行程有变更，增加自费项目，取消景点等，按照要求，都应有游客的签字确认。(每个人都应签字)留作证据，以作为应对争议诉讼等不测之用。

(2)游客来函等资料

按照国家有关要求，旅行社的全部档案至少保存三年才能进行处理。

二、做好所带团队的财务处理

领队带队归来后的交接工作包括与旅行团的工作汇报和财务交接，也包括保持与游客的继续联系。带团不是简单的机械重复，而是不断有收获有所提高的。领队一次完整的接团工作是从出发前和 OP 的交接开始，到团队归来后与 OP 的交接完成后才算结束。

(1)按时进行报账，领队在带团期间。有否借款，或特殊原因得到组团社批准个人

垫付的房费,餐费,交通费或其他费用,也必须在报账时一并结清。

(2)保持与游客的联系:打个电话,或者通过 E-mail 以及 MSN、QQ 等信息交换方式,与游客交流感受。

请沿此线剪下

请沿此线剪下

请沿此线剪下

学生工作任务

一、填写领队日志

出境旅游团领队日志

领队姓名		团号		人数		目的地	
出境时间/口岸		出境时间/口岸					

境外接待	单位公司形象	导游工作状况	导游服务态度	行程安排	其　　他

日　　期	导　　游	游览景点	自费项目	酒　　店	餐　　饮	车辆状况

请沿此线剪下

二、处理旅游投诉

（一）游客投诉至旅行社的处理

旅游投诉记录单

投诉者姓名		联系电话	
投诉收到时间		出游地点	
投诉受理时间		出游时间	
投诉主要内容			
处理结果			
旅行社总经理意见			

请沿此线剪下

请沿此线剪下

续 表

投诉主要内容	
处理结果	
旅行社总经理意见	

出境导游学习情境成绩评价单

学习领域		学习情境	
班　　级		组　　名	
姓　　名		学　　号	
组长签字		教师签字	

序号	项　　目		标　准	学生自评（30%）	组长评价（30%）	教师评价（40%）	得　分
1	导游服务过程评价	学习小组建立	3				
2		领队材料清单	2				
3		出国申请表	4				
4		韩国签证申请表	3				
5		出境行李申报单	3				
6		行前说明会导游词	5				
7		行前说明会讲解	7				
8		出境日程表分析	3				
9		房间分配	2				
10		出境旅游名单	3				
11		健康申明卡	2				
12		出境登记卡	2				
13		进境行李申报单	3				
14		入境登记卡	3				
15		散团欢送词	5				
16		散团欢送词讲解	7				
17		出境游客问卷	3				
18		领队日志	4				
19		投诉处理	4				
20		教学反馈评价	3				
21		课外习题作业	6				
22	日常活动评价	团队合作	8				
23		学生考勤	+4	全勤（情境全勤增加4分）			
24			-4	旷课（每次扣除4分）			
25			-1	迟到（每次扣除1分）			
26			-1	请假（3次之内不扣，4次每次扣1分）			

请沿此线剪下
请沿此线剪下

续　表

27	教师角度 需要增加 评分项目			
28	建议其他学生活动评价(额外加分项):组长(每个情境 +4 分);讲解者(每次 +4 分);评委(每次 +2 分);PPT 制作(每次合计 +2 分);计分算分(+2 分);录像(+2 分);其他酌情			
29				
30				
31				
32				
总　分				

思考与练习

1. 什么是领队?
2. 领队出团前的工作准备?
3. 领队服务程序是什么?
4. 领队服务要注意哪些问题?
5. 当游客迟到时你应该怎么处理?
6. 护照丢失你应该怎么办?
7. 领队在境外带团期间的主要工作内容有哪些?
8. 简述外国(地区)离境流程。
9. 归国入境过程是什么?
10. 简述旅游者患病和休克的现场处理方法。

参考文献

[1]吕莉. 模拟导游[M]. 北京:高等教育出版社,2004:85-102.
[2]傅远柏,章平. 模拟导游[M]. 北京:清华大学出版社,2010:126-145
[3]周彩屏. 模拟导游实训[M]. 北京:中国劳动社会保障出版社,2008:82-98.
[4]叶娅丽. 导游业务[M]. 上海:上海交通大学出版社,2014:138-155.
[5]王琦. 导游岗位实训[M]. 上海:上海财经大学出版社,2007:81-95
[6]王健民. 出境旅游领队实务. 4 版[M]. 北京:旅游教育出版社,2013:45-124.
[7]把多勋,高亚芳,赵玉琴. 导游业务[M]. 兰州:甘肃人民美术出版社,2007:173-199.
[8]徐辉. 出境旅游领队实务[M]. 北京:中国旅游出版社,2014:102-157.
[9]晋艺波. 基于工作过程系统化模拟导游课程评价研究[J]. 高等职业教育(天津职业大学学报),2014(2)72-75.
[10]董珍慧, 何瑛. 基于工作过程的高职旅游管理专业课程改革实践——以《天水导游实务》为例[J]. 黄冈师范学院学报,2014(2)156-158+176 .
[11]王培英. 北京模拟导游[M]. 北京:北京大学出版社,2013:88-101.
[12]吴桐. 模拟导游实务[M]. 合肥:中国科学技术大学出版社, 2013:85-105.
[13]赵利民. 模拟导游. 3 版[M]. 大连:东北财经大学出版社, 2013:93-118.
[14]李娌. 模拟导游实训[M]. 长春:东北师范大学出版社,2012:95-121.
[15]曾艳. 濮元生,模拟导游实训教程[M]. 北京:中国轻工业出版社,2014:96-117.

[16]董家虎,陈蕾,江澜.模拟导游[M].北京:旅游教育出版社,2014:97-125.
[17]吴英鹰.模拟导游[M].北京:国防工业出版社,2014:103-132.